KB206614

유.바.식

유전자를 바꾸는 식단

인류 본래의 음식은 무엇인가

캐서린 섀너핸, 루크 섀너핸 / 박중환 옮김

추천사
건강은, 병원에 없고 당신의 주방에 있다

　병원은 진정 건강을 위한 장소인가? 아니다. 병원은 질병을 관리하는 곳이지 건강을 도모하는 곳은 아니다. 이 차이를 인지하지 못하는 사람들이 많다. 건강은 병원에 있지 않고 당신의 주방에 있다. 먹거리가 건강과 아무 상관없는 듯 유령 취급하는 사람도 일부 있지만, 기능 의학을 하는 의사로서 영양의 중요성은 아무리 강조되어도 부족하다.

　음식을 단순한 칼로리 또는 영양소로 보는 개념은 이제 지나갔다. 기능 의학과 최신 영양학은 음식을 단순한 칼로리로 보는 것이 아니라 '신호 분자'signaling molecule로 바라본다. 음식은 호르몬 작용에 신호를 주고, 효소 작용에 신호를 주며, 신경 전달 물질에도 신호를 준다. 심지어 장내 미생물과도 끊임없이 소통한다.

　당신이 먹는 음식에 의해 신진대사를 관장하는 호르몬들이 신호를 받고, 신호에 따라 작동한다. 음식에 따라 우울해지기도 하고, 행복해지기도 하며, 단잠을 잘 수도 있고, 불면에 시달릴 수도 있다. 장내 미생물들이 아군이 될 수도 있고, 적군이 되어 공격할 수도 있다. 가장 중요한 사실은 음식이 인간의 DNA와 유전자 발현에 신호를 준다는 것이다.

　영양학과 의학 분야에 이러한 인식이 자리잡기까지는 오랜 시간이 걸렸다. 제약 회사의 약물 치료 모델에 익숙한 의사들이 음식의 가치를 인정하게 된 것은 결코 쉬운 과정이 아니었다. 후성 유전학과 의학을 공부한 저자는 인간의 몸에서 일어나는 가장 큰 생화학적 활동, 즉 음식을 먹는 행위에 대해 심도있게 연구했다.

지난 수십 년간 제약 회사 주도의 현대 의학은 생화학을 기반으로 한 약물 개발에만 주력했다. 모든 인력과 자원들은 특허 가능한 신약을 개발하는데 투자되었다. 이러한 경향은 질병 치료를 참혹한 생화학전으로 만들었다. 화학 약품은 과학적이고, 음식은 미개하다는 착시 현상마저 생겨났다.

하지만 시대가 바뀌면서 기울어진 운동장은 역전되기 시작했다. 올곧은 과학자들과 의사들이 인체 생리학을 기본부터 다시 들여다보기 시작했다. 그래서 인간의 생명을 유지하는 가장 중요한 활동, 즉 식단의 중요성이 다시 주목받기 시작했다.

돌팔이 의학과 식품업계의 자본에 매수된 영양학은 질병을 확산시키는 데 나팔수 역할을 해왔다. 저자는 이러한 불편한 진실을 거침없이 들춰내고 있다. 이 책은 현대 의학과 영양학의 어두운 과거와 대면하고 싶은 모든 이들, 건강한 유전자를 만드는 '영양의 지혜'를 얻고 싶은 모든 이들, 스스로 건강을 책임지고 싶은 모든 이들이 절대로 놓치지 말아야 할 기회이다.

〈환자 혁명〉 저자, 유튜브 〈닥터조의 건강 이야기〉 운영자
조한경 원장

현재 의학계는 '전체주의'라는 유령이 지배하고 있다. 의료 현실의 문제점을 지적하면 '음모론자'와 '유사의학'으로 매도되기 일쑤다. 어느덧 진실을 이야기 위해서는 '용기'가 요구되고 있다. 권위가 과학을 대신하고 이익이 의술을 압도하고 있다. 현대 의학은 옳은 방향으로 가고 있을까?

의사들은 '환자에게 해를 입히지 말라'First, Do No Harm는 히포크라테스 선서를 잊지 말아야 한다. 이 책은 인간 본래의 음식에 대한 진지한 탐구이며 해답이다. 특히 씨앗 기름의 해악성에 대한 저자의 통찰은 단연 돋보인다. 건강한 인류가 추구했던 인류 전통 음식을 통해서 잃어버린 건강과 에너지를 찾기 바란다.

네이버 카페 〈뇌를 깨우는 키토제닉〉 자문역, 유튜브 〈닥터쓰리〉 운영자
황성혁 전문의

현대인은 끝없는 발전과 진보에 환호하지만, 자양과 건강에 관해서 퇴보를 면치 못하고 있다. 본래 원시 인류는 소년기를 넘기면 현대인과 기대 수명은 비슷했고, 건강 수명은 훨씬 더 길었다. 만성 질환이라는 단어도 존재하지 않았다. 이 책은 현대인에게 잊힌 '유전적 부富'를 일깨워 주고 있다. 저자가 들려주는 전통의 가치에 귀 기울여 보기 바란다.

〈웨스턴 프라이스 재단〉 챕터 리더 / 유튜브 〈프리미티브 전래 식단 이야기〉
김영신

"나는 지방에 대해 오랫동안 연구를 해왔으며 최고 전문가들을 인터뷰했다. 지방이라는 주제에 대해 저자만큼 탁월한 전문가를 만나본 적이 없다. 최적의 건강을 원한다면 이 책으로 시작하라!"

〈최강의 식사〉The Bulletproof Diet의 '데이브 아스프리'Dave Asprey

"저자는 명확한 식단 지침을 제공하며 건강한 지방의 중요성을 강조하고 있다. 이 책의 내용을 실행한다면 당신의 몸을 근본적으로 향상시킬 수 있을 것이다."

〈케톤하는 몸〉Fat For Fuel의 저자, '조셉 머콜라'Joseph Mercola 박사

"이 책은 하나의 철학이다. 나는 저자가 제안하는 영양의 지혜를 실천했고 훌륭한 결과를 만날 수 있었다. 당신에게도 놀라운 효과가 있을 것이다."

(전) NBA 선수 '코비 브라이언트'Kobe Bryant

"이 책을 통해서 지구력이 향상되었고, 기분이 좋아졌고, 더 많이 달릴 수 있었다. 앞으로도 저자가 제안하는 전통 식단을 계속할 것이다."

(전) NBA 선수 '드와이트 하워드'Dwight Howard

프롤로그
음식은 자연과 소통하는 언어다

혼란스러운 시기다. 음식에 대한 정보가 홍수처럼 쏟아지고 있다. 어떤 정보가 정말 유익한지 판단하기 쉽지 않다. 나는 환자를 진료하면서 수많은 질문을 던졌다. 좋은 식단은 과연 무엇일까? 특별한 음식은 무엇일까? 이미 오키나와식, 지중해식은 우리에게 건강한 식단으로 자리 잡았다. 생선과 채소를 많이 먹는 일본인, 유제품과 올리브 오일을 먹는 지중해 사람들은 최상의 건강을 유지하고 있다. 재미있는 것은 그들이 먹는 음식의 종류가 서로 달라 보인다는 사실이다. 전 세계 장수인들은 저마다 다른 음식을 먹고 있다. 그럼에도 이들은 왜 모두 건강하고 장수하는 걸까?

나는 이 책을 통해 '뿌리 깊은 영양', 즉 수천 년 동안 전수되어 온 '영양의 지혜'the wisdom of nutrition를 규명하고자 한다. 이 비밀은 건강을 지켜주며 다음 세대에게 최고의 '유전적 부'genetic wealth를 선물할 것이다. 후성 유전학에 의하면, 자신의 유전자가 건강하면 그 유전자는 자녀들에게 전해지며, 자신의 유전자가 병약하면 그 또한 전해질 수 있다. 당신이 먹는 음식은 자신의 건강과 더불어 사랑스러운 자녀의 모든 것을 바꿀 수 있다. '유전적 부富'는 '건강한 유전자'의 다른 이름이다.

'유전적 부富'의 재미있는 개념 중 하나는 부모가 먹는 음식이 '자녀의 외모'도 바꿀 수 있다는 점이다. 사실, 이것은 완전히 새로운 개념은 아니다. 임신한 여성이 과도한 음주를 할 때, '안면 이상'facial abnormality과 같은 태아 발달 장애가 발생할 수 있다. 태아의 장애 원인은 산모의 잘못된 행동과 '영양 결핍'에서 비롯된다.

진료 현장에서 이와 같은 사례를 직접 눈으로 확인하고 있다. 우리 사회는 외모와 건강의 연관성에 대해 논의하기를 꺼린다. 이것은 어느새 '금기'taboo가 되어버렸다. 그렇다고 진실이 사라지는 것은 아니다. 당신이 아이를 가질 계획이 있다면, 미래의 아이가 신체적으로 매력적이기를 바랄 것이다. 모든 부모의 소망이기도 하다.

그렇다면 '매력적'이라는 단어는 무엇을 의미할까? 진정한 아름다움은 무엇일까? 그래서 세계적인 미학 전문가를 만났다. 바로 '스티븐 마쿼트'Stephen Marquardt 박사다. 그는 '마쿼트 마스크'라는 개념을 통해 현대 성형 수술에 많은 영향을 미쳤다. 그는 인간의 얼굴은 자연의 법칙에 영향을 받고 있다고 주장했다.

또 한 명의 위대한 영양학자를 소개하고자 한다. 그는 현대 영양학의 찰스 다윈이라고 불리는 사람이다. 바로 '웨스턴 프라이스'Weston A. Price 박사다. 그는 치과의사였다. 현대인들이 앓고 있는 질병들이 과거에는 흔하지 않았던 것을 발견했다. 그는 현대인들이 유년기 시절 잘못된 식단으로 인해 건강한 치아 구조를 형성하지 못하고 있음을 통찰했다.

이 믿음을 증명하기 위해 '유전적 부富'가 전해지고 있는 세계 곳곳의 토착 원주민들을 만나기 위해 기나긴 여행을 떠났다. 그는 역사적인 모험을 통해 진리를 발견했다. 인간의 건강은 '어떤 음식을 먹는가'에 좌우된다는 사실이다. 프라이스 박사의 연구는 후성 유전학의 연구와 일맥상통하고 있다.

이 책을 모두 읽고 나면 음식을 바라보는 당신의 눈은 완전히 달라질 것이다. 음식은 자연과 인간을 연결해 주는 언어이며 정보다. 올바른 언어가 인격에 커다란 영향을 미치듯이, 올바른 음식은 세포의 건강에 직접적인 영향을 미친다. 풀을 뜯으며 자란 소를 먹는 것은 소의 정보, 풀의 정보 그리고 흙의 정보까지 얻는 셈이다. 어떤 음식이 내 몸에 좋은 지 알고 싶다면 그 음식에 담긴 정보가 건강한지 자문해 보라.

이 책을 읽으면서 수천 년 인류의 지혜를 만나게 될 것이다. 암과 심장 질환을 예방하는 것, 노년에도 맑은 정신을 유지하는 것, 그리고 아름다운 자녀를 갖는 것, 모두 가능하다. 우리는 더 나은 삶을 살 수 있다. 이 책은 당신이 이미 알고 있는 진실을 더욱 잘 이해할 수 있게 만들 것이다. 그리고 '누구 말이 맞는 거야?'와 같은 혼란스러운 질문에 답할 것이다. 우리 가족이 먹어야 할 음식은 무엇인가? 그리고 피해야 할 음식은 무엇인가? 오늘 저녁 식사로 무엇을 준비해야할까? 이 책이 답을 줄 것이다.

저자 캐서린 섀너핸

2부. 현대 식단의 위기

1부
유전적 부富

1장
음식이 유전자를 바꾼다

의사들은

암, 당뇨병 등의 '가족력'을 중요하게 생각한다.

유전자는

언제 터질지 모르는 숙명적 시한폭탄이 된다.

후성 유전학은 다르게 생각한다.

유전자의 발현은

언제든지 변할 수 있다고 믿는다.

우리가 먹고 생각하고 행동하는 모든 것은

당신의 유전자와 다음 세대까지 영향을 준다.

불량 유전자, 폭동을 일으키다

내가 글을 쓰게 된 계기는 '내 불량 유전자' 때문이다. 난 학창 시절부터 운동선수로 활동해 왔지만 끊임없는 장애물과 맞서야 했다. 고등학생 시절에는 아킬레스건, 족저 근막염 그리고 무릎 통증에 시달렸다. 교정 기구를 통해 끊임없이 치료를 시도했다. 대학 때는 힘줄과 인대에도 문제가 생겼다. 스포츠 닥터를 찾아갔지만 "도울 방법이 없다."고 말했다. 결국 내가 할 수 있는 것은 훈련을 중단하고 쉬는 것뿐이었다.

해결 방법을 간절히 원했다. 문득 '영양 결핍이 생긴 것은 아닐까?'라는 질문이 스쳐 지나갔다. 다시 먼지 쌓인 생물학개론 책을 집어 들었다. 그때부터 몸의 근원에 푹 빠졌고 생명 공학에 완전히 매료되었다. 이러한 관심은 진로마저 바꿨다. 화학공학자가 되겠다는 계획을 포기하고 유전학을 가르치는 강의를 찾아 모조리 등록했다. 대학원에 진학해 유전자 조절과 후성 유전학을 배웠다. 그 이후 뉴저지에 있는 의과 대학에 입학했다.

의과 대학에 입학한 뒤, 비로소 스포츠 닥터가 내 질문에 답변하지 못한 이유를 알 수 있었다. 의과 대학에서는 질병의 원인에 대해 가르치지 않았으며, 단지 질병의 증상을 해결하라고 가르칠 뿐이었다. 의학은 자연 과학과 상당히 다르다. 물리학을 예로 들어보자. 오늘날 물리학자들은 '우주는 어떻게 탄생했나?'와 같은 근원적 문제를 파고든다. 그러나 의학은 다르다. 왜냐하면 의학은 비즈니스이기 때문이다.

'로니텐'Loniten이라는 혈압약을 보자. 이 약을 복용하는 사람들의 팔에 예상치 않게 털이 자라는 부작용이 발견되었다. 이때부터 연구자들은 새로운 고객을 찾아 나섰다. 그 결과, 혈압약 로니텐은 대머리 남성들을 위한 스프레이 형태의 '로게인'Rogaine으로 재탄생했다. 의학 세계에서는 이런 예가 수도 없이 많다. 가장 큰 히트작은 단연 '실데나필'Sildenafil이다. 실데나필은 원래 혈압 강하제로 개발되었지만 발기 지속이라는 놀라운 부작용이 발견되었다. 그리고 '비아그라'Viagra로 화려하게 부활했다. 의학은 사업이다. 결국 이익을 창출할 수 있어야 한다.

내가 의과 대학에 입학한 이후, 무엇이 우리를 건강하게 하고 병들게 하는지 궁금했다. 온통 관심은 '예방'에만 집중되었다. 하지만 의과 대학과 내가 원하는 목표는 달랐다. 그 거리는 너무도 멀었으며 간극을 극복하는 것은 불가능해 보였다. 내 꿈을 위해 할 수 있는 최선은 예방 의학'을 공부하는 것이었다. 하지만 솔직히 고백하건대, 나는 질병의 근원을 파헤치겠다는 열망을 잊어버린 채 일상에 묻혀 살아갔다.

그런데 반복되는 일상에 균열을 내는 사건이 발생했다. 내 불량 유전자들이 다시 폭동을 일으킨 것이다. 나는 하와이로 이사하고 얼마 지나지 않아 근골격 질환을 겪었다. 이번 녀석은 과거의 경우와 완전히 달랐다. 5명의 의학 전문가도 문제의 실체를 파악하지 못했고 통증은 계속되었다. 오른쪽 무릎에 송곳으로 찌르는 듯한 통증이 1년 동안 지속되었고 걷는 것조차 힘들었다. 시술도 받았고 주사도 맞았다. 물리 치료는 물론이다. 심지어 하와이 무속인까지 만났다. 하지만 오히려 문제는 악화되었다.

모든 것을 포기하려는 순간, 요리사인 남편 루크는 영양학 공부를 권유했다. 그는 영양의 세계에는 부자와 빈자가 존재한다고 강조했다. 내가 즐겨 먹던 인스턴트 식단이 '영양의 빈자'the poor of nutrition로 만들었으며 치유 능력을 망가뜨렸을 거라고 말했다. 하지만 남편의 조언을 쉽게 수긍할 수 없었다. 난 의과 대학을 나왔고 영양학과 생화학까지 공부했다. 저지방 음식을 섭취하고 칼로리까지 철저히 계산하면서 살아왔다. 이 정도면 충분한 것 아닌가?

남편은 책 한 권을 선물했다 '앤드류 와일'Andrew Weil의 〈자연 치유〉Spontaneous Healing라는 책이었다. 극심한 통증이 아니었다면 거들떠보지도 않았을 것이다. 책을 펼치자 한 번도 들어본 적 없는 단어 하나가 눈에 들어왔다. 오메가3 지방! 저자는 우리가 비타민을 섭취하듯 오메가3를 섭취해야 한다고 주장했다. 이 주장에 적 잖이 당황했다. 왜냐하면 그동안 지방이 해롭다고 생각해왔기 때문이다. 지금 우리는 역사상 가장 좋은 음식을 풍부하게 먹고 있다고 생각했었다. 나는 운명처럼 이 불온한 서적에 빠져 들었다. 다시 정상적으로 걸을 수 있을지도 모른다는 희망을 품고 말이다.

공부는 계속되었다. 우연히 〈내장과 기름: 미국 원주민의 식단〉Guts and Grease: The Diet of native Americans이라는 흥미로운 글을 읽었다. 미국 원주민이 유럽인보다 건강한 이유는 '짐승을 통째로 먹는 음식 문화'全體食라는 내용이었다. 살코기를 포함해서 '내장과 지방'까지 모두 먹는다고 했다. 인디언 후손인 '존 레임 디어'John Lame Deer에 따르면, 인디언 부족 간에는 종종 내장 먹기 대결이 벌어졌다고 했다.

"우리는 버펄로의 내장 먹기 대결을 하였습니다. 양쪽에서 버펄로의 긴 창자 끝부터 먹기 시작합니다. 맨 먼저 내장의 가운데 부위에 도달하는 쪽이 이기는 겁니다. 풀과 약초로 가득 찬 내장을 먹으면 약이나 비타민제 따위는 필요 없지요."

미국 원주민의 주장은 묘하게 흥미로웠다. 마치 비밀의 우물에서 해답의 샘물을 발견한 느낌이었다. 과거 미국 원주민은 사냥을 나가서 거대한 버팔로를 산 채로 쓰러뜨렸다. 전투에서는 화살을 맞고도 싸우는 초인간적인 전사였다.

1800년대에 찍은 미국 원주민의 사진에서는 그들의 균형 잡힌 얼굴과 강인한 골격을 볼 수 있다. 인디언들의 강철 같은 체력과 에너지는 어디서 나왔을까? 그 근원은 자연의 음식이 아닐까? 이 사실은 하와이에서 겪은 임상 경험과도 일맥상통했다. 하와이의 최고령자들은 증손주들이 섭취하는 것과는 매우 다른 음식을 먹고 자라왔다.

하지만 인디언의 전통 음식 세레모니는 너무도 낯설었다. 성인 남자 2명이 버팔로 창자를 씻지도 않고 먹는 모습을 도저히 받아들이기 힘들었다. 몇 가지 의문도 생겼다. 똥이 범벅된 버팔로의 창자를 먹은 인디언들은 배탈이 나지 않았을까? 동물성 지방은 원래 건강에 해로운 것 아닌가? 이러한 의문들은 동물성 지방 연구에 관심을 두게 했다.

의과 대학의 수업에 따르면 포화 지방은 콜레스테롤 수치를 높이며 콜레스테롤은 악명 높은 살인자다. 누구 말이 맞는 걸까? 미국 의학 협회? 아니면 인디언 부족? 이 질문을 시작으로 식이요법에 대한 연구를 본격적으로 시작했다. 의학 논문과 과학 자료를 꼼꼼히 살피기 시작했다. 영양학의 근원에 도달하기 위해 오랜 공부가 필요했다.

그리고 진실을 만났다. 의과 대학에서 배운 영양학 지식은 거짓과 모순된 가설들에 의지하고 있음을 알게 되었다. 한마디로 충격이었다! 과학적 연구들은 〈미국 의학 협회〉의 손이 아닌, 인디언 부족의 손을 들어주고 있었다. 이는 중대한 문제였다. 오늘날 저명한 의사들의 주장과 달리 포화 지방과 콜레스테롤은 유익한 영양소였다. 우리는 오랜 시간 달걀, 내장육과 같은 진짜 음식을 식단에서 배제하고, 트랜스 지방 덩어리인 마가린과 같은 가짜 음식으로 대체해 왔다. 이 엄청난 실수로 우리의 유전자는 반세기 동안 영양의 보릿고개를 감당해야 했다.

예를 들어, 아침 식사를 달걀과 수제 소시지 대신 달콤한 시리얼로 대신하는 것은 자녀에게서 비타민B와 콜라겐을 빼앗는 행위다. 달걀의 노른자는 레시틴, 필수 지방과 비타민A, D를 비롯해 뇌를 성장시키는 지방들로 가득 차 있다. 비타민B는 모든 신체 기관을 발달시키는 데 매우 중요한 역할을 한다. 임산부에게 비타민B가 결핍되면 신생아는 뼈가 약하거나 당뇨병 등에 취약해진다.

잘못된 연구와 가설은 치명적인 독버섯과 같다. 필자는 주류 영양학의 오류와 거짓을 직시함으로써 질병의 근원에 더 가까이 갈 수 있게 되었다. '콜레스테롤이 위험하다'는 의학적 오류 하나만 바로잡아도 우리의 식단은 크게 풍부해질 것이다. 나는 남편 루크의 조언대로 전통 요리책을 모조리 읽었다. 전통 요리를 실천하자 손상된 유전자가 바로잡혔다. 감기에도 덜 걸리고, 속 쓰림도 덜하고, 뱃살도 사라지고, 두통도 잦아들었다. 참을 수 없던 무릎 통증도 사라졌다. 변화는 그렇게 찾아왔다.

음식은 유전자를 조절하는 힘이다

세상에서 가장 건강한 식습관이 무엇인지 100명에게 물어보면 100가지 답변을 들을 것이다. 어떤 이들은 오키나와식 식단을, 다른 이들은 지중해 식단이나 프랑스 식단을 추천할 수 있다. 이 책은 인류 전통 음식의 공통 분모를 설명할 것이다. 나는 인류 전통 음식의 황금률을 '음식의 4대 기둥'이라고 명명했다. 지혜로운 조상들은 건강을 지키고 아름다운 아이를 출산하고 양육하기 위해 '음식의 4대 기둥'을 적용해 왔다.

사람들의 머릿속에는 외모와 건강에 대한 이상적인 이미지가 있을 것이다. 만약 음식으로 유전자를 바꿀 수 있다면 어떻게 될까? 내가 원하는 대로 유전자를 재구성할 수 있을까? 일부 행운아들은 '유전자 복권 당첨자'가 되어 미모와 지성, 체력에서 많은 혜택을 누리고 있다. 불공평하지만 이것은 부정할 수 없는 사실이다. 물론 유전자가 우수하다고 해서 원하는 모든 것을 얻을 수는 없다.

1980년대 중반, 생명 공학 분야의 몇몇 거장들은 우수한 유전자를 개발할 수 있다고 상상했다. 그래서 각종 질병 치료와 임신 및 출산 방식에 혁명을 일으킬 '인간 게놈 프로젝트'Human Genome Project를 구상했다. 게놈에 대한 연구가 진행되면서 조금씩 성과가 나타났다. 유전학자들은 사람마다 다른 유전자를 소유하게 된 것은 모체가 DNA를 재생산하는 과정에서 저지른 우연한 실수 때문이라고 주장했다. 이런 논리에 따르면 '유전자에 돌연변이가 축적되면 유전적으로 우수할 수 없다'는 것이다. 그래서 연구자들은 유전자 백신으로 돌연변이를 고칠 수만 있다면, 유전자 복권 당첨금을 쓸어 담을 수 있을 거라고 생각했다.

유전학자들은 게놈 프로젝트를 시작한 지 10년 만에 커다란 획을 그었다. 유전 암호 해독의 종료를 선언한 것이다. 프로젝트 관리자인 '마이클 덱스터'Michael Dexter 박사는 '인류 역사를 통틀어 가장 뛰어난 업적'이라고 단언했다. 사람들도 이 신기술로 인해 수많은 질병들을 마법처럼 해결할 수 있을 거라고 생각했다. 투자자들과 유전학자들은 암, 고혈압, 우울증 그리고 탈모와 같은 질환들에 대한 치료법이 나올 것이라고 기대했다.

　과학자들은 유전자 혁명의 차세대 주자는 '디자이너 유전자'designer genes, 즉 '유전자 조작으로 만든 유전자'가 될 것이라고 주장하며 대중을 자극했다. 옹호자들은 인간의 염색체는 '정적인'static 정보의 집합체이기 때문에 쉽고 안전하게 조작할 수 있을 것이라고 말했다. 하지만 후성 유전학은 그들의 기본 가설부터 잘못되었음을 날카롭게 지적했다. 유전자는 오히려 살아있는 '동적인'dynamic 존재, 즉 끊임없이 성장하고 학습하고 적응하는 존재라고 역설했다.

　병원에 가서 의사에게 질병을 진단받을 때 '유전'heredity때문이라는 말을 들어본 적이 있는가? 기존의 유전학자들은 질병은 무작위 돌연변이 혹은 '나쁜' 유전자 때문에 발병한다고 주장해 왔다. 반면에 후성 유전학의 관점은 다르다. 안경을 쓰거나, 암에 걸렸거나, 노화의 속도가 빠르더라도 유전자는 지극히 평범할 가능성이 높다. 문제의 핵심은 그 유전자들이 제대로 작동하는가에 달려있다. 유전자가 제대로 작동하는 상태를 '유전적 발현'genetic expression이라고 한다. 몸을 돌보지 않으면 아픈 곳이 생길 수 있듯 유전자도 관심을 갖지 않으면 아프게 된다.

전통적 유전학에 따르면 질병은 'DNA의 영구적 손상' 때문에 발생한다. 생물학적 오류에 의해 중요 정보가 파괴된 유전자를 '돌연변이'mutation라고 한다. 지금까지 돌연변이는 DNA가 자기 복제를 하는 동안 실수를 저질러 발생하는 것으로 여겨왔다. 그러니까 유전자의 건강은 주사위를 무작위로 굴렸을 때처럼 '운'에 달려 있다는 것이다.

오랫동안 사람들은 돌연변이가 모든 질환의 근원이라고 믿어왔다. 그래서 의사들은 암, 당뇨병 등의 '가족력'을 중요하게 생각한다. 이런 유전자는 언제 터질지 모르는 숙명적 시한폭탄이다. 반대로 '유전자 복권'이 되어 행운의 선물이 될 수도 있다. 유전자 복권의 기본 원칙은 통제가 불가능하다는 데 있다.

하지만 후성 유전학은 '우리의 행동이 유전자에 영향을 미칠 수 있다'고 해석한다. 우리가 먹고, 생각하고, 행동하는 모든 것이 유전자의 기능에 영향을 주며 다음 세대까지 전해진다. 후성 유전학 연구자들은 쥐를 대상으로 한 실험에서 비타민 결핍이 체중과 질병 그리고 다음 세대까지 영향을 끼칠 수 있음을 증명했다. '당신이 먹는 음식이 곧 당신이다'라는 명언을 다시금 확인한 것이다.

전 세계 후성 유전학 연구자들이 발견한 사실을 종합해 보면, 사람들이 걸리는 질병은 대부분 돌연변이가 원인이 아니라, 유해한 환경과 영양 결핍이 더 많은 영향을 받는다. 건강했던 유전자도 어느 순간 병들 수 있다. 후성 유전학은 유전자 복권이 결코 러시안룰렛 게임이 아니라는 것을 보여준다. 핵심은 명확하다. 스스로 자신의 유전자에 관심을 기울이는 것이다.

건강한 유전자라는 개념은 간단하다. 유전자는 방해를 받기 전까지는 원활하게 작동한다. 유전자의 정상적인 작동을 방해하는 외부의 힘은 크게 '독소와 영양 불균형'이라는 두 개의 범주로 분류할 수 있다. 독소는 우리가 먹고 마시고 호흡할 때 체내로 들어오는 해로운 물질이다. 심지어 심한 스트레스를 받으면 신체 내부에서 독소가 생성되기도 한다. 영양 불균형은 세포 활동을 원활히 하는데 필요한 영양소 결핍으로 인해 발생한다. 지금 당신은 공기의 질을 바꾸거나 스트레스를 줄이기 위해 직장을 그만두기는 어려울 것이다. 하지만 유전자를 조절하는 강력한 요소를 바꿀 수는 있다. 바로 '음식'이다.

영양의 지혜는 당신의 미래를 좌우한다

유전학자들에게 맞춤형 아기에 대한 아이디어가 회자된 적이 있다. 이 아이디어는 아주 새로운 생각이 아니다. 지혜로운 조상들은 태고적부터 아기를 '맞춤'으로 길러왔기 때문이다. 그렇다고 특정한 눈 색깔, 머리카락 색을 선택할 수 있었다는 뜻은 아니다. 그들의 목표는 건강하고 총명하고 행복한 아이를 낳는 것이었다. 그들은 최첨단 기술과 도구도 없었다. 유일한 무기는 오랜 경험과 신중한 관찰로 얻은 생물학적 지혜였다.

조상들은 공동체를 보존하기 위해 건강한 아기를 낳아야 했다. 물론 쉽지 않았다. 그들은 특정 음식 섭취가 결핍되면 아이에게 문제가 생긴다는 것을 수많은 시행착오를 통해 알게 되었다. 어떤 음식을 먹어야 순산할 수 있으며 어떤 음식을 먹지 말아야 아이를 건강하게 키울 수 있는지 배워 나갔다. 이 지혜들은 후대에 계속 전달되었다. 이러한 지식의 계승이 없었다면 현세대는 지금처럼 존재하지 못했을 것이다.

모든 문화권에서는 수세대에 걸쳐 쌓아 온 방대한 영양학의 지식, 즉 '뿌리 깊은 영양'을 숭상해 왔다. 이런 증거는 곳곳에서 찾을 수 있다. 그 지혜는 모든 문화권에서 매우 중요하게 생각하는 요소였다. 다양한 종교적 교리 속에서도 여러 가지 얼굴로 감춰져 있다. '캐나다 원주민'Yukon Territory은 비타민C 결핍으로 인한 괴혈병에 대해 이미 알고 있었다. 1930년에 수많은 탐험가들은 괴혈병 때문에 목숨을 잃곤 했다. 다음은 원주민과의 대화 일부다.

나이 지긋한 한 원주민에게 백인들에게 괴혈병 예방법을 왜 알려주지 않았는지 물었다. 그러자 "백인은 아는 게 너무 많아 원주민에게 아무것도 묻지 않는다."라고 대답했다. 내게는 알려줄 수 있는지 물었다. 원주민은 "추장이 허락한다면 그렇게 하겠다."라고 대답했다. 한 시간 정도 후, 원주민은 "추장의 허락을 받았다."고 말했다. 그 이유는 "내가 원주민의 친구이기 때문"이라고 했다. 그는 사슴Moose을 잡아 어떻게 손질하는지 설명했다. 그리고 "사슴의 등 쪽 신장 바로 위에는 '작은 공' 2개가 지방에 둘러싸여 있다. 그것을 최대한 많은 조각으로 잘라내 모든 원주민 부족과 나눈다."라고 했다.

필자가 이 구절을 처음 접했을 때, 원주민들의 지식이 얼마나 깊었는지 바로 알 수 있었다. 원주민이 지적한 작은 공은 '부신'副腎이다. 사슴의 부신에는 비타민C가 엄청나게 함유되어 있다. 의과 대학에서 강의하는 영양학 수업보다 훨씬 훌륭했다. 영양학 교재에는 비타민C를 과일과 채소에서만 얻을 수 있다고 서술하고 있다. 원주민 추장이 음식에 대해 매우 해박했음을 알 수 있다.

토착 원주민에게 음식과 영양에 관한 지식은 매우 중요한 자산이다. 요즘 우리는 '정보 좀 공유할까'라고 쉽게 말하곤 한다. 하지만 원주민에게 음식과 영양에 관해 조언을 구하는 행위는 '국가의 전략 무기'를 공유하는 것과 같다. 아프리카 옛말에 '노인 한 명이 죽는 것은 도서관 하나가 불타 없어지는 것'이라는 문구와 맥락을 함께 한다.

우리는 음식을 연료나 칼로리 그리고 비타민의 원천으로 여기며 살아간다. 반면 고대인들은 음식과 식사를 신성한 행위로 여겼다. 음식을 통해서 대자연과 연결된다는 믿음을 노래와 기도로 표현했다. 후성 유전학은 고대인들의 신념이 진실임을 증명하고 있다. 우리의 유전자는 음식의 화학적 정보에 기초해 매일매일 결정을 내리고 있다. 음식은 일종의 암호화된 정보라고 할 수 있다. 이 정보에는 육지와 바다의 미세한 정보가 고스란히 담겨있다. 그래서 음식은 단순한 연료를 넘어 외부 세계의 정보와 소통하는 '언어'다. 이 언어는 유전자를 더 좋게, 혹은 더 나쁘게 프로그래밍한다. '유전자 복권 당첨자'는 그들의 선조들이 유익한 화학적 정보를 음식으로 흡수했기에 건강한 유전자를 물려받은 것이다.

필자는 음식이 어떻게 유전자를 프로그래밍하고 영향을 끼치는지 10년 넘게 연구해 왔다. 그리고 음식이 생명 공학보다 유전자 관리에 훨씬 유용하다는 것을 알았다. 유전자 발현을 최적화할 수 있는 영양소를 몸에 공급한다면 유전적 장애와 질병을 없앨 수 있다. 음식만 제대로 먹는다면 유전자 재프로그래밍이 가능하다. 암, 노화, 치매를 비롯해서 신진대사를 조절할 수 있다. 일찍 계획을 세울수록 유전자 활동은 탄력을 받을 것이다. 이제 당신은 자신과 자녀를 위한 '뿌리 깊은 영양의 지혜'를 배우게 될 것이다.

음식을 통해 아름답고 건강해지는 법

비타민, 무기질 그리고 항산화제가 특정 질병을 예방한다는 연구 결과가 매일 새롭게 발표되고 있다. 사람들은 영양소의 효과를 경험적으로 알고 영양 보충제와 기능성 식품을 구입하고 있다. 그런데 사람들이 쉽게 간과하는 사실이 있다. 인공 비타민과 항산화 제품은 음식으로 섭취하는 것만큼 효과적이지 않다. 기대 이하인 경우가 대부분이다. 심지어 몸에 해로울 수도 있다. 해답은 '영양이 풍부한 음식'을 먹는 것이다.

필자와 요리사인 남편 루크는 가장 영양가 높은 음식을 가려내기 위해 전 세계 전통 음식을 연구했다. 연구 목적은 '최고의 전통 음식'을 찾아내는 것이 아니라, 모든 전통 음식이 갖고 있는 '최고의 공통점'을 알아내는 것이었다. 우리는 세포로 전달되는 영양소를 극대화하는 요리법과 4가지 음식군群을 찾아냈다. 오늘날 우리가 건강 문제를 겪는 이유는 더 이상 전통의 방식대로 요리하지 않기 때문이다. 선조들이 먹었던 식단의 4대 기둥을 지킨다면 우리의 유전자는 건강을 회복할 것이다.

유전자의 건강은 물려받은 유산이다. 일부 사람들은 이 소중한 유산을 마구 낭비하는데도 별 탈 없이 지내는 경우를 볼 수 있다. 마치 유명한 가문에서 태어난 게으른 학생이 성적과 관계없이 명문 대학을 보장받는 것처럼 말이다. 건강한 유전자를 소유한 소수의 행운아들은 아름다운 몸을 위해 노력할 필요가 없다. 슬픈 사실은 게으름의 대가를 치르는 것은 다음 세대의 몫이라는 것이다.

담배와 초콜릿으로 자기 몸을 홀대하는 슈퍼 모델들을 볼 수 있다. 그녀들은 영양적 학대에도 불구하고 아름다운 골격을 한동안 유지할 것이다. 하지만 피부는 부족한 영양을 뼈에서 빼앗아 보충할 것이며 뼈는 서서히 약해질 것이다. 어느 순간 피부의 결합 조직이 무너지기 시작하면 아름다움은 서서히 사라질 것이다. 여성의 중요한 신체 기관, 난자의 유전자도 영향을 받을 것이다. 이러한 유전적 퇴화는 슈퍼 모델의 에너지와 아름다움 그리고 자녀의 건강을 빼앗아 갈 것이다. 당신도 예외가 아니다.

자녀가 좋은 대학에 가기를 원하는가? 좋은 학군으로 이사 가는 것을 고민하는가? 그것보다 자녀들이 어떻게 하면 건강하고 아름답게 성장할 수 있을지 고민하라. 그 노력의 열매는 자녀의 학습 능력과 외모에 분명히 영향을 줄 것이다. 그 변화를 통해서 자녀가 펼치고 싶은 꿈은 더욱 성장할 것이다. 모든 것이 '당신이 무엇을 먹느냐'에 달려 있다.

'후성 유전학'epigenetics의 사전적 의미는 'DNA의 일정한 순서 염기 서열에 변화를 수반하지 않으면서도 유전자의 패턴과 발현의 변화 메커니즘을 연구하는 학문'이다. 정의가 이해되는가? 후성 유전학에서 '후성'後成을 의미하는 '에피'epi는 라틴어로 '~외에, ~을 넘어'라는 뜻이다. 즉, 'DNA 염기 서열에 의해서 유전자를 넘어선 정보가 유전에 관여하는 현상'을 말한다.

예를 들면 다음과 같다. 건물을 지을 때 설계도가 필요하듯이 유전자gene는 생명체의 설계도라고 할 수 있다. 유전자는 자기 복제를 통해서 후세대로 전수되는 이기적 본능을 갖고 있다. 유전자 안에는 DNA가 '일정한 순서'염기 서열로 구성되어 있다. 스마트폰이 발명되기 이전 음악을 들을 수 있는 기록 매체는 '카세트테이프'였다. 카세트테이프는 자성을 이용한 기록 매체다. 마찬가지로 DNA는 유전자의 자기magnetic 배열 상태라고 할 수 있다.

유전학에서 말하는 유전은 이 DNA의 결합체인 유전자가 전달되는 현상을 말한다. 유전은 라틴어 'hereditas'에서 유래했으며, 과거 상속자를 뜻하는 법률 용어였다. 우리는 부모의 유전자에 엄청난 영향을 받는다. 부모가 키가 크면 자녀의 키도 클 가능성이 높다. 부모와 자녀의 '발가락이 닮은 것'은 전적으로 유전자 덕분이다. 유전자는 외모와 행동 그리고 성격까지 커다란 영향을 미친다.

우리는 유전자의 본질을 바꿀 수는 없다. 다만 유전자의 본질이 '발현'되는 요소는 조절할 수 있다. '발현'revelation은 숨어 있던 본질이 외부로 모습을 드러내는 것을 의미한다. 후성 유전학은 유전자의 발현에 영향을 미치는 인자를 바꿀 수 있다고 생각한다. 이 발현 인자는 후세대에 다시 유전될 수 있다.

내가 강조하고 싶은 것은 이 유전자 발현에 커다란 영향을 미치는 것이 바로 '음식'이라는 사실이다. 그리고 지혜로운 조상들의 엄청난 정보가 축적된 것이 '전통 요리'다. 안타까운 것은 우리가 진짜 음식의 뿌리를 잊고 있다는 점이다. 반대로 주류 영양학의 거짓 선동 속에서 허우적대고 있다. 그 혼란 속에서 우리의 염색체는 점점 시들어가고 있다. 전통 요리만 즐겨 먹어도 염색체들은 회복될 수 있다.

모든 전통 요리는 4가지 범주로 나눌 수 있다. 이를 '전통 요리의 4대 기둥'이라고 부른다. 첫째, 뼈 있는 고기. 둘째, 동물의 장기와 내장. 셋째, 신선한 채소와 과일. 넷째, 발효 & 발아 음식이다. 모든 나라에서는 이 4대 기둥에 해당하는 음식을 매일 먹는다. 이 음식들이 몸에 좋다는 사실은 건강하게 사는 사람들의 모습을 보면 쉽게 알 수 있다. 이러한 요리 전통은 과거부터 중요한 가치로서 면면히 이어져 왔다. 다행히 전통 요리들은 세월의 파고를 견뎌냈고 지금도 우리와 연결되어 있다.

전통문화는 조화로운 일상을 바탕으로 삼았다. 조화로움은 우리의 내면과 유전자에 새겨져 있다. 잡식 동물 최대의 딜레마, 즉 우리는 무엇을 먹어야 하는가? 질문의 해결책은 세계적인 전통 요리사와 경험 풍부한 할머니의 손맛 속에 살아 숨 쉬고 있다. 안타깝게도 그 전통 음식 중에 진정한 가치를 인정받지 못하는 경우가 너무도 많다. 그 이유는 콜레스테롤 거짓 신화와 같은 마녀사냥에 의해 쫓겨났기 때문이다.

다행히 요리를 사랑해 온 사람들은 전통 음식 문화를 계속 보존해 오고 있다. 그들은 고대의 비밀을 현대에 퍼뜨리는 전달자 역할을 하고 있다. 토착 원주민 내에서만 비밀스럽게 공유했던 지식을 고스란히 간직해온 것이다. '음식을 통해 건강하고 아름답게 사는 법'은 우리에게 가장 소중한 선물이다. 이 책에서는 처음부터 끝까지 '음식의 힘'을 강조할 것이다. 우리의 유전자는 음식을 먹을 때마다 조금씩 변한다. 이 작은 변화도 법칙을 따른다. 그렇다면 변화를 만드는 법칙은 무엇일까? 이제 그 법칙을 살펴보고자 한다.

오스카의 여인, 그녀들이 아름다운 이유

흑인 여배우 '할리 베리'Halle Berry가 아카데미 시상식 무대에서 눈물을 흘리며 수상 소감을 다음과 같이 말했다.

"이 순간은 나보다 훨씬 더 큽니다. 이 순간은 이름도, 얼굴도 없는 모든 유색 인종 여성을 위한 것입니다. 아카데미가 신의 은총이 담길 그릇으로 저를 선택해 준 것에 감사합니다. 고맙습니다."

그녀는 흑인 여성 처음으로 오스카상을 수상했다. 할리 베리의 얼굴을 보면서 그동안 아카데미 무대를 빛냈던 다른 여배우들의 얼굴이 떠올랐다. 샤를리즈 테론, 니콜 키드먼, 케이트 블란쳇, 안젤리나 졸리, 줄리아 로버츠, 킴 베이싱어, 엘리자베스 테일러, 잉 그리드 버그먼 등. 아카데미상의 영광을 수상했던 모든 여배우들의 연결 고리는 과연 무엇일까?

먼저 여배우들 모두는 자신의 분야에서 뛰어난 재능을 보였다. 그리고 그녀들 모두는 너무나 '매력적인' 존재였다. 여배우들처럼 우리도 하나의 그릇이다. 먹고 생존하고 유전 물질을 재생산하도록 만들어진 특별한 그릇 말이다. 우리의 몸과 DNA는 외부 세상과 연결되어 있다. 바로 '음식'으로 말이다. 여배우들의 완벽하고 조화로운 몸은 자연과 그녀들의 유전자가 행복한 관계를 이루었다는 증거다. 자신의 유전자와 이로운 관계를 만들고 싶은가? 건강하고 아름다워지고 싶은가? 그렇다면 당신의 DNA 지능을 활용할 수 있어야 한다.

우리는 전체 유전자의 단 2%만 사용하고 있다. 과학자들은 나머지 98%를 '정크'junk DNA라고 명명했다. 여기서 정크라는 이름은 나머지 98% DNA가 쓸모가 없기 때문이 아니라, 아직 그 활용도를 알지 못한다는 의미이다. 다행히 과학자들은 이 정크 DNA에 대단한 능력이 있음을 발견했다. DNA의 2%는 암호화된 데이터를 저장하고, 정크 DNA는 생명 활동을 위한 중요 결정에 관여하는 것으로 보인다.

이를테면 동일한 DNA를 가진 2개의 줄기 세포 중 하나는 눈eye의 일부가 되고, 다른 하나는 간liver의 일부가 되는 것 같은 결정 말이다. 또한 정크 DNA는 수많은 화학 정보를 활용해서 유전자의 작동 버튼을 결정한다. 인간 게놈 프로젝트로 알게 된 가장 흥미로운 사실은 인간의 유전자가 쥐의 유전자와 매우 비슷하다는 것이다. 인간의 단백질은 다른 동물들의 단백질과 다르지 않다. 그렇다면 우리를 비로소 인간으로 만드는 것은 무엇일까? 그것은 '유전자의 조절 부위'다.

토론토 대학 〈중독 및 정신 건강 센터〉Centre for Addiction and Mental Health '아투라스 페트로니스'Arturas Petronis 교수는 "우리는 전통적인 유전 연구 프로그램의 핵심 원리를 근본적으로 수정할 필요가 있다. 돌연변이와 자연 선택에 의한 진화는 빙산의 일각에 불과하다. 그 빙산의 밑바닥에 후성 유전학이 있다."라고 말했다. 우리는 98%의 정크 DNA가 세포 활동을 제어하는 복잡한 조절 시스템에 관여하고 있음을 알 수 있다. 유전자 복권 당첨자의 DNA는 비슷한 연령대의 사람에 비해 세포의 성장과 활동을 더욱 잘 조절하고 있다. 이는 정크 DNA의 기능이 더 뛰어나기 때문이다.

염색체에 대해 좀 더 자세히 살펴보자. 인간의 염색체 46개는 각각 30억 쌍의 염기 서열로 이루어진 DNA 분자이다. 이 분자를 '핵산'nucleic acid이라고 부른다. 핵산은 유전 알파벳 4개A, G, T, C로 구성되어 있다. 모든 유전자 데이터는 이 4개의 알파벳 패턴 속에 암호화되어 있다. 이 염기 서열의 순서가 바뀌면 패턴이 바뀌고 의미도 바뀐다. 의미가 바뀌면 생물의 운명은 완전히 달라진다.

그래서 생물학자들은 생명의 운명이 알파벳 순서의 변화에 달려 있다고 오래도록 믿어왔다. 후성 유전학은 알파벳 순서의 변화와 더불어 DNA 이중 나선 구조가 유전자 발현 방식에 커다란 영향을 미치고 있다는 것을 발견했다. 유전자 발현 방식이 달라지면 새로운 인생이 펼쳐진다. 이는 유전자가 학습하고 변화할 수 있다는 의미이다.

2005년 에스파냐 과학자들이 그 미스터리를 풀 방법을 찾아냈다. 이들은 각각 3세와 50세의 일란성 쌍둥이를 함께 연구했다. 3세 쌍둥이들의 유전자는 서로 매우 유사했으며 동일한 유전자 표지를 가지고 있었다. 반면 50세 쌍둥이의 염색체는 크리스마스트리 장식처럼 녹색과 붉은색의 대조적인 색을 띠었다. 중년의 일란성 쌍둥이의 유전자 표지는 더 이상 동일하지 않았다.

유전자 표지의 변화는 단지 노화 때문만은 아니었다. 그것은 오랜 시간 반복된 삶의 결과였다. 유전자에는 우리가 먹고 마시고 호흡하고 생각하고 행동한 결과가 그대로 반영되어 있다. 유전자는 항상 변화할 준비를 하는 존재다. 과학자들은 50세의 일란성 쌍둥이 여성의 다른 염색체 패턴을 촬영하면서 다른 '특성'이 완성되었음을 알 수 있었다. 또한 DNA가 동일한 쌍둥이에게 왜 완전히 다른 질병 문제가 발생하는지 이해할 수 있었다.

만일 쌍둥이 중 한 명이 흡연, 음주 그리고 정크 푸드와 같은 습관을 갖고 있고 다른 한 명은 건강한 삶을 영위했다면, 이 두 사람의 DNA는 완전히 다른 '화학적 수업'을 받은 것이다. 전자는 화학적 혼돈 속에서 불량 학교에 다닌 셈이며, 후자는 화학적 질서 속에서 명문 학교에 다닌 것이다.

라이프 스타일은 유전자에 행동하는 법을 가르친다. 건강한 습관은 유전자를 좋게 하지만, 불량한 습관은 유전자를 망가뜨린다. 만일 쌍둥이 자매 중 한 명은 하와이로 이사를 가서 천연 음식을 먹고, 다른 한 명은 미네소타로 이사를 가서 가공식품을 먹었다고 가정하자. 당연히 후자는 만성 질환에 시달렸을 것이다. 후성 유전학자들은 올바른 영양을 공급해 주지 않으면 건강과 유전자에도 악영향을 미친다는 사실을 확신하고 있다.

더 중요한 진실이 있다. 당신이 먹는 음식은 자녀에게 영향을 준다는 사실이다. 임상 유전학 교수 '마커스 펨브레이'Marcus Pembrey는 "우리는 모두 각자의 게놈 수호자이다. 라이프 스타일은 자신의 게놈에 강력한 영향을 미칠 뿐 아니라 자녀와 손자녀에게도 영향을 끼칠 수 있다"라고 강조했다.

유전자의 목소리를 들어야 할 시간

제2차 세계대전 종반, 유럽에는 혹독한 겨울이 찾아왔다. 무려 3만 명이 비참하게 굶어 죽었다. 생존자들은 각종 암과 같은 만성 질병과 발달 장애를 보였고 체중 미달 아기를 낳았다. 네덜란드의 연구진은 생존자들의 건강이 다음 세대에 미치는 영향을 추적 조사하였다. 연구 결과, 임산부가 먹은 음식은 최소한 2세대에 걸쳐 파장을 미쳤다.

로스엔젤레스 케크Keck 의과 대학 박사들은 임신 중 흡연이 자녀의 천식에 끼치는 영향을 연구했다. 임신 중 담배를 피운 엄마의 아이들은 금연한 엄마의 자녀들보다 천식에 걸릴 확률이 1.5배 높았다. 놀라운 사실은 할머니가 흡연자였을 경우, 아이의 천식 발병 확률은 1.8배나 되었다는 사실이다. 엄마가 담배를 전혀 입에 댄 적이 없다 해도 말이다! 할머니와 엄마 모두가 임신 중에 흡연했던 아이들은 위험이 2.6배로 급상승했다. 다행스러운 것은 임산부가 정상적인 영양을 섭취할 경우, 이러한 문제는 발생하지 않았다. 손상된 유전자는 정상화될 수 있다. 우리는 DNA의 활동 원리를 이해함으로써 영양 결핍과 독소 노출이 얼마나 쉽게 만성 질환으로 이어지는지 알 수 있다.

예일 대학 〈유전체학 우수 연구 센터〉Center for Excellence in Genomic Science의 '도브 그린바움'Dov S. Greenbaum 박사는 "정크 DNA의 활동은 유전자 활성화 시스템을 역동적으로 만들어 생물의 하드웨어를 재구성하지 않고도 외부 환경에 적응하도록 해준다."라고 말했다.

유전자 변형에는 마치 소프트웨어 설계자들이 사용하는 것과 같은 프로토콜이 적용된다. 비타민C 생성 과정에도 이러한 원리가 적용되었는지 모른다. 인간은 오랜 시간 비타민C 생성 기능을 쓰지 않게 되었다. 음식을 통해 충분한 비타민C를 섭취할 수 있었기 때문이다. 이러한 외부 조건은 비타민C 생성에 관여하는 유전자를 영구적인 휴면 상태로 만들었다.

1930년대 후반 〈텍사스 농업 연구 시험소〉Texas Agricultural Experiment Station의 '프레드 헤일'Fred Hale 교수는 암퇘지를 대상으로 연구를 진행했다. 암퇘지가 수태를 하기 전, 몸에서 비타민A를 제거하자 눈이 없는 새끼들을 낳았다. 반대로 비타민A를 다시 공급하자 안구가 정상적인 새끼들을 낳았다. 이 실험을 통해서 알 수 있는 사실은 돼지의 안구 생성 스위치가 영구적인 돌연변이 유전자 때문이 아니라 일시적인 후성적 변형 때문이라는 것이다. 비타민A가 안구 생성의 스위치 역할을 한 것이다. 비타민A는 햇빛에서 비롯된다. 비타민A의 결핍은 눈을 성장시키는 유전자 스위치를 꺼버린다. 이는 안구에 관여한 DNA가 외부 조건을 빛이 필요 없는 환경으로 해석한 것이다. 실제 안구 없는 돼지들은 동굴에서 서식하는 도마뱀과 매우 비슷한 눈꺼풀을 갖고 있었다.

후성 유전학에 관해 공부할수록, 질병과 진화의 과정은 세포 호흡과 같은 생물의 프로세스를 엄격히 통제하고 있는 것으로 보인다. 유전자의 변화는 무작위적 확률에 근거하지 않는다. 그렇다면 무엇이 세포 활동에 가장 큰 영향을 미치는 걸까? 바로 '음식'이다.

음식은 우리가 외부 세계와 상호 작용할 수 있는 1차적 수단이다. 유전자의 기능을 제어하는 유전적 요소표지는 무기질, 비타민, 지방 등과 같은 영양소에 영향을 받고 있다.

인간을 특별하게 만든 것 중 하나는 도구를 사용할 수 있다는 점이다. 도구의 사용은 인류를 경쟁자보다 양질의 섭식 활동을 가능하게 했으며 '이기적 유전자'를 더욱 발전시켰다. 우리는 바다를 넘고 산을 넘어, 지구 전체로 인류의 유전자를 퍼트릴 수 있었다. 유전자는 변하지 않는 다이아몬드가 아니다. 우리의 태도에 따라 유전자는 서서히 변화할 수 있다. 수많은 세대를 거쳐 전해지는 가문의 보물처럼 DNA 족보에 영원히 기록되어 전해진다.

몸을 함부로 대하는 것은 DNA를 홀대하는 것과 같다. 천재 작가 모네의 그림을 습하고 지저분한 지하실에 내팽개치는 것과 같다. 그러면 모네의 그림은 고유의 가치를 잃게 된다. 이제 당신은 알 수 있을 것이다. 아름답고 건강하고 싶다면 '뿌리 깊은 영양'을 알아야 한다는 사실 말이다. 우리는 음식을 통해 자신의 유전자와 매일 대화하고 있다. 이제 유전자의 목소리를 귀담아들어야 할 시간이다.

류.바.식

2장
위대한 선물, 유전적 부富

토착 원주민들은

오랜 세월 수많은 관찰과 경험을 통해

'유전적 부'를 지킬 수 있었다.

지금 우리는 완전히 다른 생활을 하고 있다.

대지는 점점 힘을 잃어가고 있고

동물은 열악한 환경에서 사육되고 있고

해로운 기름이 주방과 식탁을 점령해 버렸다.

'유전적 부'가 낭비되고 있다.

영양학의 찰스 다윈, 웨스턴 프라이스

이집트 연구학자 '마크 레너'Mark Lehner가 정원 테라스의 매끈한 바닥 위를 걷고 있었다. 문득 자신이 걷는 테라스 바닥이 하나의 거대한 암석이라는 것을 알게 되었다. 42미터 길이의 커다란 '오벨리스크'Obelisk였다. 오벨리스크는 고대 이집트 왕조에서 태양 숭배를 위해 세워진 기념비다. 그 거대한 암석은 무려 4,000년의 세월을 간직하고 있었다.

그는 '고대인들이 어떻게 거대한 돌로 기념비를 세웠을까', '고대 문명의 과학이 오늘날의 기술력을 뛰어넘는 것은 아닐까'라는 질문에 깊이 빠졌다. 세계 곳곳에 있는 고대 건축물들은 불가사의한 신비, 그 자체다. 고고학자들은 "고대의 석공들은 건축의 비밀을 퍼뜨리거나 기록해서 전수하지 않았다. 건축가와 건설자들은 고대 이집트의 신비학파에 뿌리를 두고 있다. 그들은 비밀 집단이었다."라고 말하고 있다. 실제 고대인들은 건축 기술을 매우 소중하게 여겼다.

고대의 지혜 중에 지금까지 우리 삶에 커다란 영향을 미치는 것이 있다. 바로 '뿌리 깊은 영양'이다. 고대의 영양학은 고대 석공 기술자의 비법이 비밀스럽게 지켜진 것처럼 전수되어 왔다. 이 비법은 인간을 최적화하고 혈통을 보존하기 위한 도구였다. '뿌리 깊은 영양'은 수학 및 공학 못지않게 끊임없이 진화해 왔다.

만약 고대 토목 기술에 대한 연구만큼 고대 음식과 영양에 대해 연구하는 과학자가 많았다면 우리들은 훨씬 건강하고 행복한 삶을 살 수 있었을 것이다. 여성이 역사책을 많이 썼더라면, 초등학생들이 지금처럼 왕들의 전투 기록을 외우지는 않았을 것이다. 뿌리 깊은 영양을 더 깊게 이해하게 되었을 것이다.

20세기 초, 서구인들은 수평선 너머 초인적인 종족의 존재 여부에 대해 입씨름을 벌이곤 했다. 자주 등장한 부족이 바로 '훈자족'Hunza이다. 이 부족은 염소와 야크들소를 기르며 아프가니스탄과 파키스탄 산악 지대에서 생활했던 유목민이다. 탐험가들은 이 지역을 100세 이상 장수하는 경이로운 땅이라고 주장했다. 서양의학의 관점에서 훈자족은 수수께끼 자체였다.

훈자족은 왜 건강하고 장수했던 것일까? 맑은 공기? 미네랄이 풍부한 물? 칼로리 제한? 서구의 영민한 장사꾼들은 건강과 장수의 비밀보다 '히말라얀'Himalayan이라는 단어에 관심을 보였다. 이들은 이 단어가 돈이 될 거라는 것을 직감했다. 장사꾼들은 히말라얀을 탄산수병에 인쇄했고 신비의 단어는 날개 돋친 듯 팔렸다. 자본주의의 본능은 휴일이 없다.

오하이오주 클리블랜드 출신의 한 유능한 치과 의사는 장사꾼들이 내팽개친 질문을 다시 던졌다. '고산 지역 사람들은 왜 건강하고, 미국 사람들은 왜 건강하지 않은가?' 그는 건강과 장수의 비밀을 찾고 싶었다. 이 남성의 이름은 '웨스턴 프라이스'Weston A. Price

웨스턴 프라이스 박사

박사다. 그가 강렬한 열망을 품게 된 이유는 치과 감염으로 사랑하는 아들을 잃었기 때문이었다. 그는 현대인들이 앓고 있는 충치, 신체 퇴화, 치아 기형과 같은 몸의 퇴화 현상에 주목했다. 왜 인간만이 유독 신체적 결점을 안고 살아야 하는지 궁금했다.

그는 오랜 연구와 조사를 통해서 환자들의 안면 기형이 영양의 불균형으로 인해 발생한다는 사실을 깨달았다. 치아 기형이 생기는 것은 '혼혈, 불운 그리고 마귀' 때문이 아니었다. 거기에는 더욱 타당한 이유가 있었다. 프라이스 박사는 실증적인 연구를 통해 인간의 질병이 '필수 영양소의 결핍'에 있다는 것을 확신했다. 그 확신의 증거들을 세계 곳곳에 존재하는 건강한 사람들로부터 찾고자 했다.

그는 행동하는 의사이며 용기 있는 모험가였다. 세계 곳곳에 있는 토착 원주민들이 무엇을 먹고 사는지 조사할 예정이었다. 계획은 단순하고 명확했다. 사람들의 입안을 들여다보고 충치의 개수를 세는 것. 충치가 가장 적고 치열이 가장 고른 집단을 찾아야 했다. 그는 오랜 치과 치료의 경험을 통해 치아 상태가 한 사람의 건강 상태를 대변할 수 있다고 확신했다. 실제 프라이스 박사의 확신은 훗날 후배들의 후속 연구로 증명되었다. 충치 개수는 건강을 측정하는 객관적 척도로 쓰일 수 있다.

그는 세계 여행에 필요한 촬영 장비와 치과 기구를 풀세트로 준비했다. 〈내셔널 지오그래픽〉National Geographic에 출연했던 탐험 전문가 '윌러드 드밀 프라이스'Willard DeMille Price도 함께 동행했다. 그는 프라이스 박사의 조카였다. 윌러드는 이 중년 남자의 역사적 탐험이 성공할 수 있도록 아낌없는 조언과 경험을 나누었다. 이러한 혼신의 노력으로 프라이스 박사는 역사적인 기록이자 불후의 작품을 남기게 되었다. 바로 〈영양과 신체적 퇴화〉Nutrition and Physical Degeneration라는 역작이 탄생했다.

탐험의 결과는 그의 확신을 증명했다. 그는 옳았다. 토착 원주민들은 충치가 전혀 없었으며 건강 상태도 매우 양호했다. 부족 전체가 건강했던 이유가 전통 방식에 의한 훌륭한 음식 때문이라는 것도 발견했다. 원주민들은 자신의 건강을 당연한 것으로 여기고 있었다. 그들에게 신체적·정신적 건강은 특별한 것이 아니었다.

프라이스 박사는 황금 비율 '파이'∅에 대해서도 몰랐고, 아름다움에 대해서도 별다른 관심이 없었다. 단지 치과 의사로서 아름다운 치아를 찾고자 했을 뿐이다. 그런데 토착 원주민들의 치아를 관찰하면서 문득 커다란 깨달음을 얻게 되었다. 그것은 '아름다움'이었다. 아름다운 치아는 예외 없이 아름다운 얼굴을 만들었다. 그들의 얼굴은 눈, 코, 입, 광대뼈 등 모든 것이 조화로웠다. 이 조화로움은 내부의 건강함이 외부로 표현된 것이다.

프라이스 박사는 총 11개 국가를 방문했다. 첫 방문지는 스위스

산악 지대 '뢰첸탈'Lötschental이었다. 이 지역은 높은 산맥이 둘러싸고 있었으며 경이로운 풍경을 품고 있었다. 그는 첫 방문지에 대한 소감을 이렇게 남겼다.

"이곳 주민의 건장한 신체와 품성 앞에서 탄성이 나온다. 올바른 식사와 환경이 이토록 훌륭한 남성과 여성 그리고 아이를 만들어낸다는 사실이 인상 깊다."

그는 다른 지역을 여행할 때도 동일한 느낌을 받고 감탄했다. 전통적인 토착 식단을 먹어온 사람들은 모두 충치와 치열궁 기형이 없었다. 치열궁은 활모양으로 생긴 치아의 정렬 상태를 말한다. 자연의 아름다움과 에너지가 음식을 통해서 원주민에게 전해진 것만 같았다.

아름다움과 건강은 함께 온다

인류의 오랜 기록에는 신체의 아름다움과 건강의 연관성이 수없이 등장한다. 하지만 이러한 연관성은 사회적 금기로 여겨져 왔다. 실제 이러한 이유로 이 책의 출간도 계속해서 지연되었다. 명백한 증거는 매우 많다. 고등학교 시절 축구 스타를 떠올려보자. 고등학교 영웅들은 대개 준수한 용모와 뛰어난 운동 실력을 갖추고 있다.

덕분에 주변 사람들로부터 인정, 감탄 그리고 질투를 한 몸에 받아왔다. 물론 예외도 있었음을 인정한다.

좋은 유전자의 전형적 특징은 뛰어난 체력과 신체 조절 능력이다. 프라이스 박사의 연구가 특별한 것은 사회적 금기를 과학적으로 파고들었다는 점이다. 우리가 아름다운 외모를 선호하는 이유는 무엇일까? 그 이유는 '자연 법칙에 대한 인지 본능' 때문이다.

매력적이지 않은 외모를 가진 사람들은 더 많은 건강 문제가 발생하는 경향이 있다. 분명 불공평하고 불평등하다. 안타깝지만 사실이다. 우리는 태어남을 선택할 수 없다. 부모도 선택할 수 없다. 부모의 사랑으로 지금의 '자신'이 운명적으로 존재하게 된 것이다. 자연히 양육 환경도 그대로 받아들일 수밖에 없다. 어린 시절 경제적 환경도, 유전자도, 외모도 마찬가지이다.

프라이스 박사는 아래턱하악골의 발달이 부진한 경우, 외모가 매력적이지 않다는 사실을 발견했다. 치아가 약해서 음식 씹기에 문제가 생기며 충치 발생률도 높았다. 동물의 경우에도 이런 결과는 동일하게 적용된다. 그는 건강과 아름다움이라는 축복은 신성한 왕권처럼 극소수 영혼들에 주어진다는 구시대적 관념을 던져버렸다. 과거의 고정관념을 깨는 것이었으며 오늘날에도 시대를 앞서고 있다.

프라이스 박사의 발견을 함께 느끼고 싶다면, 지금 인터넷으로 토착 원주민을 검색해 보라. 마사이족, 힘바족, 콤바이족, 워다베족, 몽골 유목 민족부터 검색을 시작해 보라. 아니면 그들의 삶을 다룬 TV 프로그램을 시청해도 좋다. 원주민들의 얼굴을 보면 이목구비 하나하나가 얼마나 수려한지 알 수 있다. 그들의 아름다움은 내부의 건강함이 몸으로 표현된 것이다.

'메리엄 쿠퍼'Meriam C. Cooper가 제작한 〈풀 : 삶을 위한 부족의 투쟁〉Grass: A nation's Battle For Life이라는 다큐가 있다. 그는 이란 자르드 산맥에 거주하는 '박티아리족'Baktiari의 생활을 기록했다. 박티아리족은 2년에 한 번씩 염소와 돼지를 먹이기 위해 신선한 목초지를 찾아 거대한 여정을 떠났다. 그들은 험난한 바위산을 오르내리고 허리까지 쌓인 눈을 맨발로 헤치고 나갔다. 노인, 임산부, 어린아이 그리고 염소와 돼지도 예외가 없었다. 5,000명의 부족원이 짐을 짊어지고 한 달 동안 무려 300km 거리를 여행했다.

서구인들은 이들이 현대적 장비와 기술을 갖추지 못한 낙후함에 초점을 맞추곤 한다. 하지만 이들 부족의 보물은 몸 안의 유전자에 강력히 새겨져 있다. 뚜렷한 이목구비, 튼튼한 관절, 건강한 면역 체계 그리고 강인한 체력의 형태로 말이다. 이 험난한 여정을 가능하게 하는 힘은 바로 '유전적 부富' 때문이다.

토착 원주민은 왜 건강한가

서양인은 토착 원주민들이 근근이 먹고사는 것으로 알고 있다. 그것은 사실이 아니다. 그들은 먹고사는 것에 필사적이지 않다. 물론 음식은 삶의 중요한 부분이다. 놀라운 사실은 그들이 음식과 영양의 전문가라는 사실이다. 그들은 영양 풍부한 작물을 재배해서 가축의 먹이로 활용함으로써 영양 높은 동물들을 길러냈다. 고영양 음식을 만들기 위해서 자신만의 전통 생물 공학을 활용했다.

프라이스 박사는 전 세계 11개 토착민 지역의 음식 샘플을 확보해서 영양 분석을 진행했다. 조사는 총 4가지 지용성 비타민A, D, E, K과 6가지 무기질칼슘, 철, 마그네슘, 인, 구리, 요오드 분석을 진행했다. 분석 결과, 11개 지역 주식의 영양소는 가히 최고 수준이라고 할 수 있었다. 다음은 그가 발견한 내용이다.

"모든 토착 원주민의 식단은 현대 식단에 비해 무기질이 4배에 달했다. 반면에 우리가 주로 먹고 있는 밀가루, 설탕, 백미, 통조림, 씨앗 기름 등의 식품 영양소는 모두 최소 권장량을 채우지 못한다. 다시 말해, 에스키모 원주민이 먹는 음식에는 백인이 먹는 가공 음식보다 요오드는 8.8배, 마그네슘은 7.9배, 칼슘은 5.4배, 인은 5배, 철은 1.5배, 구리는 1.5배가 많았다."

프라이스 박사의 연구 결과, 원주민 식단에는 서구 식단보다 지용성 비타민이 10배 이상, 무기질은 최고 50배까지 많았다. '과거'

라고 불리던 사람들의 전통 식단이 '진보한' 서구 사람들의 음식보다 가치가 높았다. 그가 제시한 영양학의 기준은 현대 영양학보다 우수하다. 60년이 지난 프라이스 박사의 자료가 지금보다 더 우수한 이유는 무엇일까? 가장 큰 이유는 지금의 영양학이 개선해야 할 점이 많기 때문이다. 비록 오래된 자료일지라도 프라이스 박사는 건강한 사람들을 찾아서 그들의 음식에 든 영양 성분을 체계적으로 분석했다.

오늘날 영양학에서 말하는 일일 권장량의 결정 과정을 들여다보면 실소를 금할 수 없다. 예를 들어, 1살 미만 유아의 비타민B 일일 권장량은 하루 0.1mg으로 정하고 있다. 이는 단지 19명에게서 채취한 모유 속 평균 비타민B 함유량을 기준으로 한 것이다. 이 기준의 문제점은 대상자 중 6명은 동일 연령 집단보다 비타민B 일일 권장량을 섭취하지도 않았다. 모유 속 비타민B 함유량은 건강한 식사를 하는 여성과 비교할 때 겨우 10분의 1밖에 되지 않았다. 실험 참가자의 영양 상태에 문제가 있었던 것이다. 참가 여성 중 3분의 1이 영양 결핍이 있었다면 연구 대상에서 제외해야 하는 것 아닌가? 현대의 영양학 연구의 질質이 떨어진다는 사실을 단적으로 보여주는 사례다.

우리는 출근길에 허겁지겁 음식을 입에 넣고 씹고 삼키는 것에 익숙해져 있다. 하지만 우리 선조들은 '편리'라는 이름으로 음식을 희생하지 않았다. 전통문화는 영양가 높은 음식을 위해 노력해 왔다. 프라이스 박사의 책에 소개된 몇 가지 예를 소개하겠다.

스코틀랜드의 섬 지역 토착민들은 집을 지을 때 황야에 무성하게 자란 풀을 이용했다. 그들은 짚으로 초가지붕을 만들었는데 굴뚝이 없었다. 초가지붕의 짚을 느슨하게 엮었다. 내부에서 음식을 조리하면 연기가 초가지붕을 그대로 통과했다. 초가지붕은 겨우내 무기질로 가득한 재가 차곡차곡 쌓여 나갔다. 이 초가지붕의 짚은 귀리 같은 농작물에 훌륭한 비료로 사용되었다. 토착 원주민들에게 귀리는 아주 풍부한 무기질 공급원이었다. 최고의 음식 중 하나는 무기질이 풍부한 오트밀과 비타민이 풍부한 대구 간을 대구 머리에 채워 넣어 만든 요리였다.

멜라네시아 부족민들은 돼지를 질퍽거리는 산악 지형에 놓아 길렀다. 숲을 개척하기 위해 돼지를 야생에 풀어놓은 것이다. 얼마 후 돼지의 개체 수는 급속히 늘어났다. 부족민들은 돼지를 잡아서 코부터 꼬리까지 모든 부위를 먹었다. 멜라네시아의 또 다른 별미는 '코코넛 게'다. 무시무시한 집게발로 나무에서 코코넛을 자르기 때문에 붙여진 이름이다.

원주민들은 날카로운 집게발을 쳐든 게들이 코코넛 나무에서 내려올 시기에 미리 나무줄기 4.5미터 높이에 풀로 띠를 만들어 놓았다. 코코넛 게는 나무에서 내려오면서 풀로 만든 띠를 땅으로 착각해 집게발로 잡고 있던 코코넛을 바닥으로 던지고 자신도 떨어졌다. 게 잡기가 누워서 떡 먹기다. 원주민들은 코코넛 게를 바로 먹지 않았다. 며칠 동안 코코넛 게를 저장 창고에 집어넣고 코코넛을 마음껏 먹였다. 코코넛 게들은 시간이 흐른 후, 영양 풍부한 음식으로 변화되었다.

우리는 '풍요 속 영양 결핍'에 빠져 있다

프라이스 박사는 지구 반대편 북아프리카 '마사이'Masai족을 찾아갔다. 마사이족은 세계에서 가장 강인한 부족으로 알려져 있기도 했다. 남녀 평균 신장이 177cm이며 남성들은 190cm를 넘는 경우가 흔했고 사자를 사냥하는 용맹한 부족으로 유명했다.

마사이족은 소를 키우는 목축으로 생계를 유지했다. 소를 키우는 목적은 주로 젖과 피를 얻기 위해서였다. 그들은 영양가 높은 음식을 생산하기 위해 10년을 학습했다. 시기별 날씨에 대한 정보, 좋은 목초지를 선택하는 법, 우수한 소의 혈통을 골라 번식시키는 법, 고통 없이 소의 피를 뽑는 기술 등을 망라했다. 마사이족은 과일과 곡물을 거의 먹지 않았다. 과일과 곡물은 노인들이 가끔 먹는 음식이었다. 마사이족의 주식은 '생生우유'였다.

최근 연구에 따르면 마사이족 우유는 저온 살균 우유보다 뇌를 구성하는 인지질이 무려 5배나 많이 함유되어 있다. 우유 생산량이 낮은 건기에는 우유에 소의 피를 첨가했다. 토착 원주민들이 생산하는 건강한 음식의 최종적인 수혜자는 바로 '다음 세대'들이었다. 그들의 전통문화는 '영양의 과학'이었다.

뿌리 깊은 영양을 잠시 살펴보면 다음과 같다. 토착 원주민들이 우선하는 것은 '미리 계획하는 행위'였다. 세계 곳곳의 전통문화는 여성의 임신 전, 임신 중, 수유 그리고 다음 임신을 위해 특별한 음식을 준비했다. 결혼식을 앞둔 예비 신랑의 식단도 마찬가지였다. 이 모든 것은 미래의 아기를 위한 배려였다. 미국 원주민 보호 구역에 거주하는 '블랙풋 부족'Blackfoot nation 여성들은 순산을 위해 임신 전과 임신 중에 버팔로의 창자와 생선알을 즐겨 먹었다. 이를 통해 지용성 비타민과 오메가3 섭취량을 높였다. 무기질 함유량을 높이기 위해 특별한 곡식도 포함했다. 마사이족은 결혼을 앞둔 남녀에게 영양이 풍부한 우기雨期에 생우유를 몇 달 동안 마시게 했다. 피지섬 주민들은 특별한 새우를 잡기 위해 먼바다까지 가서 사냥했다. '부족 관습에 따르면 완벽한 아이를 낳는 데 새우가 특히 효과적이라고 했다.'

다른 사례를 보면, 음식을 통한 영양 강화가 임신을 위한 것만은 아니다. 그들은 만삭이 되어 태어난 아이와 그렇지 못한 아이의 차이점도 이해하고 있었다. 나일강 삼각주 일부 지역의 흙은 요오드가 너무 적어 산모가 갑상선종에 걸리거나 기형아를 출산할 위험이 있었다. 이러한 질병의 해결책으로 콩고의 부족들은 부레옥잠물

풀을 태운 재를 먹었다. 이 재에는 요오드가 풍부해서 갑상선종과 기형아 출산을 예방했다.

뿌리 깊은 영양은 지금까지도 일상생활을 좌우한다. 원주민들은 오랜 세월 수많은 연구와 경험을 통해 거친 세상에서 살아남을 수 있는 '유전적 부'를 지킬 수 있었다. 고고학자들이 고대 건축물에 쏟는 열정만큼 의학계가 건강한 인체 형성과 유지 방법을 연구했다면 지금의 식단은 상당히 달라졌을 것이다. 아름답고 튼튼한 건축물을 짓는 것은 결코 운이 아니다. 좋은 원자재, 정교한 설계 그리고 건축 과학이 바탕을 이뤄야 한다. 유전자 복권에 당첨되는 것도 마찬가지이다.

오늘날 우리는 건강한 선조들과는 다른 생활을 하고 있다. 필수 영양소를 얻을 수 있는 기회를 낭비하고 있다. 세상의 모든 생명의 어머니인 대지는 점점 그 힘을 잃어가고 있다. 음식의 원천인 동물은 열악한 환경에서 사육되고 있다. 동물의 조직을 독소로 채우고 있고 판매를 위해 고기에 색깔을 입힌다. 가축의 근육만 소비하고 내장 부위는 버리고 있다. 동물의 농축된 영양분이 낭비되고 있다. 곡물은 가공 과정을 통해 대부분 영양소들이 파괴되고 있다. 해로운 기름이 주방을 점령했다.

이러한 결과로 대부분 사람들은 필수 영양소를 충족하고 있지 못하고 있다. 비타민A의 경우, 성인은 53.3%가 일일 권장량에 미달하고 있으며, 천식을 앓는 어린이의 87%는 체내 흡수량이 절대적으로 부족하다. 어린이의 55%, 성인의 36%가 비타민D 결핍 증세를 보인다. 1~2세 유아 58%, 미취학 아동의 91%, 여성의 72.3%는 비타민E를 충분히 섭취하지 못하고 있다. 특히 비타민K 섭취량은 모든 유아에서 최소 권장량에 미달하고 있다. 비타민B_2리보플라빈를 적정량 섭취한 사람은 54.7%에 불과하고, 비타민B_9엽산은 18~35세 여성의 2.2%, 36~50세 여성의 5.2%만이 권장량을 채우고 있다.

이제 문제의 심각성을 알 수 있을 것이다. 우리 대다수가 비타민, 무기질 등의 영양소에 결핍되어 있다. 필자를 찾아오는 환자 중 다수는 피부 건조증에 걸리거나, 멍이 잘 들거나, 콧물이 자주 나거나, 질염에 걸리거나, 소화기 계통에 경련이 일어나는 등 영양 부족으로 인한 증상으로 고통받고 있다.

안타깝게도 비타민 적정도 검사는 쉬운 일이 아니다. 우리는 필수 지방산과 비타민K 영양소의 '정상' 기준을 설정조차 못하고 있다. 비타민은 간을 비롯한 여러 조직에 저장되기 때문에 아무리 혈중 수준이 적절해도 몸 전체 저장량은 적을 수 있다. 영양소 적정도를 확인하는 최고의 방법은 검사를 할 게 아니라 적절한 영양소를 직접 섭취하는 것이다.

진짜 음식은 최고의 투자

우리가 영양의 시대로 가는 타임머신 티켓을 구할 수는 없을까? 커다란 비용 지출 없이 필요한 영양소를 얻는 방법은 없을까? 결론부터 말하면 '가능하다!' 반가운 소식은 어렵지 않다는 것이다. 제철 과일과 채소를 구입하고 방목해서 키운 육류를 구입하면 된다. 진짜 음식을 구입하는 것은 최고의 투자다. 최고의 재테크는 자신의 몸에 투자하는 것이다.

최고의 음식 하나를 물어본다면 바로 '내장육'이다. 미국인들은 내장육을 잘 먹지 않는다. 하지만 내장육은 비타민의 보물 창고다. 내장육은 모든 전통 요리의 주된 재료였다. 우리 식탁에서 내장육이 사라지면 수많은 건강 문제를 야기할 수 있다. 필자도 과거 꾸불꾸불하게 생긴 내장은 고양이와 개의 먹이라고 생각해 왔다. 우리가 드넓은 대지와 바다가 있는 자연 속에서 자랐다면 다르게 생각했을 것이다. 이를테면 하와이 같은 곳 말이다.

하와이 카우아이Kauai 남쪽은 군도 전체가 필리핀인 거주 지역으로 알려져 있다. 이곳 가정 중 1/3은 필리민 언어인 일로카노어 Ilokano를 구사한다. 대다수 가정에서는 가축 전체를 통째로 요리하기를 즐긴다. 처음에는 이러한 요리 문화가 솔직히 혐오스러웠다. 그런데 피할 수 없는 순간이 다가오고 말았다. 카우아이 지역에서 열리는 '애니 카인'any kine 필리핀 요리 뷔페에 남편과 함께 초

대받은 것이다.

이 특별한 파티는 각자 손수 만든 요리를 가져와서 함께 나눴다. 초대는 고마웠지만, 음식은 당황스러웠다. 아이들은 처음 참석한 백인의 안쓰러운 모습을 보며 즐거워했다. 고맙게도 8살짜리 귀여운 소녀가 우리에게 호의를 베풀었다. 꼬마 소녀는 음식의 주재료를 친절하게 설명하면서 정체 모를 요리가 담긴 테이블로 우리를 안내했다.

테이블에는 고기, 달걀, 치즈를 넣어 만든 순대므르콘가 가지런하게 놓여 있었다. 샛노란 노른자와 갈색의 간이 순대를 채우고 있었다. 옆에는 수상한 건더기가 담긴 정체불명의 국이 놓여있었다. 돼지족발과 살코기를 양념장에 버무려 걸쭉하게 끓인 뒤 백합 쌀으로 맛을 낸 음식팍시우나파타이었다. 다음에는 식초에 절인 닭모래 주머니를 공심채열대 채소와 섞어 만든 음식발론발로난이 보였다. 그 옆에는 소 내장과 채소 스튜가 혼합된 음식고토와칼로스이 놓여 있었다. 나는 도저히 먹을 수 없었다. 마치 외계인의 음식 정글을 헤매는 듯한 기분이었다. 그때 식탁 구석에 고구마 수프 접시가 홀로 놓여 있는 것을 알아챘다. 그것은 먹을 수 있을 것 같았다.

반면에 요리사인 남편 루크는 달랐다. 누구보다 열정적으로 외계인의 식탁을 종횡무진 누비고 다녔다. 어린아이들은 그 모습이 신기한 듯 그가 음식을 먹을 때마다 깔깔댔다. 원주민들도 그가 어떤 음식을 고르는지 눈여겨보고 있었다. 결국 그는 10가지 요리를 거뜬히 해결했다. 구경하던 사람들은 모두 박수와 환호를 보냈다. 그가 음식을 마음껏 즐기는 동안, 나는 별천지 세상에 와있는 것만 같았다. 그 기분은 집에 올 때까지 계속되었다.

나는 타이에서 연구를 수행했고 네팔을 여행하기도 했다. 전통 식당 수백 곳에서 식사를 했고 낯선 친구들의 집에서도 음식을 먹었다. 하지만 카우아이 파티의 음식은 과거의 경험과 너무나도 달랐다. 처음으로 고기를 넘어선 고기가 있음을 알았다. 내가 주방에서 라면을 끓이는 동안, 필리핀 원주민들은 족발을 펄펄 끓는 가마솥에 집어넣었던 것이다.

나는 오랜 시간 무릎 염증 때문에 고생했는데, 그 문제의 원인이 영양 결핍임을 문득 깨달았다. 만약 흰 살코기, 마가린, 냉동 채소로 식사를 하지 않았다면 내 인생은 분명 달라졌을 것이다. 운동선수 시절 겪었던 만성적인 근육과 연골 문제도 피했을 것이다. 외모도 많이 달라졌을 것이다. 날씬한 허리, 매혹적인 입술, 사슴 같은 눈동자를 소유했을 지도 모른다.

가공식품이 우리의 식탁에서 주인 행세를 하고 있다. 중년의 나이에 만성 질환과 건강 문제로 고생하는 현실이 그리 놀랍지 않다. 〈해리슨 내과학〉Harrison's Principles of Internal Medicine에는 주의력 결핍 장애와 섬유 근육통은 애초에 있지도 않았고, 의과 대학 시절에도 들어보지 못했다. 지금은 너무나 흔하다. 슬픈 사실은 지금도 현재진행형이라는 사실이다. 휴.바.식

3장
아름다움을 향한 자연의 욕망

아름다움은

우연도, 운명의 장난도 아니다.

자연의 수학 법칙에 따라 성장한 상태를 말한다.

최적의 영양 환경은

유전자가 성장할 수 있는 조건을 마련한다.

유년기 내내 적절한 영양을 섭취한다면

결국 아름답고 건강한 사람이 될 수밖에 없다.

아름다움, 불평등의 기원

아름다움을 정의하는 것은 쉽지 않다. 연예인들에게 아름다움의 정의에 관해 묻는다면 사람의 숫자만큼 답변이 나올 것이다. 페미니스트들에게 아름다움에 관해 묻는다면 그것은 '사회적 가면'이라고 비판할 수도 있다. 가녀린 모델과 영화배우가 대중 매체를 가득 채우지 않았다면, 아무도 영향도 받지 않을 것이라고 주장할지도 모른다. 아름다움은 다분히 논쟁적인 단어이다.

중요한 진실 하나는 아름다움이 측정 가능한 하나의 자연 현상이라는 것이다. 아름다움을 통해 신체, 건강 그리고 유전적 역사에 관해 많은 정보를 알 수 있다. 실제 잉카, 마야, 아테네, 로마의 고대인들은 자신들의 건축물과 예술품을 통해 기하학적 아름다움을 표현해 왔다. 고대인들은 아름다움과 건강이라는 두 단어가 깊이 연관되어 있음을 알고 있었다.

농부와 사육사는 건강하게 자라던 동식물에게서 어느 순간 이상 신호가 감지되면 곧바로 그 표본이 자란 영양 환경을 살펴본다. 만약 암말이 새끼를 낳았는데 새끼의 다리가 비정상적으로 휘어 있다면, 수의사는 뭔가 잘못되었음을 바로 인지한다. 그리고 '어미 말이 무엇을 먹었지?'라고 질문을 던진다.

그런데 오늘날 의사들은 좀처럼 이와 같은 질문을 던지지 않는다. 그들은 허리 디스크, 관절 기형, 자폐증, 조현병을 앓는 사람들을 진료하면서도 '영양과 질병의 방정식'을 모른척한다. 만약 의사가 영양의 문제에 좀 더 집중했다면 모든 아이는 더 건강하게 자랄 수 있었을 것이다.

외모는 건강 상태를 충분히 반영한다. 형태가 내용을 반영하며, 내용은 형태로 발현된다. 아름다움에 대한 욕망은 단순한 허영심의 문제가 아니다. 얼굴의 매력이 떨어질수록 신체의 기능도 떨어진다. 두개골 구조가 완벽하지 못한 아이들은 안경, 치아 교정기, 구강 수술 등이 필요할 수 있다. 기도가 좁아져 비염이나 알레르기 질환을 겪을 수도 있다. 심지어 수면 무호흡증으로 뇌의 지능 발달에 영향을 받을 수 있다.

의사들은 건강 장애를 판단하는 데 시각적인 평가를 활용하기도 한다. 발달 이상을 겪는 아이들은 유전적 질병과 장기 기형이 가장 많이 나타나는 집단이다. 학습 장애와 질병도 자주 발생한다. 사람의 신체 발달은 사회성에도 강한 영향을 미친다. 매력적이지 못한 사람들은 스스로에 대한 만족도를 낮게 평가한다. 우울증에 더 자주 빠지며 주위 사람들의 인정을 더 갈구하기도 한다. 이런 현상을 '세트 상품 효과'package deal effect라고 부른다. 왜냐하면 건강과 아름다움은 세트 상품과 마찬가지이기 때문이다.

잠시 학창시절로 돌아가 보자. 학창 시절 인기가 많던 '킹카'king card가 떠오르는가? 그들은 주위 학생들로부터 관심과 인정을 온몸에 받았을 것이다. 어김없이 킹카들은 훤칠한 키와 외모를 소유하고 있지 않았던가? 더구나 운동도 잘하지 않았던가? 얄밉게도 공부도 제법 하지 않았던가? 내 고등학교 시절을 떠올려보면 이 질문에 대한 대답은 모두 'YES'이다. 물론 이 경우가 절대적 현상이 될 수는 없다. 그럼에도 많은 사람의 기억에는 불평등한 존재, 킹카의 추억을 가지고 있을 것이다. 그들이 외모, 운동 능력, 학습 능력에서 빛났던 이유는 무엇일까? 나는 이 불평등의 기원을 찾아보려고 한다.

파이Φ, 아름다움의 비밀 암호

미국에서는 한 해 무려 1,100만 회가 넘는 성형 수술이 진행되고 있다. 대부분 얼굴, 피부 그리고 지방 제거 관련한 수술이지만 심하면 뼈를 깎거나 교정하는 경우도 비일비재하다. 성형외과 의사들은 어떤 기준으로 외모의 구조를 변화시킬까? 정답은 없다. 의사 각자가 가진 미적 기준과 경험이 모든 것을 결정한다.

그렇다면 이상적인 얼굴에 대한 보편적 기준은 왜 없을까? 그 이유는 아마도 '복잡성' 때문일 것이다. 이 복잡한 세계에 과감하게 도전장을 낸 사람이 있다. 바로 '스티븐 마쿼트'Stephen R. Marquardt 박사다.

어느 날, 그는 잠을 이룰 수 없었다. 그 이유는 이틀 후에 끔찍한

스티븐 마쿼트 박사

교통사고로 얼굴이 망가진 여성을 수술하기로 되어 있었기 때문이다. 한 가지 질문이 밤새도록 그를 괴롭혔다 '환자가 수술 결과에 만족 못 하면 어쩌지?' 당시 LA에는 성형외과 의사가 많지 않았다. 환자들은 의사의 특정 스타일에 따라 수술을 받았다. 예를 들어, 오드리 헵번 스타일 말이다. 의사들이 수술한 환자의 얼굴을 보면 어떤 의사의 작품임을 알 수 있을 정도였다. 마쿼트 박사는 오드리 헵번의 아름다운 코가 모든 여성에게 어울리지 않음을 잘 알고 있었다.

그는 문득 아름다운 얼굴에 대한 규칙과 기준이 왜 없는지 의문이 생겼다. 매번 수술할 때마다 행운에 기댈 수는 없지 않은가! 그는 해답을 찾기 위해 대형 박물관으로 향했다. 하루 종일 사랑에 빠진 사람처럼 유명 미술 작품들과 함께 시간을 보냈다. 훌륭한 미술 작품의 근본 원리를 알고 싶었다. 하루 종일 스케치를 하고 골똘히 고민을 하였지만 아름다움의 법칙은 쉽게 찾을 수 없었다. 이후 건축, 미술, 음악 등의 분야에서 아름다움의 법칙을 연구했다.

오랜 시간이 흐른 후, 마침내 그는 색의 삼각 조합과 사진의 삼각 구도가 아름다움의 공식과 관련이 있다는 것을 발견했다. 그리고 마침내 아름다움의 공통 분모를 찾아냈다. 그것은 다름 아닌 '수학'mathematics이었다. 아름다움의 중심에 '숫자'number 즉, '피보나치 수열'Fibonacci sequence이 존재했다.

〈다빈치 코드〉The Da Vinci Code를 읽어본 사람은 피보나치 수열을 기억할 것이다. 소설 속에서 암호 해독가인 여주인공의 할아버지가 갑자기 살해당한다. 그녀는 살인 현장에서 눈에 보이지 않는 잉크로 바닥에 쓰인 1, 1, 2, 3, 5, 8, 13, 21과 같은 일련의 숫자를 발견한다. 이 수열은 앞의 두 숫자를 더하면 다음 숫자의 합合의 구조를 갖고 있다. 만약 피살된 할아버지가 다음 숫자를 썼다면, 13과 21의 합인 34였을 것이다. 유적적 부富의 비밀을 알고 싶은 사람이라면 피보나치 수열을 기억하길 바란다.

피보나치 수열의 연속되는 숫자 2개 중 작은 숫자를 큰 숫자로 나누면 결과값은 1.618033988…이 된다. 이 결과값이 익숙하지 않은가? 이 숫자는 그리스인과 이집트인이 추구했던 완벽한 균형이다. 당신은 고대 건축물의 웅장함과 아름다움을 느껴본 적이 있는가? 고대 건축물의 신비스러움은 이 황금 비율에 기초하고 있다. 지금도 고대인들이 적용한 건축물의 황금 비율은 여전히 불가사의로 남아 있다. 황금 비율을 나타내는 기호는 그리스 문자 '∅'이다. '파이'Phi라고 발음한다.

앵무조개의 황금 비율을 살펴보자. 황금 직사각형은 '가로와 세

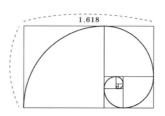

로의 비가 황금 비율인 직사각형'을 말한다. '가로 : 세로' 비율이 '1.6118… : 1'이다. 즉, 파이∅의 비율이다.

1/1 = 1
2/1 = 2
3/2 = 1.5
5/3 = 1.66666666666
8/5 = 1.6
13/8 = 1.625
21/13 = 1.61538461538
34/21 = 1.61904761905
Phi = 1.6180339887...

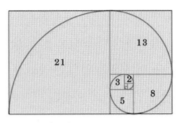

황금 비율에서 시작한 피보나치 수열

완벽한 얼굴을 찾던 마쿼트 박사는 이 황금 비율∅을 통해서 '동적 대칭'이라는 개념을 발견했다. 사물 또는 공간 안에서 조화로운 균형을 이루는 방법에는 2가지가 있다. 하나는 똑같은 비율로 나누어 대칭을 이루게 하는 것이다. '좌우 대칭'이라고 이해하면 된다. 다른 하나는 황금 분할 방식으로 나누어 완벽한 형태의 비대칭을 이루도록 하는 것이다. 이것이 바로 '동적 대칭'dynamic symmetry 이다. 이 방식이 완벽하다고 하는 이유는 작은 부분 대 큰 부분의 비율이 큰 부분 대 전체의 비율과 같기 때문이다. 쉽게 말해서 동적 대칭은 전체적으로 조화로운 상태를 말하며 균형 잡힌 대칭으로 이해하면 된다. 이 개념은 매우 중요하다.

인간의 아름다움에 대해 언급한 문헌을 보면 좌우 대칭에 대한 내용이 많이 나온다. 특히 얼굴 한쪽이 반대쪽과 완전히 똑같을 경우 아름다운 얼굴이라는 것이다. 하지만 이것은 완벽한 오해다. 그 이유는 동적 대칭이 좌우 대칭을 이루는 경우가 많다 해도, 좌우 대칭이 꼭 동적 대칭을 이룬다는 보장이 없기 때문이다. 좌우 대칭은 매력적인 얼굴의 특징을 결정하는 하나의 조건이라고 할 수 있다. 살아 움직이는 생명체를 아름답게 하는 것은 바로 '동적 대칭'인 것이다.

이집트인과 그리스인은 아름다움의 원천으로서 파이∅를 '신의 비율'이라 부르며 숭배했다. 파르테논 신전과 같은 전설적인 고대 건축물이 지금까지 남아 있는 이유는 황금 비율에 입각한 수학적 원리에 의해 설계되었기 때문이다. 현대 건축가들은 고대 건축물을 연구하면서 놀라움과 경이로움을 감추지 못한다. 철학자 소크라테스는 기하학을 공부하면서 파이∅가 자연계의 불변을 이끌 뿐만 아니라 생명의 잠재적 근원임을 확신했다.

비트루비안 맨

레오나르도 다빈치는 기하학과 인체 구조 연구에 몰두했다. 원과 정사각형이 겹쳐 있는 '비트루비안 맨'Vitruvian Man 스케치를 보면 알 수 있다. 그는 생물의 형태를 결정하는 자연의 암호를 찾는 것에 전념했다. 다빈치와 같이 마쿼트 박사도 아름다움의 단서를 파이∅에서 찾으려 했다. 인간의 얼굴에도 완벽한 균형을 이루는 황금 비율이 있을 것으로 생각했다.

그의 황금 비율에 대한 열망이 마쿼트의 마스크를 만들어냈다.

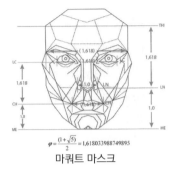

$$\varphi = \frac{(1+\sqrt{5})}{2} = 1.6180339887498895$$

마쿼트 마스크

이 마스크는 우리의 집단적 무의식이 갈망하는 시각적 이상형을 구체화한 것이다. 그는 점과 선을 통해서 얼굴의 기하학적 뼈대와 경계를 매트릭스로 표현했다. 매트릭스의 다른 이름은 바로 '행렬'procession이다. 이 행렬 안에는 42가지의 2차 황금 십각형 행렬이 자리 잡고 있다. 마쿼트 마스크는 눈 크기, 두 눈 사이의 거리, 코 너비, 윗입술과 아랫입술의 두께까지 얼굴에 나타나는 모든 이상적인 특징을 3차원 방식으로 정의했다. 마쿼트 박사의 연구는 인간의 DNA가 가지고 있는 아름다운 기하학을 증명하고 있다.

마쿼트 박사의 영향을 받은 '존 클리즈'John Cleese는 BBC 프로그램 〈인간의 얼굴〉The Human Face에서 투명한 마쿼트 마스크를 각각 마릴린 먼로, 할리 베리, 엘리자베스 테일러의 사진 위에 덧씌웠다. 신데렐라의 발이 유리 구두에 쏙 들어가듯, 마스크는 각각의 얼굴에 완벽하게 들어맞았다. 피부와 모발 색은 다르지만, 슈퍼스타들은 마쿼트 박사가 추구한 완벽한 비율의 얼굴을 소유하고 있었다. 그들의 DNA가 신체 성장 시기에 자연스러운 동적 대칭을 이루도록 했기 때문이다. 이 동적 대칭이 바로 '아름다움의 비밀'이

다. 마퀴트 마스크의 모든 선은 파이의 동적 대칭에 기반한 기하학에 기반하고 있다. 풍부한 영양을 통해 올바른 성장을 할 경우, 얼굴의 형태는 마스크와 일치하는 패턴을 보인다.

수천 년 전 이집트 과학자들은 하늘의 별을 통해 자연의 수학적 질서를 찾아냈다. 그리고 우주의 수학적 원리가 모든 생명체의 성장을 관장하고 있다고 생각했다. 생물의 구조는 올바르게 성장했을 때, 비로소 '아름다움과 실용성'이라는 2마리 토끼를 잡을 수 있다고 믿었다. 이러한 통찰은 플라톤과 피타고라스와 같은 고대 철학자들에게도 존재했다. 고대에는 알 수 없었지만, 지금은 이해할 수 있게 된 진실이 있다. 우리의 뇌가 위대한 자연의 수학적 원리를 어떻게 이해하고 있는 지 말이다.

우리는 왜 아름다움을 좋아하는가

숲과 해변을 걷다 보면 아름다운 풍광들을 만날 수 있다. 그런데 알고 있는가? 그 풍광의 여백을 채우고 있는 다양한 동물과 식물들을 자세히 들여다보면 일정한 패턴이 있다. 곡선, 나선, 회오리 모양, 반복되는 숫자. 이러한 패턴에는 어떤 비밀이 숨겨져 있을까? 질문에 대한 해답은 '생물 수학'biomathematics에서 찾을 수 있다.

'수리 생물학'mathematical biology이라고도 한다.

생물 수학은 자연을 수리 모델에 입각하여 다양하게 해석하고 응용하는 학문이다. 수리 모델은 자연시스템을 이루는 여러 요소를 수학적으로 표현한 것을 말한다. 생물 수학은 살아있는 생물을 넘어서 인간의 얼굴에도 파이∅와 피보나치 수열이 암호화되어 있음을 확인시켜 준다. 솔방울 모양, 곤충의 몸통, 앵무조개의 나선형 껍데기, 손가락 뼈, 치아의 고른 크기 등 성장 혹은 생장하는 모든 것의 형태는 파이∅의 기하학에 의존하고 있다.

식물이 싹을 틔울 때 햇볕을 계속 받을 수 있는 것도 파이∅의 기하학 덕분이다. 실제 식물의 줄기와 꽃잎, 뿌리 등의 90%가 나선형 생장을 하고 있다. 이를 설명하는 것이 바로 '잎차례'phyllotaxis 현

〈잎차례는 137.5°수렴한다〉

상이다. 잎차례는 식물의 잎이 줄기에 다양한 형태로 배열되는 모양을 말한다. 보통 잎차례의 각도는 137.5°황금각에 수렴한다. 일명 '수상 돌기형 생장'dendritic growth이라고 부른다.

놀라운 사실은 나뭇잎에서 관찰할 수 있는 수상 돌기 패턴이 뇌의 신경 세포에서도 발견된다는 것이다. 사진은 소뇌를 현미경으로 촬영한 것이다. 신경 세포들은 동적 대칭을 이루며 완벽한 질서를 이루고 있다. 파이의 기하학은 뇌 기능을 최적화하고 있다. 신

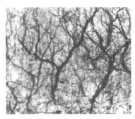
〈신경 세포는 나무를 닮았다〉

경 세포의 일부를 수상 돌기라고 부르는 이유는 신경 세포를 처음 발견한 최초의 과학자들이 거대한 나무를 연상했기 때문이다. 이러한 패턴은 수학과 물리학에 따라 제어된다. TV 프로듀서인 '사이먼 싱'Simon Singh 박사는 다음과 같이 설명한다.

"무생물에서 복잡한 물리학과 수학의 패턴을 읽을 수 있다. 예를 들어 눈송이, 모래 언덕에서 관찰할 수 있다. 생명의 원리도 다르지 않다. DNA가 초기 조건을 만든 뒤에는 물리학과 수학의 원리가 적용된다. 생물학은 인간, 생명계 그리고 우주에 대해 새로운 시각을 갖게 만든다. 삶 전반에 걸쳐 나타나는 반복적인 패턴들은 단순한 우연이 아니다. 이 패턴들은 우주 자체의 기본 구조와 질서를 반영하고 있다."

왜 식물 잎의 생장 패턴을 뇌 신경 세포 안에서도 관찰할 수 있을까? 모든 생명체는 자연의 기본 공식을 따르고 있기 때문이다. 이 공식은 파이∅에 근거하고 있으며 식물이 햇빛을 더 많이 받을 수 있도록 돕고 있다. 또한 뇌가 제한된 공간을 최대한 활용할 수 있도록 신경 세포 패턴을 만들고 있다. 뇌가 어떤 컴퓨터보다도 복잡하고 능률적으로 일 처리를 해낼 수 있는 이유는 다른 세포들과 서로 연결되어 있기 때문이다. 덕분에 우리는 얼굴, 꽃, 음식 등을 인식할 수 있다. 어떻게? 황금 비율의 패턴으로 말이다.

우리의 생각과 감정은 서로 연결된 수백 만개의 뉴런이 자극을 받을 때 진동하는 횟수를 기반으로 한다. 파이∅는 뇌가 더욱 원활하게 돌아갈 수 있도록 돕는다. 신경 세포들이 최대한 동적 대칭을 하고 있어서 더욱 복잡한 지각 능력을 유지할 수 있다. 만약 얼굴에도 '근본 비례 원칙'파이∅이 적용된다면 아름다운 얼굴은 동적 대칭이라는 황금 비율이 구현된 것이다.

뇌는 시각적인 대상을 해석함으로써 즐거움을 얻는다. 어떤 이미지와 소리를 접할 때마다 일종의 수학적 문제가 뇌에게 던져지고 있다. 외부에서 주어지는 이미지와 소리가 조화로울수록 그 즐거움은 높아지는 듯하다. 이 과정에 깊이 관여하고 있는 법칙이 바로 '파이∅와 피보나치 수열'이다.

하버드 대학 '낸시 에트코프'Nancy Etcoff 교수는 〈미美 : 가장 예쁜 유전자만 살아남는다〉Survival of The Prettiest에서 "아기는 아주 매력적인 얼굴을 계속해서 응시하곤 한다. 이는 인간이 학습을 통해 아름다움을 인지한다는 상식을 조용히 반박하는 사례이다."라고 주장했다. 즉, 아름다움을 인지하는 능력은 뇌 안에 이미 고착되어 있다는 말이다. 유아 행동을 연구하는 학자들은 아기들이 대칭률 높은 얼굴을 더 오래 응시하며 더 빨리 인지한다는 사실을 발견했다. 이러한 관찰은 우리의 뇌 구조 안에서 세상을 바라보는 특정 패턴이 존재함을 말한다. 이런 뇌의 패턴은 사춘기에 성적 대상을 고를 때 그대로 적용된다.

얼굴의 모든 곡선은 완벽성을 추구하는 자연의 법칙에 의해 만들어지며 파이∅의 비율에 따라 조율된다. 그래서 우리는 간절하게 동적 대칭을 갈망한다. 우리가 매력적인 성적 대상을 찾는 이유는 몸의 중추 신경이 완벽한 얼굴을 갈망하도록 유도하기 때문이다. 인간의 성별에 따라 신체적 특징이 다르게 나타나는 것을 '성적 이형'sexual dimorphism이라고 한다. 쉽게 말해서 동일 종의 두 성sex이 생식기관 외에 다른 부분에서 차이가 나는 것을 말한다. 유년기에도 얼굴과 골격에서 성별에 따른 차이는 있지만, 성적 성숙기가 되면 그 차이는 훨씬 뚜렷해진다.

여성의 체형과 건강의 상관관계는 분명해 보인다. 전문가들은 여성의 체형을 4가지 범주로 나눈다. ①바나나형, ②사과형, ③배형, ④모래시계형이다. 연구에 의하면, 허리가 짧고 엉덩이가 밋밋한 사과 체형의 여성 사망 확률이 모래시계 체형을 가진 여성에 비해 2배에 달했다. 당뇨 합병증에 걸릴 확률도 매우 높게 나왔다. 반면에 가장 매력적인 모래시계 체형의 여성이 가장 오래 산다는 사실을 발견했다.

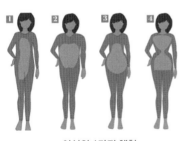
여성의 4가지 체형

왜 이런 결과가 나왔을까? 관능미는 건강한 여성의 성적 이형을 나타내는 표시이다. 관능미가 부족하다는 것은 여성에게 문제가 있다는 의미이다. 여성의 엉덩이와 가슴은 사춘기에 성호르몬이 급속히 증가하면서 발달한다. 이 시기에 지방이 축적되고 골반이 넓어지며 가슴유선 조직도 성장한다. 그런데 성호르몬 분비량이 부족하거나 식단이 호르몬 분비를 방해하는 경우, 여성은 상자box 같은 체형이 된다.

반면에 날씬한 여성은 모래시계 체형이 된다. 문제는 뱃살에 지방이 쌓이고 체중이 증가하면 모래시계형에서 사과형으로 변한다는 사실이다. 과도한 트랜스 지방, 설탕과 같은 가공식품들은 성호르몬 분비를 방해해서 뱃살을 늘린다. 결국 모래시계형 여성을 보기 드물게 만들어 버린다.

마네킹을 제조하는 알바Alva사 연구에 따르면2005, 관능적인 곡선 체형을 유지하고 있는 여성은 전체에서 10%도 채 되지 않았다. 낸시 에트코프 교수는 "이제 아름다운 사람들은 유전적 변종이 되었다."고 지적했다. 아름다운 사람으로 태어나는 것은 유전자 복권을 선물 받은 극소수가 되었다.

아름다움은 우연도, 운명의 장난도 아니다. 아름다움은 자연의 필연적인 산물, 즉 수학의 법칙에 따라 자연스럽게 성장한 상태를 말한다. 물리학 법칙은 수증기가 차가운 공기 중에서 육각형의 결정을 만든다고 주장한다. 마찬가지로 최적의 영양 환경은 여러 세대를 거치면서 인간의 유전자가 최적으로 성장할 수 있는 조건을 마련한다. 최적의 조건들이 유년기 내내 계속된다면, 생물학 법칙에 따라 결국 아름답고 건강한 사람이 될 수밖에 없다.

수천 년 동안 야생에서 생존해온 인류의 유전적 부富는 영양적 빈곤과 전염병으로 인해 낭비되어 왔다. 영양 결핍의 시기가 올 때마다 소중한 유전적 자산이 사라진 것이다. 건강하고 아름다운 아이를 낳고 싶다면 영양학에 주목하라. 우리는 가장 건강한 정보를 선택할 자격이 있다. 올바른 식사가 완벽하고 아름다운 성장을 보장할 수 있다.

완벽한 출산을 위한 필요 조건

첫 아이를 출산하는 것만큼 여성에게 가치 있는 일이 있을까? 출산은 상상을 초월하는 체험이다. 온몸이 찢기는 듯한, 허리가 끊어질 듯한 극한의 고통을 경험하게 된다. 아이가 자궁을 벗어나 세상과 만나게 되면 극한의 고통은 사라지고 표현할 수 없는 희열을 만나곤 한다. 여성들은 이 신성한 체험을 통해서 자부심과 충만감을 온몸에 각인하게 된다. 대부분 여성들은 첫 출산에 성공한 후, 두 번째 출산은 더욱 수월할 거라는 기대를 한다. 첫 출산으로 골반 조직이 확장되었을 것으로 생각하기 때문이다.

하지만 여성의 몸이 완전히 회복하기 위해서는 충분한 휴식과 소모된 영양분을 공급받아야 한다. 그렇지 않은 상태에서 둘째 아이를 출산하면 첫째 아이만큼 건강하지 못할 수 있다. 첫째 아이가 축구를 즐기는 동안, 둘째 아이는 병원을 오가며 불편한 시간을 보낼 수 있다. 만약 둘째 아이가 건강하지 않다면 '운 없는 유전자' 때문이 아니라, 자궁 안에 있을 때 상대적으로 영양이 부족한 환경에 있었기 때문이다. 엄마의 영양 상태는 아이의 성장과 건강에 깊은 영향을 미친다.

그런데 많은 여성은 자신의 식습관이 어떤 상태인지 잘 모르고 있는 경우가 많다. 모 연구에 의하면 '여성의 74%가 영양이 부족한 식사를 하고 있다'고 지적했다. 여성들의 영양 결핍은 훗날 엄마가 되었을 때 원하지 않는 결과를 가져올 수 있다. 예비 엄마가 영양소를 충분히 섭취하지 않는다면, 미래의 아이에게 충분한 영양소를 공급할 리 없기 때문이다.

그래서 위대한 자연은 미래의 아기를 위한 대비책을 가지고 있다. 다소 산모의 건강이 미흡하더라도 아기를 위해서 최적의 안전장치를 준비해 놓고 있다. 바로 '태반'placenta이다. 태반은 태아가 엄마의 몸속에서 안전하게 성장할 수 있도록 돕는 수호자이며 중개자이다. 태반은 영양소 탐색과 운반에 놀라운 능력을 소유하고 있다. 이 태반의 능력으로 패스트푸드만 먹고 사는 여성도 손가락 열 개, 발가락 열 개가 있는 아기를 낳을 수 있다. 글래스고Glasgow 대학의 '존 더닌'John Durnin 박사는 "태반이라는 안전장치 덕분에

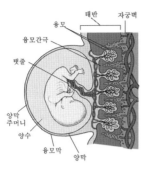

용모간극
태반 자궁벽
용모
뱃줄
양막
주머니
양수
용모막 양막

〈태아의 안전 장치, 태반〉

태아는 산모의 영양 결핍 상태에서도 안전하다."고 강조한다.

예를 들어, 엄마의 식단에 칼슘이 부족할 경우 태아는 엄마의 뼈에서 칼슘을 보완한다. 뇌세포를 만들 지방이 부족하면 엄마의 뇌를 구성하는 지방을 찾아 충족한다. 여성의 몸은 아이의 성장을 위해 다양한 비타민과 무기질 등의 영양소를 다량으로 소모한다. 임신 상태에 있는 태아는 필수적인 비타민과 미네랄을 충족하기 위해 엄마의 영양 창고를 쥐어짠다. 모유 수유를 할 때는 더 많은 영양소가 필요하다.

엄마는 아낌없이 주는 나무가 된다. 그래서 산모는 다량의 영양소 배출로 몸이 축나기 쉽다. 척추가 휘고, 입술이 얇아지고, 건망증이 생기곤 한다. 혹은 산후 우울증 때문에 불안과 의욕 저하를 느낄 수도 있다. 가혹하게 들릴지 모르겠지만, 이러한 결과는 '이기적 유전자' 때문이다. 유전자는 탐욕스러운 해적처럼 행동한다. 자신을 최상으로 복제하기 위해 모체의 영양 창고를 약탈한다. 그래서 영양 창고를 충분히 채우기 전에 임신할 경우, 미래의 아기는 빈약한 환경에 놓일 수밖에 없다. 태아의 유전자는 열악한 조건에서 영양분을 보충하기 위해 사력을 다한다. 경우에 따라서는 산모의 목숨이 위태로워질 수 있다.

그래서 태아의 유전자는 상생의 길을 선택한다. 모체엄마가 죽지 않도록 타협하는 것이다. 아이는 엄마의 회복을 위해 영양소 흡수를 줄인다. 즉, 열악한 조건에서 성장한다. 문제는 아이가 각종 건강 문제에 노출될 수 있다는 것이다. 성장하는 과정에서 문제가 발생하여 심신이 약해지기도 한다. 특히 예비 엄마들이 기억할 것이 있다. 과도한 당糖과 씨앗 기름은 우리 몸의 신진대사를 운영하는 화학적 신호를 차단한다. 화학적 방해 전파라고 생각하면 된다.

그런데 여성들은 당과 씨앗 기름을 너무나도 많이 섭취하고 있다. 이러한 화학적 독소에 의해 임신성 당뇨와 임신 중독증에 쉽게 노출되어 있다. 과도한 당과 씨앗 기름은 자궁 내 신호를 막아 태아의 발육 활동을 방해해 건강한 출산을 어렵게 만든다. 영양소의 결핍과 화학적 독소는 태아의 후성 유전체에 영향을 미친다.

후성 유성체는 유전자의 발현을 조절하는 화학 물질이다. 유전자 스위치를 켜거나 끄는 역할, 즉 유전자 발현에 영향을 미친다. 암, 당뇨병, 천식 그리고 비만은 영구적 돌연변이 때문이 아니라, 유전자 발현의 적절한 시기를 놓쳤기 때문이다. 유전자 발현 시기를 잘 맞추기 위해서는 특정 영양소가 특정 농도만큼 필요하다. 따라서 아이를 좋지 못한 영양 환경에서 잉태한다면 아이의 후성 유전체 발현은 성장과 발육에 좋지 못한 영향을 미칠 것이다.

예를 들어, 산모의 흡연이나 고혈압은 체중 미달 아이를 낳을 수 있다. 저체중으로 태어난 아이는 평생 낮은 골밀도와 비만에 노출된 채 살아야 한다. 영양 결핍 상태에서 태어난 아이는 지적 장애 위험에 노출될 확률이 높을 수 있다. 외모에 영향을 미치는 골격 발달도 정상적인 유전자 발현에 의존한다. 얼굴이 정상적으로 형성되는 데는 많은 양의 비타민과 무기질이 필요하다. 엄마의 영양 창고를 충분히 채워 둘 필요가 있다.

가족의 유전적 부 복원하기

내가 거주하는 하와이에는 4대가 함께 진료받으러 오기도 한다. 이 경우는 세대별 음식의 영향력을 한눈에 관찰할 수 있다. 농장에서 태어난 증조 할머니가 시력이 좋고 영구치를 갖고 있는 경우를 자주 목격할 수 있다. 세월의 풍파를 이겨낸 피부는 화강암으로 조각한 것 같은 이목구비를 감싸고 있다. 아이러니하게도 증조할머니가 가족 중에서 가장 건강하다. 얇은 진료 기록이 이를 증명해 준다.

반면 가장 어린 손자녀는 주의력 결핍 장애, 천식, 피부 질환, 중이염 같은 현대 질병이 복합적으로 나타날 때가 많다. 손자녀들은 신체의 이상 증상을 하나 이상 가지고 있다. 생리 기능의 퇴화는 영양소의 부족과 독성 물질의 섭취로 늘어만 가고 있다. 인스턴트 음식을 먹는 시기가 빠르면 빠를수록 생리적 퇴화 현상은 더 쉽게 감지할 수 있다.

과거 부모의 중요한 역할은 자녀가 병에 걸리지 않도록 노력하는 것이었다. 하지만 오늘날, 질병은 피할 수 없는 숙명이 되었다. 우리 모두 '아픈 사람들'이 되어 버렸다. 아이들에게 수십 가지 예방 접종을 맞히는 행위가 정상적인 기준이 되었다. 많은 어린이들이 유전적 손상을 그대로 물려받고 있다. 과도한 당과 씨앗 기름 그리고 트랜스 지방은 이러한 손상을 가속화하고 있다. 가족 유전자 관점에서 보면, 최근 100여 년 동안 아이들에게 유전적 학대가 자행된 것이다.

많은 의사가 불임을 호소하는 부부가 뚜렷하게 증가하고 있다고 말한다. 이는 후성 유전학에서 이미 예견한 일이다. 오늘날 태어나는 많은 아이는 최첨단 의료 기술을 동원해도 임신과 출산에 커다란 어려움을 겪을 것이다. 모유 기간은 짧아지고 있고, 영구적인 유통 기한이 보장된 정제 가공식품은 아이들의 식탁을 점령한 지 오래다. 건강하지 못한 음식을 섭취한 아이들은 더 빨리 늙을 것이고, 감정적인 문제를 더 호소할 것이며, 신종 질환에 더 걸릴 것이다. 부모들은 자신들보다 자녀가 더 많은 건강 문제를 안고 있음을 직감적으로 알고 있다.

그렇다면 사랑스러운 아이들을 어떻게 구할 것인가? 해결책은 '음식'이다. 특히 아이의 유전적 잠재력을 파괴하는 '당과 씨앗 기름'을 피해야 한다. 즉, 가공식품과 패스트푸드, 탄산음료를 먹지 말자는 말이다. 그리고 출산 후 다음 임신까지 비타민이 풍부한 음식을 섭취해 몸의 영양소 창고를 채우기를 바란다. 당신이 자녀가 있거나 아이를 가질 예정이라면 영양에 더욱 집중하라!

이런 이야기를 듣다 보면 새로운 궁금증이 생겨날 것이다. 모든 것을 제대로 따른다면 내 아이는 얼마나 아름답고 건강해질까? 그 질문에 대한 필자의 대답은 '모든 아이는 아름답다'이다. 하지만 당신의 아이가 학습 능력이나 운동 신경이 뛰어나기를 원한다면 대답은 '당신의 노력'에 달려있다. 즉, 미래의 아이에게 얼마나 온전한 유전적 부富를 전수하는가에 달려 있다. 휴.바.식

4장
영양의 변화와 신체 퇴화

토착 원주민에게

음식은 자연과 연결할 수 있는

영성 및 정체성이었다.

안타깝게도 우리들은

더 이상 그렇게 생각하지 않는다.

음식이란 연료, 에너지

그리고 쾌락의 원천일 뿐이다.

인간과 자연은

진짜 음식을 통해 다시 연결되어야 한다.

농업 혁명, 인류의 몸을 후퇴시키다

남극에서 시작된 훔볼트Humboldt 해류는 남아메리카 대륙 서쪽 해안을 따라 흐르다가 페루 코르디예라Cordillera 산맥 앞 해변에 다다른다. 해류의 여정은 5,000km에 달하는 대장정이다. 해변에 도착한 해류는 몇 달 동안 비구름을 만들어서 어장을 풍부하게 한다. 바다와 대지의 조화는 비옥한 토지가 되어 풍요로운 음식을 선물한다. 페루 문명은 천혜의 자연 환경 속에서 탄생할 수 있었다.

1930년대 중반, 프라이스 박사는 페루 문명의 발상지로 향했다. 목적은 영양이 턱 구조에 미치는 영향에 대해 연구하기 위해서였다. 가장 먼저 미라가 발견된 지역으로 달려갔다. 흙 속에는 무려 1,500만 구에 달하는 미라가 묻혀 있었다. 건조한 모래와 장맛비 덕분에 최상의 보존 상태를 유지하고 있었다. 이미 도굴꾼들이 무덤을 파헤쳐 놓은 상태였기에, 미라들이 미리 인사를 하러 나온 것만 같았다. '사방에 온통 하얀 두개골이 흩어져 있었다.'

프라이스 박사가 미라의 두개골에 관심을 갖게 된 이유는 당시 미국에 치아 및 치열궁 기형이 급증했기 때문이다. 프라이스 박사는 이러한 상황이 역사적으로 유례가 없는 현상이라고 직감했다. 그는 페루 고대인 1,276명의 뼈를 연구했다. 그리고 놀라운 결과에 직면했다. 치열궁 기형을 앓고 있던 페루 고대인의 두개골을 단 한 개도 찾지 못했기 때문이다. 그의 연구는 계속되었다.

페루 도시의 거주민을 방문했다. 그리고 다시 한번 놀라운 결과를 만났다. 페루 도시인의 얼굴은 균형 잡힌 패턴을 잃어버린 상태였다. 페루 사람들은 변했다. 라이프 스타일의 변화가 두개골에 '슬픈 잔상'을 남긴 것이다. 도대체 무엇이 영향을 준 것일까? 무엇이 문제였을까? 인류학 문헌은 골격과 식단 변화의 연관성에 대한 내용으로 가득하다.

예를 들어, 북아메리카 원주민은 알래스카에서 해안을 따라 캘리포니아로 내려와 정착했다. 그 뒤 육류 섭취가 줄어들자 단 몇 세대 만에 평균 키가 남성 13%, 여성은 9%가 줄어들었다. 뇌 크기는 남성은 10%, 여성은 5%가 줄어들었다. 남아프리카에서는 4,000년 전에 뚜렷한 골격 퇴화가 일어났다.

신체의 퇴화는 왜 일어났을까? 첫째, 퇴화의 시기는 인구 과잉 시기와 일치한다. 4,000년 전은 본격적으로 곡물 재배가 시작된 시기이다. 인구 과잉은 1인당 음식 섭취의 양을 대폭 줄어들게 했다. 둘째, 토기 사용 시기와 일치한다. 토기는 농업 의존도가 높아졌음을 의미한다. 남아메리카에서 농작물을 처음 재배한 안데스 산맥 최남단의 화석 기록을 보면 '농부들의 두개골 및 안면 크기가 수렵 채집인보다 작아졌음'을 알 수 있다.

인류학 연구를 종합해 보면, 식단의 변화가 인류의 성장 변화와 직결된다는 사실이 일관되게 밝혀지고 있다. 인류는 수렵 채집인에서 농부로 전환함에 따라 '신체의 퇴화'를 경험했다. 영양학을 다루는 인류학자들은 '수렵 채집인은 정착을 통해 농업에 종사했던 후손보다 풍부한 음식과 영양을 다양하게 즐겼다'고 추측하고 있다.

농업 혁명은 오래전부터 인류의 위대한 업적 중 하나로 꼽혀왔다. 하지만 이 가설은 인류학의 발견과 연구로 인해 도전장을 받고 있다. 자연과 조화를 이루며 살던 수렵 채집인하자족과 목축 채집인 마사이족이 오늘날 부유한 가정들보다 더 편안한 생활을 누렸을 것으로 추측되기 때문이다.

시카고 대학 인류학자 '마샬 샬린스'Marshal Sahlins 교수는 수렵 채집인의 공동체를 '풍요 사회의 원조'라고 명명했다. 그는 현생 토착 원주민들에 대한 연구 논문에서 다음과 같이 묘사하고 있다.

"여성들은 가족이 사흘간 먹을 수 있는 음식을 하루 동안 모았다. 그 후에는 막사에서 쉬거나, 자수를 놓거나, 다른 막사를 방문하거나, 손님들을 맞이하며 시간을 보냈다. 가사일은 매일 1~3시간 동안 했다. 주로 요리, 땔감 모으기, 물 긷기 등을 했다. 이러한 생활 리듬은 1년 내내 계속되었다."

토착 원주민 여성들의 모습이 어떠한가? 이러한 모습은 1만 년 동안 동아프리카 중앙 지구대에서 살아온 수렵 채집 유목민 하자족Hadza의 20세기 초 일상을 인류학자가 직접 묘사한 것이다. 수렵 채집인의 느긋한 일상과 여유로운 모습은 수많은 보고서에 기록되어 있다.

수렵과 채집을 하려면 계절에 따라 식량이 풍부한 지역을 찾아이곳저곳 돌아다녀야 한다. 반면 농사를 지으면 정착 생활을 해야 한다. 인류는 거대한 강 기슭에 있는 비옥한 땅 위에 집단을 이뤘다. 도구와 기술을 개발하고 피라미드 같은 대규모 토목 공사를 실행하기도 했다. 농업 인류는 수렵 채집 유전자가 적응할 수 있도록 영양을 제공하느라 고군분투했다.

하지만 한계에 직면했다. 농업 인류는 충분한 영양소를 공급하지 못했고 신체의 성장은 퇴보하였다. 퇴보의 결과로 농업 인류의 키는 수렵 채집 인류보다 작아졌다. 신체적 퇴화가 벌어진 것이다. 이러한 현상은 우리 몸이 무작위 돌연변이에 의존하기보다 영양 환경이 더 커다란 영향을 받았다는 고고학적 증거이다.

프라이스 박사는 페루의 모래밭에서 인류의 완벽한 두개골을 발견했다. 그리고 현대 페루인의 두개골이 급격하게 비례성을 잃어버렸다는 것도 알게 되었다. 고대 페루인과 현대 페루인 그리고 미국인의 치아 사이에는 진화 과정에서 미묘한 골격 변화가 진행되었음을 암시하고 있다. 고대와 현대 인류의 차이는 바로 '비례의 상실'이다. 건강과 아름다움은 비례가 전부라 해도 과언이 아니다. 비례의 불균형은 몸의 기능을 망가뜨렸다.

인간의 골격은 왜 무너졌는가

1987년, 고고학자 '에두아르도'Eduardo는 350만 년 전 인류가 남긴 발자국 화석을 복원하기 위해 탄자니아 북부 라에톨리Laetoli로 향했다. 그는 마사이족과 친구가 되었고 야생의 세계에 흠뻑 빠져들었다. 낮에는 오스트랄로피테쿠스가 남긴 발자국을 지키기 위해서 잡초를 제거했다. 저녁에는 마사이족 친구와 함께 뜨거운 염소 심장을 나눠 먹었다.

마사이족은 수천 년 동안 목축과 채집 생활을 해왔으며 지금도 전통 요리법을 고수하고 있다. 에두아르도는 마사이 족장이 가장 인상깊은 사람이라고 했다. 70세가 넘은 족장은 190센티 미터가 넘는 키에 얼굴에 주름 하나 없었다. 부인은 여러 명이 있었고 탁월한 신체를 소유하고 있었다. 여행 작가 '젠 배깃'Jen Bagget은 탄자니아 마사이 마을을 다음과 같이 묘사했다.

"마사이족은 크고 날씬한 골격과 인상적인 이목구비를 지니고 있다. 세상에서 가장 아름다운 사람들이다. 나는 그들의 친절함, 개방성 그리고 우아함에 매료되었다."

마사이족은 지금도 온전한 전통 문화를 간직하고 있다. 마사이족 사회는 인류의 과거를 볼 수 있는 '창'window이다. 토착 원주민을 경험한 여행가의 이야기를 읽어보면 '좋았던 옛 시절'이 정말 실재했을 거라는 생각이 든다. 그들은 목가적인 번영을 누렸다. 이 번

영은 인간이 대지, 동물, 식물들과 친밀한 관계를 유지함으로써 얻은 것이다. 그들은 우리와 다른 방식으로 음식에 대해 말한다. 우리에게 음식이란 연료, 에너지 그리고 쾌락의 원천이다. 반면 마사이족에게 음식은 더욱 큰 의미를 갖고 있다. 음식은 자연과 연결될 수 있는 영성 및 정체성의 일부다. 마사이족의 신화는 그들의 삶에서 소牛가 갖는 중요성과 땅을 훼손해서는 안 된다는 금기가 뚜렷하게 담겨 있다.

"태초에 은가이ngai, 창조주는 땅 위에 존재했다. 어느 날 은가이는 땅과 하늘이 분리되면서 더 이상 인간들 사이에 있을 수 없었다. 은가이는 소들을 마사이족에게 내려 보냈다. 소들은 땅 위의 풀을 자양분으로 삼아야 했기 때문이다. 그래서 마사이족은 땅을 갈지도 않았고 죽은 생명체를 땅에 묻으려 하지도 않았다. 흙은 풀을 자라게 하는 신성한 존재이기 때문이다."

고고학자 에두아르도가 마사이족 사람들에게 음식의 칼로리와 3대 영양소에 관해 설명했다면 어리둥절했을 것이다. 환원주의자들이 사용하는 용어는 마사이족이 세상을 바라보는 방식과 맞지 않는다. 우리는 세상의 모든 것을 환원주의 시각으로 바라보는 경향이 있다. '환원주의'reductionism는 전체를 분해해서 이해하려는 경향이 있다. 어느덧 우리들은 음식의 본질을 보기보다는 개별적 영양소의 집합체로 이해하고 있다. 이제 음식과 요리에 담긴 뿌리 깊은 전통을 이야기하는 사람은 드물다. 음식 문화를 표현하는 단어도 현저히 빈약해졌다. 우리는 전통 요리의 단어를 망각함과 동시에 조화로운 성장도 함께 잃어버렸다.

지금까지 우리는 수많은 동식물의 성장이 파이∅라는 수학 공식에 기반하고 있음을 살펴봤다. 그리고 파이∅의 공식에 들어맞는 얼굴을 완벽한 안면, 즉 완벽한 골격이라고 정의했다. 성형외과 의사 마쿼트 박사는 균형 잡힌 얼굴은 X, Y, Z의 동적 대칭으로 이루어진다는 사실을 보여주었다. 파이∅의 비율이 균형을 잃으면 성장 패턴에 문제가 생긴다.

필자의 경우에는 가로면X축이 파이∅의 비율을 잃으면서 두개골이 좁아졌다. 그로 인해 사랑니가 머리 구조에 맞지 않아 뽑아내야 했다. 그리고 안와 눈구멍의 균형이 맞지 않아 렌즈를 착용할 경우, 시야가 흐려진다. 얼굴 중간 부분이 좁은 사람은 기도가 좁아져 축농증과 같은 문제가 생길 수 있다. 좁아지는 두개골Z축은 입천장이 축소되어 수면 무호흡증을 일으킬 가능성이 높아진다. 수면 무호흡증은 피로와 기억장애 그리고 만성 질환을 초래한다.

파이∅는 달라진 영양 환경 속에서도 최적의 비율로 성장을 지속시키는 '자연의 틀'mold of nature이다. 그러나 최근 수백 년 동안 인류의 식단은 과거와 크게 달라졌고 우리의 성장 패턴은 자연의 틀에서 멀어지고 있다. 수렵과 채집 생활에서 농경 생활로 변화하는 과정은 바로 영양의 희생을 초래하고 말았다. 하지만 아직 희망은 있다. 우리는 아직 완벽한 비율을 만들어내는 파이∅, 즉 자연의 틀을 간직하고 있기 때문이다.

기억해야 할 것이 있다. 인류의 두개골이 급격한 변화를 경험한 시점이 바로 '100년 전'이라는 사실이다. 인류는 100년 전부터 치아가 손상되고 두개골의 비례가 무너져 내렸다. 도대체 무슨 일이 벌어졌던 것일까? 그 수수께끼의 해답은 역사책이 아니라 100여 년 전에 쓰인 요리책에서 찾을 수 있다.

가공식품과 동물 사료는 차이가 없다

우리는 언제부터 음식을 이야기할 때 탄수화물, 단백질, 지방의 영양소를 쉽게 언급하곤 한다. 음식 화학자처럼 이야기하는 것이다. 언제부터 이런 담론이 시작되었을까? 바로 산업혁명 시기부터이다. 〈패니 파머의 1896년 요리책〉Fanny Farmer 1896 Cook Book은 새로운 음식 용어를 대중에게 소개했다.

"음식은 유기물과 무기물로 나뉜다. 유기물은 다음과 같은 것으로 이뤄진다. 1. 단백질 2. 탄수화물 3. 지방과 기름."

새로운 음식 분석은 사람들의 음식과 요리에 영향력을 행사하기 시작했다. 총체적으로 이해하던 음식은 이제 탄수화물, 단백질, 지방의 비율로 분석되고 있다. 유기물을 화학 성분에 기초해 분석하는 것은 인도의 타지마할 건축물을 대리석의 숫자로 이해하는 것과 다르지 않다.

음식의 거대 영양소를 계산하기 위해서는 끓이고, 추출하고, 정제해야 한다. 이러한 정제 과정은 음식과 세포의 관계를 잊어버리게 만든다. 이러한 태도는 어떤 결과를 가져올까? 우리를 음식의 '원천'source에서 점점 동떨어지게 만든다. 가공식품을 대량으로 제조하는 생산자들이 이런 용어를 유포한다.

예를 들어, 우리는 마트에서 판매되는 감자가 어떤 토양에서 자랐는지 관심을 두지 않는다. 항생제를 듬뿍 섭취한 양식 연어를 쇼핑 카트에 한 묶음 던져 넣는다. 자연산과 영양 성분이 기본적으로 같다고 생각하면서 말이다. 공장식 축사에 갇힌 채 유전자 조작 GMO 옥수수를 먹고 자란 소고기도 구입한다. '마블링이 촘촘한 걸 보니 맛이 좋겠다!'고 생각한다. 식품 제조업자들은 우리에게 이러한 관념을 주입하고 습관처럼 식품을 구매하도록 만든다. 심하게 말해서 우리는 좋은 포장과 마케팅에 속아 사료를 먹고 있는지도 모른다.

개와 고양이 사료 봉투의 뒷면을 본 적이 있는가? 성분명에는 빼곡하게 옥수수가루, 콩가루, 식물 경화유, 육분 및 단백질, 합성 비타민 등의 재료가 적혀 있다. 그런데 혹시 알고 있는가? 쇼핑 카트를 밀고 있는 우리도 이러한 제품을 구매하고 있다는 사실을. 탄수화물, 단백질, 지방을 다양한 모양과 질감으로 재가공하고 설탕과 화학 조미료를 입히면 멋진 가공식품이 탄생한다. 식품 제조업자들은 왜 이런 방식으로 식품을 만들까? 알다시피 비용을 절감할 수 있으며 어디든 배송하기 쉽기 때문이다. 영구적인 유통 기한은 보너스다.

도넛, 빵 그리고 시리얼의 차이는 씨앗 기름과 설탕의 함량에 좌우된다. 실제 시리얼과 라면은 유사하다. 약간의 소금을 추가하면 바삭한 과자가 된다. 토마토 조각을 추가하고 단백질 분말을 뿌리면 인스턴트 파스타가 탄생한다. 여기다 고기 부산물을 한 줌 넣으면 어떤 제품이 될까? 바로 반려동물 코너에 있는 'A급 동물 사료'Puppy Chow가 되는 것이다.

그렇다면 우리는 쇼핑 카트에 왜 가공식품을 담을까? 이유는 단순하다. 비용이 저렴하고 편리하기 때문이다. 바쁜 부모들은 특별한 준비없이 냉동 라자냐lasagna와 같은 인스턴트식품으로 가족의 저녁을 충분히 해결할 수 있다. 일회용 알루미늄 팬이 딸려 있어 조리도 너무 간편하다. 슈퍼마켓에 진열된 식품들은 냉장고 안에서 긴 유통 기한을 보장받으며 언제든지 음식으로 변신한다. 가공식품 성분표에는 탄수화물, 단백질, 지방 그리고 정체를 알기 힘든 합성 물질이 빼곡히 표기되어 있다.

인간과 자연은 다시 연결되어야 한다

우리 조상들은 음식을 개별 영양소의 개념으로 생각하지 않았다. 음식은 좋은 땅, 건강한 동물, 신선한 열매의 전달자로 생각했다. 이러한 개념은 자연과 인간의 연결을 유지해 줬다. 우리는 자연과의 연결 고리가 단절되었을 때 어떤 결과를 초래할지 잘 알지 못한다.

인류는 지구라는 행성의 안정적인 기후에 빚을 지고 있다. 그러다 지구가 점점 더워지면서 기후 문제의 심각성을 조금씩 인식하고 있다. 지구 온난화 문제는 급격한 산업 성장에 따른 대량의 이산화탄소 배출에 있다. 그 출발점에 '산업혁명'이 있다. 산업혁명은 물질적 편리를 제공했지만 인류의 미래를 암울하게 만드는 발화점이기도 하다. 산업혁명은 건강에도 강력한 영향을 미쳤다.

지난 100년 동안, 우리는 섭식 활동의 대이동을 경험하고 있다. 문제는 이 변화를 잘 인지하지 못하고 있다는 사실이다. 그 이유는 다음과 같다. 첫째, 전통 음식을 경험한 이들이 점점 줄어들고 있기 때문에 우리가 무엇을 잃어버리고 있는지 모르고 있다. 둘째, 불과 100년 만에 진짜 음식에서 가짜 음식으로 급격한 대이동이 이뤄졌다. 부모조차 전통 음식 문화가 사라진 환경에서 성장했을 수 있다. 셋째, 저렴하고 편리한 인스턴트 음식이 식탁을 빠르게 점령했다. 우리는 음식을 어디서, 무엇으로 만드는지 묻지 않는다. 과거보다 많이 먹고 있지만, 음식에 대해 생각하는 시간은 적어지고 있다. 넷째, 의학 기술이 발전하면서 죽음의 문턱을 버티게 해주고 있다. 덕분에 건강 수명은 줄었지만 기대 수명은 늘고 있다. 다섯째, 사업과 의학이 하나로 융합하였다. 이는 의학이 상업적 이윤과 타협하지 않는 냉정한 조언자의 지위를 잃어버렸음을 말한다. 이 중에서 마지막 지적이 가장 중요하다.

우리는 사람이 근시로 죽는다면 눈을 나쁘게 하는 요인들을 집요하게 연구할 것이다. 충치로 사람이 죽는다면 치아를 썩게 만드는 요인들을 사전에 제거할 것이다. 영양학에 대한 무관심이 당장 생명을 위협한다면 영양학에 지대한 관심을 가질 것이다. 문제는 영양학에 대한 지식이 없더라도 한동안 살아가는데 아무 상관이 없다는 것이다. 너무나 근시안적인 태도라고 할 수 있다. 대부분의 토착 원주민에게 '음식에 대한 지식'은 '부족의 비밀문서'였다. 당연히 공개하기를 꺼렸다. 음식의 비밀은 현대전에서 전술의 비밀과 다름없었다. 안타깝게도 우리들은 더 이상 그렇게 생각하지 않는다.

잠시 우리가 달에서 살아야 한다고 상상해 보자. 달에서 먹는 음식은 유통 기한이 길어야 할 것이다. 우주 왕복선이 1년에 몇 번만 올 수 있기 때문이다. 그래서 우리는 설탕, 밀가루, 단백질 보충제, 씨앗 기름처럼 오랫동안 상하지 않는 음식과 친해져야 할 것이다. 특히 씨앗 기름은 미생물이 잘 생기지 않기 때문에 수많은 제품의 주원료다. 우주선을 통해서 과일과 채소가 공급되는 날에는 잠시 풍성한 식탁을 맛볼 수 있다.

하지만 긴 수송 기간으로 인해 과일과 채소는 부패를 방지하는 화학 물질로 도배가 되어 있을 것이다. 대부분의 채소와 과일은 덜 익은 상태에서 수확한 것이라 비타민 함유량이 턱없이 부족하다. 달에서는 공간이 매우 부족하기 때문에 가축들을 공장식 축사에서 기를 수밖에 없다. 가축들은 풀을 먹지 못하며, 햇빛을 보지 못하며, 뛰어다니지도 못한다. 옥수수와 콩으로 만든 인공 사료를 먹으며 사육된다. 바다가 없기 때문에 유전자를 조작한 물고기가 양식장에서 고칼로리 배합 사료를 먹으며 자란다.

잠시 달 체험을 상상해 보았다. 달에서의 일상을 보면서 어떤 생각이 드는가? 달에서의 생활과 지금 지구에서의 생활이 아주 유사하지 않은가? 마사이족은 지금도 4만 년 전 조상의 라이프 스타일을 고수하고 있다. 그들이 마시는 우유는 수천 년 전 북아프리카 동굴 벽화 속 여인이 짜는 소젖과 다르지 않다. 그렇다고 식습관을 개선하기 위해 토착 원주민을 만날 필요는 없다. 잊고 있었던 전통 요리의 지혜를 따르면 된다. 우리는 조상들이 음식을 이해하던 방식으로 다시 생각해야 한다. 자연의 기운이 담긴 음식은 생명을 지탱하는 위대한 힘이라는 점을 기억해 주길 바란다. 휴.바.식

2 부
현대 식단의 위기

5장
돌팔이 의학은 어떻게
질병을 확산시켰나

의사들은

콜레스테롤 수치가 높으면

혈관이 막힐 수 있다고 경고한다.

이 의학적 명제는 진실일까?

의사들은

콜레스테롤 수치를 낮춰야 한다며

고지혈증 약물을 처방한다.

콜레스테롤에 대한 공포는

현대 의학 역사상 최대의 사기극이다.

영양학 영웅의 콜레스테롤 사기극

10년 전, 누군가 심장병의 원인이 무엇인지 물어보았다면 주저 없이 대답했을 것이다 '지방과 콜레스테롤!' 그것도 자신감에 차 있는 목소리로 말이다. 〈미국 의학 협회〉APA를 비롯한 대부분의 의학 단체들도 동일한 목소리를 냈다. 심장병의 주범은 '지방과 콜레스테롤'이라는 것은 의심의 여지가 없어 보였다. 언뜻 생각해도 그랬다. 배수관에 쌓이는 기름처럼 동물성 지방이 동맥을 서서히 막는 모습은 쉽게 상상이 되었다. 정말 단순하고 명쾌하지 않은가!

그런데 오랫동안 괴롭힌 난제가 있었다. 내 진료실을 찾는 수많은 고령 환자는 평생 버터, 달걀, 고기를 먹었음에도, 어째서 훌륭한 건강 상태를 유지하고 있는 걸까? 다행히 일부 의사와 과학자들도 나와 같은 질문을 던지고 있었다. 콜레스테롤이 해롭지 않다는 의학적 증거는 계속해서 제기되어 왔다.

하버드 보건 대학원의 영양학자 중 일부는 "저지방 캠페인은 도리어 건강 문제를 악화시켰다."고 주장했다. 저지방 캠페인은 비만과 당뇨를 개선하는 데 실패했을 뿐만 아니라 도리어 확산시켰다는 주장도 많다. 지금도 콜레스테롤에 대한 치열한 논쟁은 현재 진행형이다.

보건 당국이 우려하는 동물성 지방은 정말 건강을 파괴하는 원흉일까? 과학적 연구들은 정반대 방향을 가고 있는 듯하다. 콜레스테롤이 무죄라는 의학적 증거는 계속해서 쌓이고 있다. 이러한 변화의 징후에도 불구하고 의사들이 보건 당국의 공식적인 지침을 거스르는 일은 없을 것 같다. 아직 콜레스테롤 심장병 가설에 대한 믿음이 뿌리 깊게 각인되어 있기 때문이다. 아니면 세계적인 블록버스터 고지혈증 약물이 병원과 제약 회사의 중요한 수입원이기 때문일지도 모른다.

콜레스테롤 심장병 가설은 전면적으로 재고되어야 한다. 당신은 담당 의사가 처방하는 고지혈증 약물을 그대로 받아들일 필요가 없다. 콜레스테롤과 지방에 대한 공포는 인류를 지탱해 온 천연 지방을 배척하게 했으며, 반면 씨앗 기름을 만드는 식품 제조업자의 호주머니만 채워줬다. 지금부터는 콜레스테롤 심장병 가설이 어떻게 조작되었는지 함께 알아보도록 하자. 조작의 중심에 있었던 남자는 한때 영양학의 영웅으로 대접받던 인물이다.

1958년, CBS 뉴스 〈더 서치〉The Search 스튜디오에 한 남자가 방송 촬영을 준비하고 있다. 그는 대중을 상대로 '미국의 신종 역병'을 경고하기 위해 출연했다. 남자의 책상 위에는 작은 목각 인형 10개가 나란히 서 있었다. 그는 5개의 목각 인형을 손가락으로 넘어뜨리며 이렇게 말했다.

"미국인을 살해하는 주범이 심혈관 질환이라는 사실을 아십니까? 10명 중 5명이 심혈관 질환에 걸릴 수 있습니다. 이 질병의 범인은 동물성 지방과 콜레스테롤입니다."

안셀 키즈 박사

그때부터 미국인들은 이 남자에게 심장병 예방에 대한 조언을 의지하기 시작했다. 그는 심장병을 구원할 영웅으로 추대되었다. 영웅의 이름은 바로 '안셀 키즈'Ancel Keys 박사다. '식이-심장 가설'의 아버지로 불렸다. 하지만 그는 심장학자도, 의학 박사도 아니었다. 갯장어를 연구해 1930년대에 생리학 박사 학위를 취득했다. 영양학자로서 자격을 얻은 것은 제2차 세계대전이 한창일 때, 군대에서 전투 식량 만드는 업무를 맡은 데서 비롯되었다.

전쟁이 끝난 후, 미네소타 공중 보건국은 심근 경색의 급속한 발병 원인을 연구하기 위해 안셀 키즈를 고용했다. 그는 처음 참석한 과학 회의에서 동물성 지방을 많이 섭취한 나라는 심장 질환으로 인한 사망 비율이 높다고 주장했다. 그러나 관련 통계 자료가 워낙 엉성했기에 전문가들로부터 맹비난을 받았다. 그는 수많은 비판에 대해 입장을 바꾸기는커녕 '네 놈들한테 꼭 보여줄 것이다!'며 복수를 다짐했다.

그는 과학자들을 설득하지 못했지만 마가린과 같은 인공 지방을 제조했던 식품업자들에게는 매력적인 인물이었다. 업계는 그의 주장에서 마가린 판매를 늘릴 수 있는 묘수를 발견했다. 대중이 버터, 고기 등의 동물성 지방이 동맥 경화를 일으킨다고 생각한다면, 씨앗 기름을 변형시킨 마가린이 폭발적으로 판매될 것으로 예상한 것이다. 이 예측은 적중했다.

안셀 키즈는 TV쇼에서 조작된 통계를 화려하게 포장해서 대중들을 설득했다. 그는 재능 있는 연사였다. 대중의 호응을 멋지게 끌어냈다. 씨앗 기름 산업의 후원을 받는 〈미국 심장 협회〉AHA는 재빨리 그의 인기에 편승했다. 협회는 조작된 통계를 근거로 '스테이크는 접시 위에 놓인 심근 경색'이라는 관념을 의사들에게 전파했다. 반대로 씨앗 기름으로 만든 마가린은 몸에 좋다는 잘못된 믿음도 함께 퍼뜨렸다.

보건 당국도 심장 협회의 의견에 편승했다. 그 결과 트랜스 지방 덩어리인 마가린은 상점 진열대를 빠르게 점령했다. 사람들은 더 이상 가까운 소규모 농장에서 굳이 신선한 음식을 구할 필요가 없었다. 공장에서 만든 제품이 천연 식품보다 더 안전하고 더 건강한 것으로 생각하게 되었다. 더구나 인공 지방은 가격도 저렴했으며 유통 기한에 대한 걱정도 없었다.

1961년, '식이-심장 가설'은 조금씩 흔들리기 시작했다. 과학자들이 날카로운 검증으로 그의 치명적 오류를 지적했기 때문이다. 그는 심근 경색 발병률의 주범으로 동물성 지방을 꼽았다. 하지만 그는 여러 실험에서 동물성 지방을 전혀 사용하지 않았다. 그럼, 무엇을 실험 대상에게 적용했던 걸까? 놀라지 마시라! 그것은 씨앗 기름으로 만든 마가린이었다! 마가린의 주성분은 트랜스 지방이다. 무려 48퍼센트! 씨앗 기름을 사용한 연구 결과를 동물성 지방으로 야바위처럼 바꿔 치기 한 것이다. 완전히 조작된 실험이었다. 불행히도 대중들은 진실을 알지 못했다.

포화 지방과 콜레스테롤에 대한 공포 이데올로기는 너무나도 강력했다. 식품업자들은 저지방 음식으로 엄청난 돈을 벌고 있었기에 구르는 공을 멈출 필요가 없었다. 포화 지방과 콜레스테롤과 관련된 뉴스는 버터와 스테이크와 같은 자연식품에 의한 실험이 아니라, 씨앗 기름을 사용한 연구 결과가 대부분이었다. 조작된 연구가 대중 매체에 넘쳐나면서 영양학의 진실은 쓰레기통에 처박히게 되었다.

의학 전문가들은 보건 당국이 권장하는 식단 가이드라인을 환자들에게 권유함으로써 면죄부를 받았다고 생각할지 모른다. 하지만 그들은 스스로 진실을 파헤칠 책임이 있다. 무책임한 조언은 사람들을 병들게 하는 식품 회사의 영업 사원과 다르지 않다. 희대의 사기꾼 안셀 키즈 박사의 조작극이 어떤 결과를 가져왔는지 함께 들여다보자.

저지방 캠페인이 시작되기 전, 사람들은 포화 지방과 콜레스테롤이 함유된 음식을 먹었지만 심근 경색은 보기 드문 질병이었다. 하지만 대대적인 저지방 캠페인이 실시된 후, 한 세기 동안 버터 소비량은 1인당 연간 8kg에서 1.8kg으로 무려 75%가 줄었다. 반면에 씨앗 기름의 소비량은 1인당 연간 5kg에서 27kg으로 무려 500%로 증가했다. 1900년대에는 심장 질환이 보기 드문 질병이었으나, 1950년에는 심장 질환 사망자가 압도적으로 많아졌다. 지금은 남성과 여성 모두에게 사망 원인 1위다.

전문가들의 조언은 잠시 잊고 스스로에게 한번 질문해 보자. 천연 지방 소비량은 감소하고 가공 지방 소비량은 증가했다. 그런데 심장 질환은 '훨씬' 높아졌다. 이런 상황은 무엇을 암시하고 있는 걸까? 마트에서 가서 식품 진열대를 한번 유심히 관찰해 보라. 무엇이 보이는가? 수많은 식품들의 연결 고리가 보이는가? 바로 '씨앗 기름'이다.

씨앗 기름이 포함되어 있지 않은 음식을 찾아보기 힘들다. 우리의 생명을 위협하는 것은 포화 지방이 늘어났기 때문이 아니라, 염증을 일으키는 음식이 증가했기 때문이다. 바로 '씨앗 기름과 당糖'이 그 주범이다. 씨앗기름과 당糖은 어두운 뒷골목에서 은밀히 뒷거래를 하는 불온한 세력이다. 이 세력의 결탁 관계는 당신의 혈관을 파괴하고 몸에 염증과 산화를 폭풍처럼 일으킨다. 만약 당신이 식탁에서 이 2가지 음식을 제거할 수 있다면, 심장병을 비롯하여 만성 질환으로 자유로워질 수 있을 것이다. 지금부터는 기름이 걸어온 발자취를 따라가 보고자 한다.

자연은 나쁜 지방을 만들지 않는다

1800년대 후반, 나폴레옹 3세는 군대와 하층민에게 먹일 버터 대용품을 찾기 위해 상금을 내걸었다. 그의 목표는 값싸면서도 오랜 항해에도 썩지 않는 제품을 얻는 것이었다. 프랑스의 화학자 '히폴릿 메즈-모리에'Hippolyte Mège-Mouriès는 여러 실험을 거쳐 소와 양기름에 압력을 가하면 기름 성분이 나오고, 그것을 탈지유와 혼합하면 고체가 된다는 사실을 발견했다. 그는 탁한 회색 물질이 뽀얀 광택을 내고 있어 진주라는 의미의 그리스어 '마르가리테스'margaritēs를 떠올렸다. 그리고 이 물질을 '마가린'margarine이라고 불렀다.

한 세기가 넘어갈 즈음, 화학자들은 새로운 인공 버터를 창조하기 위해 고민했다. 손쉽게 구할 수 있는 '목화 씨앗'이 대상이었다. 당시에는 목화 씨앗 자루가 곳곳에 넘쳐났다. 그 검은 씨앗은 그냥 내버려두면 발효해서 고약한 냄새를 풍기기 때문에 보관하기가 어려웠다. 화학자들은 휘발성 물질에서 냄새가 나는 것은 기름이 산소에 반응하기 때문이라는 것을 발견했다. 머지않아 화학자들은 이 가치 없는 검은 씨앗을 금으로 바꿀 방법을 찾아냈다.

'면실유'목화씨유를 버터처럼 만드는 데는 2가지 화학적 방법이 있다. 하나는 기름 분자들을 서로 엉키게 하는 것, 다른 하나는 각 분자의 탄력을 줄여서 굳는 성질로 바꾸는 것이었다. 첫 번째 방법으로 탄생한 물질은 플라스틱과 같아서 음식으로 간주할 수 없었다. 그래서 화학자들은 두 번째 방법을 선택했다. 그들은 기름의 지방을 변형시켰다. 열, 압력 그리고 니켈 촉매를 이용해 가공했다. 이 가공 과정에서 기름이 납작해지면서 지방의 이중 결합은 탄력적인 형태에서 딱딱한 것으로 변했다. 드디어 '트랜스'trans 지방이 탄생한 것이다. 인공 가공 과정은 탄력적인 결합 구조를 평평하게 하고 '트랜스 구조'로 바꾸어 버린다. 그래서 씨앗 기름에 수소 첨가를 하면 버터처럼 응고되는 것이다. 면실유로 만든 마가린의 이름은 '코톨렌'Cottolene이다.

이 인공 지방은 미국 시장에서 커다란 성공을 거두었다. 버터 같은 향미는 없었지만 가격이 저렴했다. 이 가공법은 지금도 저소득층 버터를 만드는 데 사용되고 있다. 대부분의 전문가는 이제 마가린과 쇼트닝과 같은 가짜 버터가 건강에 해롭다는 것을 인정한다. 그럼에도 의사들은 환자들에게 천연 버터를 권하는 것은 꺼리고 있다. 그럼 우리는 어떤 지방을 먹어야 한단 말인가!

이 책의 기본 개념은 생물은 자연의 법칙 즉, 수학의 법칙이 구현된 결과물이라는 것이다. 이 법칙은 모든 곳에 적용된다. 인간의 골격, 나뭇잎의 모양 심지어 분자 구조에까지 영향을 미친다. 지방, 콜레스테롤 그리고 DNA 등의 생체 분자는 상호 작용을 위해 보통 육각형이나 오각형 패턴을 만든다.

정제 가공 과정은 씨앗 기름의 지방을 비틀어 버리기 때문에 가공 지방은 더 이상 오각형이나 육각형의 형태를 하지 않는다. 이 뒤틀린 지방은 몸의 효소가 반응할 수 없기 때문에 세포의 기능을 심각하게 방해한다. 따라서 트랜스 지방을 많이 섭취하면 세포 장애로 사망할 수 있다. 씨앗 기름으로 당장 사망하는 경우는 드물지만, 신진대사가 심하게 망가져 '동적 대칭'이 사라지고 골격 구조는 균형을 잃게 된다.

좋은 지방은 최상의 음식이다. 지구상에서 가장 건강한 토착 원주민들은 천연 동물성 지방을 즐겨 먹었다. 만약 원주민들이 좋은 지방 대신 정제 탄수화물과 나쁜 지방을 먹었다면, 우리들이 겪고 있는 만성 질환으로 고생했을 것이다. 비만, 심장 질환, 우울증과 같은 각종 질병으로 인해 신체적 퇴화를 경험했을 것이다.

지금까지도 의학계는 우유와 육류에 비난의 화살을 던지고 있다. 화살의 방향은 완전히 틀렸다. 그들이 겨냥해야 할 표적은 '나쁜 지방과 당糖'이어야 한다. 다행히 나쁜 지방을 피하는 방법은 너무나 쉽다. 천연 지방을 섭취하고 가공 지방을 피하기만 하면 된다. 공장은 나쁜 지방을 만들지만 자연은 그렇지 않다.

동물성 지방으로 완성된 식사는 우리에게 맛과 영양소를 함께 선물한다. 그래서 버터가 들어간 음식이 그토록 맛있는 것이다. 동물성 지방에는 '식욕 억제 기능'콜레스테롤이 있기 때문에 포만감과 만족감을 주지만, 씨앗 기름은 식욕 억제 기능이 없어서 체중 증가를 유발한다. 염증을 일으키는 적색 수배 음식은 다음과 같다.

마가린과 스프레드

플라스틱과 분자 하나 밖에 차이가 나지 않는 음식이다. 미생물 조차 외면한다. 이 음식에는 트랜스 지방과 나쁜 지방 외에는 아무런 영양소가 없다. 특히 아이들은 멀리 해야 한다. 정상적인 뼈 성장과 성적性的 발달을 방해하기 때문이다.

샐러드 드레싱

시중에서 판매하는 샐러드 드레싱은 대부분 씨앗 기름, 설탕, 조미료로 이루어져 있다.

콩으로 만든 식품 – 콩 고기, 콩 치즈

이 제품들은 대부분은 대두를 가공하여 생산된다. 대두를 가공하면 세포막이 손상된 다불포화 지방이 방출된다. 이 지방은 빠르게 산화해 해로운 메가 트랜스 지방으로 변형된다. 또한 수많은 화학 물질이 추가될 수 있다. 단, 자연 그대로의 대두는 예외다.

아침 식사용 시리얼

시리얼은 대부분 누르고, 부수고, 늘리는 가공 과정을 거친다. 단단해진 물질슬러리을 씨앗 기름으로 코팅한다. 씨앗 기름은 제품의 형태를 유지하고 습기로 눅눅해지는 것을 막는 도료 역할을 한다.

감자 튀김

패스트푸드점에서 사용하는 기름은 반복해서 오래 사용하는 경우가 많다. 높은 온도에서 가열된 기름은 독성 물질로 작용하며 바이오 디젤 연료로도 재활용할 수 없을 만큼 질質이 떨어진다.

크래거와 칩

많은 사람이 크래거는 맛이 심심하고 달지 않기 때문에 몸에 좋다고 생각한다. 이런 말을 들을 때마다 슬퍼진다. 맛이 없다는 것은 영양이 없다는 의미이기 때문이다. 공장 음식인 크래커, 칩은 반복해서 기름에 튀기기 때문에 최악의 염증 유발 음식이다.

소프트 빵, 머핀, 번

이 제품을 마지막에 둔 이유는 부피당 가공 지방 총량이 낮지만 한번 먹으면 많은 양을 먹기 때문이다. 이런 제품들은 트랜스 지방과 메가 트랜스 지방의 주요 원천이다. 염증을 유발하는 음식이다.

씨앗 기름, 기름 시장을 정복하다

지난 100년간, 미국인의 지방 섭취는 천연 지방에서 씨앗 기름과 인공 지방으로 바뀌었다. 안셀 키즈 박사의 조작된 선전·선동을 시작으로 식품 기업, 의료 단체 그리고 보건 당국과 같은 단체들은 금전적 이해관계를 공유했다. 이러한 집단적 속임수로 인해 우리는 영양의 원천을 멀리하고 도리어 건강을 해치는 씨앗 기름을 구입하게 되었다. 씨앗 기름은 기름 시장을 완진히 제패했다. 결국 우리는 병들어 가고 있다.

씨앗 기름이 왜 심각한 문제가 되는지 살펴보겠다. 씨앗 기름은 열에 민감한 '多불포화 지방'을 함유하고 있다. 이 연약한 지방이 열을 받으면 트랜스 지방을 포함한 독성 화합물로 변한다. 다불포화 지방에는 산소가 반응할 수 있는 약한 고리이중 결합가 '2 군데' 있다. 단순히 산화 반응이 2번 일어날 것 같지만 사실은 그렇지 않다. 핵이 연쇄 반응하는 것처럼 '무수히' 반응한다. 이러한 폭발현상은 단순히 지방뿐만 아니라 일반적인 분자에도 찾아볼 수 있다. 예를 들어, 강력한 폭발물인 TNT는 산소가 반응할 수 있는 약한 고리가 '6 군데'가 있다. 그래서 무한 연쇄 반응으로 인해 폭발해 버린다!

그렇다면 다불포화 지방으로 요리하면 프라이팬 위에서 폭발 요리를 하고 있는 것인가? 맞다! 우리는 폭발 요리를 하고 있다. 주방을 날려버리지는 않지만 후라이팬 위에서는 폭발적인 산화 반응의 향연이 펼쳐진다. 다불포화 지방은 씨앗 기름의 깃발 아래서 패거리를 이루고 있다. 이 패거리는 산화 반응이라는 폭력을 통해서 선량한 음식 세계를 초토화하고 있다. 씨앗 기름은 옥수수, 콩, 해바라기씨, 카놀라유채, 콩, 목화씨, 홍화씨, 쌀겨, 포도씨에서 추출한 지방지질이다. 씨앗 기름은 브로콜리와 같은 채소에서 얻는 성분과는 다르다. 씨앗 기름은 모든 가공식품에서 찾아볼 수 있다.

씨앗 기름은 유난히 열에 약하다. 왜 그럴까? 식물의 씨앗은 추운 겨울 동안에 동면 상태를 유지한다. 봄이 찾아오고 온도가 올라가면 씨앗이 세상에 나올 준비를 한다. 즉, 다불포화 지방이 따뜻한 날씨에 반응해서 발아하는 것이다. 식물은 대지의 온기와 강렬한 햇빛에 다불포화 지방이 손상되는 것을 막기 위해 씨앗을 항산화 물질로 가득 채운다. 그런데 이 씨앗 기름을 정제하면 건강한 지방과 항산화 물질은 모두 파괴되며 뒤틀린 분자로 변질된다.

환자들에게 씨앗 기름을 피하라고 조언하면, 자신은 카놀라유만 쓴다고 자신 있게 말하는 경우가 많다. 환자들만의 책임은 아닐 것이다. 카놀라유 업계는 자신들의 제품이 심장 건강에 좋은 것으로 보이기 위해 적극적인 마케팅을 한다. 〈미국 심장 협회〉는 주저없이 마케팅 광대 노릇을 하고 있다. 카놀라유 업계가 든든한 재정적 후원자이기 때문이다. 업계는 카놀라유에 항염증제인 오메가3 필수 지방산이 풍부하다고 주장한다. 맞는 말이다. 거기까지는 틀리지 않다.

그런데 오메가3는 다불포화 지방으로 열에 노출되었을 때 쉽게 변형된다. 카놀라 씨앗에 들어 있는 오메가3는 산소에 반응하는 약한 고리, 즉 이중 결합이 '3 군데'나 있다. 당연히 산화가 매우 잘 일어난다. 씨앗 상태에서는 오메가3가 풍부할 수 있지만, 가공 처리한 카놀라유는 산화된 독성 지방을 함유하고 있다. 열을 가하지 않고 카놀라 씨앗에서 기름을 얻을 수 있다면 정말 좋은 일이다.

옛날에는 가정에서 삭은 압착기를 사용해 아마씨와 같은 씨앗에서 진득하게 기름을 추출했다. 압착 후 하루가 지나면, 어느새 천연 항산화제와 비타민으로 가득 찬 황금색 기름이 서서히 방울져 떨어지기 시작한다. 조상들은 이렇게 모인 기름으로 음식을 튀기지 않았다. 유기농 농장을 통해서 오메가3가 풍부한 아마유, 들기름을 구할 수 있다면 좋다. 이때도 당연히 조리용으로 쓰지는 말아야 한다. 샐러드에 뿌려서 먹기 바란다.

씨앗 기름은 괴물 지방으로 변한다

아주 작은 씨앗에 강한 열과 압력을 가하는 공장용 압착기에 청진기를 대고 들어보면 씨앗의 비명이 들릴지도 모른다. 씨앗 기름은 자동차 엔진 오일처럼 가공되고 정제되고 있다. 가공 초기 단계에는 휘발유 성분인 '헥산'hexane을 사용한다. 기름을 추출할 때 가까이 다가가 냄새를 맡아보면, 이게 어떻게 우리 입에 들어갈 수 있는지 도저히 상상할 수 없을 것이다. 악취 풍기는 기름을 맛있게 만들려면 화학 처리가 필요하다. 먼저 끈적끈적한 불순물을 제거하고, 표백하고, 탈취해야 한다.

기름을 정제하는 과정은 20단계 이상을 거쳐야 한다. 일명 건강 제품이라 부르는 것 중에는 '압착' 기름도 포함되는데, 이것은 헥산을 쓰지 않았다는 뜻일 뿐이다. 올리브 오일, 야자유 등 우리 몸에 좋은 기름은 안정된 포화 지방과 단불포화 지방을 함유하고 있다. 또한 낮은 온도에서 쉽게 추출할 수 있다. 씨앗 기름은 추출 과정이 복잡하다. 지방 분자를 중합·변이시키는 과정에서 부작용을 일으키는 경향이 있다. 이러한 과정을 통해서 독성 지방으로 이뤄진 가공 기름이 탄생하는 것이다.

좀비 영화 한 편을 상상해 보자. 건강한 지방은 자유롭게 인체의 혈류를 여행한다. 반면에 변종 다불포화 지방은 '활성 산소'를 사용해 초당 수십억 회의 비율로 정상적인 지방을 좀비로 바꾸어 버린다. 이 변화를 '좀비 효과'Zombie Effect라고 일컫는다. 좀비 분자는 세포를 향한 대대적인 공격을 시작한다. 산화된 다불포화 지방은 트랜스 지방보다 훨씬 더 위험한 존재다. 이 분자는 트랜스 지방과 매우 닮았으며 질이 더 나쁘기 때문에 '메가 트랜스 지방'이라고 부른다.

메가 트랜스 지방의 다른 이름은 '과산화 지방, 산화 지방, 과산화 지질' 등 다양하게 쓰인다. 메가 트랜스 지방은 야비한 조직 폭력배다. 이 물질은 모든 음식, 특히 씨앗 기름으로 만든 모든 음식을 트랜스 지방으로 오염시킨다. 활성 산소를 형성해 정상적인 다불포화 지방을 돌연변이로 만들 뿐만 아니라 세포막과 염색체 등 모든 인체 부위를 손상시킬 수 있다.

'활성 산소'는 모든 질병에 관여하는 고에너지 전자다. 방사선처럼 행동하는 활성 산소는 모든 것을 태워버린다. 프라이팬 위의 메가 트랜스 지방은 산소와 반응해 활성 산소를 생성한다. 요리에 사용되는 씨앗 기름은 음식을 활성 산소 범벅으로 만들어 음식 분자를 단단하고 뭉치게 만든다. 화학자들은 이런 반응을 '활성 산소 연쇄 반응'free radical cascade이라고 부른다.

활성 산소 연쇄 반응이 일어나면 정상적인 다불포화 지방이 손상되어 흉측한 좀비 물질로 바뀐다. 당신은 변질된 음식을 먹게 된다. 활성 산소 연쇄 반응은 음식을 아주 바삭하게 만든다. 그리고 당신의 동맥도 아주 바삭하게 만든다. 활성 산소 연쇄 반응은 다른 인체 조직도 망가뜨려 정상적인 대사 기능에 화학적 혼란을 일으킨다. 바로 '염증'inflammation이다. 전통적인 요리법은 영양소의 생물학적 활용도를 높이기 때문에 염증을 없애는 반면, 씨앗 기름으로 요리하면 영양소들이 파괴된다.

따라서 씨앗 기름으로 만든 음식은 좀비 무리를 인체 조직에 침투시키는 것과 같다. 활성 산소라는 독가스로 세포를 소리 없이 죽일 수 있다. 그래서 씨앗 기름을 '침묵의 살인자'Silent Killer로 부르는 것이다. 활성 산소는 동맥을 튀겨버릴 수 있다. 이러한 산화 스트레스가 지속되면 동맥은 더 이상 반응하지 않게 된다. 이것을 '내피 기능 장애'endothelial function disorder라고 한다. 이 장애가 누적되면 동맥 경화가 발생하는 것이다.

씨앗 기름은 동맥을 망가뜨린다

1999년 뉴질랜드 연구팀은 기름에 튀긴 음식을 먹었을 때 동맥에 어떤 영향을 미치는지 한 가지 실험을 했다. 연구팀은 피험자들이 감자튀김을 먹고 혈관이 혈액을 정상적으로 조절할 수 있는지 연구했다. 이를 '내피 기능'endothelial function 실험이라고 한다.

이 실험은 혈압 측정 밴드 안에 환자의 팔을 넣어 몇 분 동안 팔의 혈류를 차단하는 방식이다. 정상인 경우는 조였던 밴드를 다시 풀었을 때 동맥으로 피가 빠르게 되돌아온다. 숨을 참고 있다가 다시 호흡할 때 순간적으로 숨을 몰아쉬는 것과 같다. 이러한 팽창 반응은 혈관 벽에 있는 내피세포에 의해 좌우된다.

내피세포는 동맥을 팽창시키는 '산화 질소'nitric oxide를 생성한다. 만약 내피세포가 산화 질소를 만들어내지 못하거나 산화 질소가 너무 일찍 파괴되면, 인체의 순환계는 제 기능을 할 수 없게 된다. 특히 남성의 성적 기능은 이 내피 기능에 좌우된다. 발기 부전과 같이 팽창력이 떨어지는 것은 내피 기능 장애의 징후이다. 혈관 내피는 부부 침실의 행복과 밀접한 관련성이 있다.

뉴질랜드 연구팀은 일반 식당에서 사용한 지 일주일이 지난 씨앗기름으로 감자튀김 한 접시를 만들었다. 피험자들은 그 감자 튀김을 먹고 나서, 4시간 후에 혈압 밴드에 팔을 넣고 내피 기능을 실험했다. 산화된 기름의 효과는 뚜렷했다. 감자 튀김을 먹기 전 피험자들의 동맥은 정상적으로 부풀어 7% 정도 확장되었다. 그런데 감자 튀김을 먹고 난 후에는 거의 부풀지 않았다. 기껏해야 1% 정도 확장되었을 뿐이다.

우리는 씨앗 기름에 튀긴 음식을 먹은 후에는 혈관이 제대로 작동하지 않는다는 사실을 알 수 있다. 남성은 발기 부전을 통해 남성성을 잃어버릴 수 있고 심장에도 스트레스를 준다. 활성 산소는 혈관 내피를 보호하는 산화 질소 신호를 공격한다. 그 신호가 파괴되면 근육은 산소를 공급받지 못한다. 24시간 가동하는 심장이 가장 먼저 영향을 받는다. 발기 부전이 있는 남성은 내피세포가 약해 산화 질소를 정상적으로 만들어낼 수 없다. 비아그라가 작동하는 원리는 음경 동맥 내피세포에 산화 질소를 보충해 주는 것이다. 이제 당신은 남성의 상징을 방해하는 훼방꾼을 알 수 있을 것이다.

씨앗 기름으로 요리하는 것은 항anti비아그라를 먹는 것과 다름 없다. 오늘 아름다운 이성과 데이트가 있는가? 저녁 식사로 튀긴 음식을 먹는 것은 상대에게 항비아그라 음식을 먹이는 것과 같다. 이 음식들을 계속해서 먹는다면 더 이상 비아그라도 소용이 없어 질 것이다. 아름다운 침실을 지키고 싶다면 비아그라를 먹기 보다 는 씨앗 기름에 튀긴 음식을 내다 버려라!

그렇다면 일반적인 식당에서는 튀김 기름을 얼마 동안 사용할 까? 법적으로는 요리용 튀김 기름은 일주일마다 교체해야 한다. 하 지만 식당 주인에게 직접 물어보니 2주일 이상 쓰는 것이 업계의 관행이라고 말했다. 더 오래 사용하는 경우도 비일비재했다. 나쁜 음식은 어떻게 좋은 맛을 낼 수 있을까? 우리의 미각은 왜 그토록 나쁜 음식을 갈망할까? 패스트푸드의 맛은 진짜가 아니다. MSG와 설탕 등의 화학 물질이 뒤엉키지 않았다면 감자튀김은 별다른 맛 이 없을 것이다.

나는 심근 경색으로 병원에 입원한 환자들에게 평상시에 즐겨 먹는 것이 무엇인지 물어보기 시작했다. '모든 사람들'이 예외 없이 씨앗 기름에 튀긴 음식을 좋아한다고 말했다. 몸에 좋은 음식도 씨 앗 기름을 사용하면 구급차를 불러야 할지도 모른다. 조금만 운동 을 해도 숨이 차는가? 그것은 건강의 적신호이다. 당신이 즐겨 먹 는 음식 목록을 확인하라. 당신에게 헌신해 온 동맥을 생각할 시간 이다.

동맥의 손상 여부를 더 쉽게 확인하는 방법도 있다. 오랜 시간 씨앗 기름과 당糖이 잔뜩 들어간 음식을 먹어왔다면 이미 동맥은 손상되었을 것이다. 확실한 의학적 증거를 원하는가? 그러면 병원에 가서 고액의 혈관 검사 비용을 지불하면 된다. 그리고 싶지 않다면 당신의 혈관 상태를 알 수 있는 가성비 좋은 방법을 알려 주겠다.

하나는 병원에서 공복 혈당 수치를 확인하는 것이다. 수치가 100 이상이면 당뇨병 전 단계로 판정 받을 수 있다. 이는 세포막이 너무 뻣뻣해서 포도당을 정상적으로 흡수할 수 없는 상태를 말한다. 무엇이 세포막을 뻣뻣하게 만드는 걸까? 대표적인 불량배가 씨앗 기름으로 인한 활성 산소와 영양 결핍 그리고 과도한 당이다.

다른 하나는 혈압을 재는 것이다. 정상 수치는 수축기 80~120, 이완기 50~75이다. 수축기 130, 이완기 80보다 높으면 내피 기능에 이상이 있는 것으로 해석할 수 있다. 또 다른 방법으로는 간 기능 검사가 있다. 간 효소 수치는 메가 트랜스 지방이 폭발해 간세포를 손상할 때 증가한다. 마지막으로 콜레스테롤 검사가 있다. 하지만 검사 결과를 올바르게 해석하려면 지방이 몸속에서 어떻게 돌고 있는지를 어느 정도 알아야 한다. 필자는 그 생리 기능을 '지질 사이클'The Lipid Cycle이라고 부른다.

콜레스테롤 수치, 제대로 이해하기

지방이 주방 싱크대 배수관을 막히게 하듯이, 식이 지방이 동맥을 막는다는 생각은 매우 강력한 인상을 남긴다. 하지만 그 생각은 완전히 틀렸다. 착한 지방과 콜레스테롤은 마음껏 먹어도 된다. 처음에 지방은 모두 특수한 단백질에 둘러싸인 채 동맥으로 들어온다. 이 특수한 단백질은 지방을 혈액에 떠 있게 함으로써, 지방이 동맥을 막지 않게끔 하는 것이다. 단백질에 둘러싸여 만들어진 작은 지방 방울들을 '지질 단백질'lipoprotein이라고 한다.

LDL 콜레스테롤과 HDL 콜레스테롤에 대해 들어본 적이 있는가? 이 용어들은 정확한 표현이 아니다. LDL 지질 단백질과 HDL 지질 단백질이 올바른 표현이다. 지질 단백질의 구조는 마치 초코볼 같다. 볼 겉을 둘러싼 막이 초콜릿을 손에 묻지 않게 하듯, 단백질 막은 내용물지방이 동맥벽에 닿지 않고 몸 전체를 순환할 수 있도록 한다.

지질 단백질 중에는 큰 것도 있고 작은 것도 있다. 큰 것들은 가볍고 물에 뜨기 때문에 작은 것들보다 밀도가 낮다. 큰 것 중 일부는 LDL low-density lipoprotein, 즉 저밀도 지질 단백질이라고 부른다. 그리고 작은 것 중 일부는 HDL high- density lipoprotein, 즉 고밀도 지질 단백질이라고 부른다.

HDL을 '좋은 것', LDL을 '나쁜 것'으로 일컫기도 하지만 이러한 표현은 오해의 소지가 있다. '고밀도'와 '저밀도'라는 이원적 구분은 혼란을 가중한다. 모든 LDL과 HDL은 필수 지방산과 비타민을 인체의 각 조직으로 전달하기 때문이다. 나쁜 지방은 있을 수는 있지만 나쁜 지질 단백질은 없다. 지질 사이클이 고장 나면 HDL은 내려가고 LDL과 중성 지방 수치는 올라갈 수 있다. 이것에 대해 좀더 자세히 살펴보자.

지질 단백질은 영양소를 운반하는 택배 기사와 같다. 택배 트럭에는 콜레스테롤, 중성 지방 그리고 각종 비타민 등이 실린다. 이 영양소들이 흘러나오지 않게 택배 트럭은 단백질 막에 둘러싸여 있다. 지질 단백질을 만드는 세포는 지방을 단백질로 대충 포장하는 것이 아니다. 인체의 세포는 지질 단백질을 지방 영양소의 원천으로 인식할 수 있어야 한다. 그래서 지질 단백질을 만드는 세포는 단백질 막에 내용물의 성분을 바코드로 남긴다. 그 지질 단백질이 순환계로 방출되면 그제서야 굶주린 세포들에게 전달될 수 있다.

배고픈 세포들은 혈관에 있는 내피세포를 향해 지질 단백질을 배달해 달라는 신호를 보낸다. 이때 내피세포는 떠돌아다니는 지질 단백질을 낚아채는 낚싯대 역할을 한다. 낚인 지질 단백질은 가지고 있던 영양소 일부를 내피세포에 내려놓는다. 쉽게 말해서 세포들은 내피세포에게 택배를 받아 달라고 요청하는 것이다. 지질 단백질은 이동하는 동안 영양소를 세포에 나눠 주기 때문에 밀도가 낮아진다. 간肝은 임무를 완수한 고밀도 지질 단백질HDL을 자세히 살펴보고 재활용 여부를 결정한다. 손상된 지질 단백질은 담낭을 지나 장腸으로 빠져나간 후 처분된다.

지질 사이클이 이루어지는 경로는 여러 가지가 있다. 지방은 장腸을 통하거나, 간을 통하거나, 심지어 피부를 통해 순환계로 들어갈 수 있다. 입구는 여러 개가 존재하며 뇌도 하나의 입구가 될 수 있다. 간은 환승역과 같다. 순환하는 지질 단백질을 살펴보고 좋은 지방과 나쁜 지방을 분리한다. 좋은 지방이 어느 정도 모이면 간은 새로운 바코드를 찍어서, 자기만의 초저밀도 지질 단백질VLDL을 만든 뒤 그것들을 혈류로 다시 보낸다. 모든 과정이 원활할 때 동맥은 깨끗한 분홍색을 띤다. 하지만 배달 업무가 원활하지 못하면 혈류에 지방이 쌓여 세포를 파괴하며, 동맥에 누렇고 울퉁불퉁한 혹을 남겨 건강하지 않은 모습이 된다. 지방 운송 시스템은 놀랍고도 복잡하다.

그렇다면 우리는 콜레스테롤 수치를 어떻게 해석하면 좋을까? 의료계가 중요하게 생각하는 콜레스테롤 수치는 일반적으로 4가지다. 즉, '총 콜레스테롤, LDL, HDL, 중성 지방'이다. 이 중 필자가 가장 중요하게 생각하는 수치는 '중성 지방과 HDL'이다. HDL 수치는 남성의 경우 45 이상, 여성의 경우 50 이상이어야 한다. LDL 수치는 HDL 수치의 3배 이내가 적절하며, 동시에 중성 지방 수치를 150 미만으로 유지하는 것이 좋다. 이 경우는 지방 사이클, 지질 단백질, 식단 등이 건강하다는 의미이다.

필자는 LDL 대 HDL 비율이 적정 범위 안에 있다면 총 콜레스테롤 수치가 높은 것은 걱정할 필요가 없다고 생각한다. 반면 중성 지방 수치가 150 이상이거나 HDL 수치가 40 미만이라면 지질 단백질 사이클이 무너졌을 가능성이 매우 높다.

혈관을 손상하는 나쁜 식사

여섯 살 소녀가 비행기를 타고 이혼한 엄마와 아빠의 집에 오고 가는 모습을 잠시 상상해 보자. 어린 소녀는 자신의 이름과 부모의 주소, 연락처가 적힌 신분증 목걸이를 걸고 보호자 없이 여행하고 있다. 만약 부모가 공항에 나와 있지 않다면 공항 직원이 목걸이를 보고 이 소녀가 누구인지, 어디에서 왔는지, 어디로 가야 하는지 파악할 수 있다. 그런데 목걸이가 훼손되어 글자를 알아볼 수 없다면 목걸이는 무용지물이 된다. 결국 소녀는 길을 잃고 외로운 미아가 될 것이다.

지질 단백질도 마찬가지이다. 라벨이 망가지면 길을 잃는다. 라벨이 지워진 지질 단백질은 세포들이 인식하지 못하고 냉대를 받게 된다. 부모를 잃은 아이처럼 지질 단백질은 목적 없이 떠다니다가 분해되고, 동맥 내벽에 쌓여 문제를 일으키게 된다.

그럼 지질 단백질의 목걸이 라벨을 훼손하는 것은 무엇일까? 가장 유력한 요인은 바로 '당'糖이다. 당은 '당화 반응'glycation에 의해 여기저기 들러붙는다. 시간이 지나면서 세포막을 뻣뻣하게 해서 당뇨병 증상을 일으키고 혈당 수치를 꾸준히 올린다. 혈당 수치가 높아질 때마다 당은 지질 단백질의 목걸이 라벨을 훼손시킨다. 이것이 문제의 핵심이다.

1988년, 프랑스 리옹Lyon 연구에서 학자들은 HDL의 목걸이 라벨이 당과 결합하면 금방 떨어져 버린다는 사실을 발견했다. 혈액 내에서 단백질 막이 벗겨져서 지방이 노출되는 것은 좋지 않은 현상이다. 당뇨병 환자들은 공통으로 HDL 수치가 낮다. 그 이유는 과도한 혈당으로 HDL을 둘러싼 외부막이 제거되고 라벨이 벗겨지면서 지질 순환 사이클을 이탈하기 때문이다.

그렇다면 LDL은 어떨까? 1990년, 과도한 당이 LDL에 미치는 영향을 조사한 실험이 있었다. 실험 결과, 혈당이 높은 경우 LDL 라벨에 문제가 생겼으며 정상 세포가 LDL 라벨을 읽어내지 못했다. 결국 당화된 LDL은 오랜 시간 혈액 속을 떠돌아다녔다. 이로써 당뇨병 환자의 LDL 수치가 높은 이유를 설명할 수 있다. 즉, 배달 불능인 LDL 택배가 혈액 속에서 너무 많이 떠다니다가 쌓이기 시작하는 것이다. 당뇨병 환자는 중성 지방 수치도 높다. 중성 지방은 콜레스테롤과 마찬가지로 지질 단백질의 구성 성분이다. 중성 지방도 어디선가 적체된 것이다.

원래 중성 지방은 지질 단백질chylomicron과 초저밀도 지질 단백질VLDL에 의해서 각 세포에 운반된다. 1990년 수행한 연구에서 이 운반 과정을 당이 방해한다는 사실을 밝혀냈다. 혈당 수치가 높을 경우, 과도한 당은 지질 단백질 막을 갈가리 찢어버리거나 없애버릴 수도 있다. 당은 세포로 전달하는 식량을 약탈하고 있는 셈이다. 그래서 당뇨병을 앓는 사람들은 세포가 정상적으로 영양분을 전달받지 못해서 항상 배고픔을 느낀다.

지방과 영양소 운반 시스템은 완벽한 호흡을 이뤄야 유지될 수 있다. 이 시스템을 위협하는 최대의 마피아는 '당'이다. 이 시스템을 망쳐버리거나, 고장 내거나, 혼란을 만들어 낸다. 시스템이 오작동하면 세포에 전달해야 할 택배 물품은 엉뚱한 곳으로 배달될 수 있으며, 심지어 물품을 분실할 수도 있다. 만약 택배업체가 젖병 수천 개를 분실했다면 굳이 국가적 위험이 되지는 않을 것이다.

하지만 고농도 우라늄 몇 킬로그램을 분실했다면 문제가 걷잡을 수 없이 커진다. 이러한 상황은 우리 몸을 근본적으로 위협할 수 있다. 체내에서 지질 단백질이 운반할 수 있는 가장 위험한 물질이 바로 산화된 메가 트랜스 지방이다. 메가 트랜스 지방이 동맥 안에 쏟아지면 인체는 폭발물 처리반을 긴급 투입해야 한다.

당뇨병 환자들의 경우에는 너무나 많은 폭발물 설치 신고가 들어와 처리 요원들이 감당할 수 없게 된다. 즉, 나쁜 지방을 오랜 시간 섭취하면 폭발물 처리 요원들은 결국 업무를 포기하게 된다. 그러면 동맥은 활성 산소 연쇄 반응에 의해 상처를 입고 말 그대로 튀김이 되어버린다. 당과 씨앗 기름은 마피아처럼 행동한다. 당은 지질 단백질의 택배를 강제로 동맥 안에 쏟아부어 운송 시스템을 혼란에 빠지게 한다. 씨앗 기름은 고속 도로와 같은 동맥에 독성 아교 같은 물질로 코팅한다. 동맥 안은 교통사고가 빈번하게 발생하며 정상적인 택배 운반이 마비된다.

당신은 유전자 실험의 대상이 아니다

나쁜 지방이 동맥을 손상한다고 해서 바로 심근 경색과 뇌졸중이 발병하는 것은 아니다. 씨앗 기름을 계속 먹으면 지질 단백질은 쓸모없는 잔해가 되어 버리고 순환기 도로는 쓰레기로 가득 차게 된다. 메가 트랜스 지방으로 인한 손상은 거리에 조용히 나뒹구는 쓰레기처럼 간단한 문제가 아니다.

마피아가 활성 산소라는 기관총을 무차별 난사하는 것과 다르지 않다. 무차별적인 총격과 폭발은 세포막을 가차 없이 불태운다. 혈액 내막은 그을리게 되고 파괴된다. 활성 산소는 앞뒤 가리지 않고 동맥을 튀겨버린다. 이러한 폭력 사태가 계속되면 혈관의 표면은 튀긴 닭살처럼 변한다. 혈관의 상태를 맨눈으로도 확인할 수도 있다.

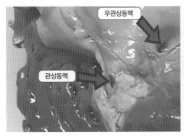

〈건강한 심장 vs 프렌치프라이 심장〉

건강한 심장(왼쪽)은 매끈하고 깨끗하다. 반면에 손상된 심장(오른쪽)은 대동맥 내벽이 메가 트랜스 지방으로 뒤덮이면서 활성 산소 연쇄 반응으로 인해 세포 조직이 튀겨져 버렸다.

혈관이 바삭한 상태가 되면 세포를 지탱하는 콜라겐이 약화하고 동맥벽에 쉽게 상처가 난다. 혈액과 콜라겐이 직접 접촉하게 되면 혈전plaque이 되어 동맥을 막아버리고 만다. 이러한 사태를 '심근 경색과 뇌졸중'이라고 부른다. 혈전으로 동맥이 두꺼워지면 혈관 조영술로 관찰할 수 있다. 이때 심장병 전문의는 좁아진 혈관 사진을 손가락으로 가리키며 다음과 같이 말할 것이다.

"당신은 지금 시한폭탄을 안고 있습니다. 혈관 우회술이나 스텐트 삽입 일정을 잡으세요"

그러나 진짜 문제는 두꺼운 혈전이 아니다. 혈관 조영술로 식별할 수 있을 정도로 동맥의 플라크가 두껍다면 몸의 혈관 전체가 손상되었음이 분명하다. 필자의 환자라면 다음과 같이 말할 것이다.

"당장, 씨앗 기름과 당을 끊어야 합니다. 그렇지 않으면 심하게 손상된 동맥을 다른 혈관으로 교체하는 대규모 공사를 해야 할 것입니다."

씨앗 기름은 동맥만 손상하는 것이 아니다. 파괴적인 활성 산소는 정상 세포의 모든 일에 관여해서 질병을 일으킨다. 이러한 파괴력은 태아에게 가장 영향을 미친다. 2006년, 출산 여성을 대상으로 연구가 진행되었다. 선천성 척추 장애와 심장 장애 아이를 출산한 여성의 경우, 씨앗 기름을 다량으로 섭취해서 뚜렷한 산화 스트레스가 있었음이 증명되었다.

2007년 발표된 〈세포 유전자〉Genes to Cells 논문에서는 산화 스트레스가 어떻게 호르몬 생성과 반응을 교란할 수 있는지 밝혔다. 임신 중 씨앗 기름을 섭취한 여성의 아이는 온갖 종류의 성장 기형과 질환에 시달릴 위험이 크다고 주장했다. 만약 임신 중이거나 임신을 계획하고 있다면 씨앗 기름을 미련 없이 주방에서 당장 퇴출해야 한다.

최근 심근 경색 '고위험군'에 대한 의학적 수치가 어떻게 변화되었는지 알고 있는가? 불과 몇 년 전만 하더라도 총 콜레스테롤 수치가 300 이하면 의사들이 괜찮다고 말했다. 이 수치는 오래지 않아 200으로 내려갔다. 정상 LDL 수치도 함께 변동되었다. 정상 LDL 수치의 기준은 200에서 160으로, 다시 130으로 내려갔다. 논란이 많은 콜레스테롤 가이드라인에 따르면 현재 미국 인구의 절반에게 콜레스테롤 '고위험' 딱지를 붙여야 할 것이다.

콜레스테롤 정상 수치 기준은 왜 자꾸 내려갈까? 이러한 변화로 이익을 보는 세력은 누구일까? 당신도 이제 알 것이다. 제약 회사는 돈을 쓸어 담고 있다. 제약 회사와 의사들은 '콜레스테롤 기준 수치를 낮춘다고 해서 해가 될 것은 없다'고 주장하고 있다. 이러한 태도에 대해 하버드 대학의 '존 에이브럼슨'John Abramson 박사와 〈뉴잉글랜드 의학 저널〉NEJM 편집장 '제롬 캐시러'Jerome Kassirer 박사는 "철저히 금전적 이해관계에서 비롯된 주장이다!"라고 신랄하게 비판했다. 결국 핵심은 '돈'이다. 류.바.식

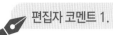

콜레스테롤 수치, 어떻게 해석할 것인가

콜레스테롤 수치에 대한 가이드가 필요할 것 같아 부연 설명 드립니다. 다음은 현대 의학이 제안하고 있는 〈콜레스테롤 가이드라인〉입니다.

구분	정상	주의	위험
총 콜레스테롤	200 미만	200~239	240 이상
HDL 콜레스테롤	60 이상	60~~40	40 미만
LDL 콜레스테롤	130미만	130~150	160 이상
중성 지방	150미만	150~199	200 이상

* 출처: 식품 의약품 안전처 홈페이지

대부분의 의사는 콜레스테롤 수치가 정상범위에서 벗어날 경우, 스타틴 계열의 고지혈증약을 처방하고 있습니다. 문제는 위 가이드라인이 천편일률적으로 적용되고 있으며 고지혈증약이 너무나 많이 처방되고 있다는 것입니다. 그렇다면 이 약물은 어떤 부작용이 있을까요?

대표적인 부작용은 무기력과 피로감이 함께 동반됩니다. 즉, '기력'energy이 떨어집니다. 에너지 수준이 떨어진다는 것은 매우 좋지 못한 신호입니다. 여기서 끝나지 않습니다. 근육통, 기억력 감퇴, 멍함, 메스꺼움, 구역 및 구토, 간 기능 저하, 발기 부전, 수면 장애, 변비, 설사 등과 같은 부작용이 계속해서 보고되고 있습니다.

이러한 부작용이 발생한다는 것은 역설적으로 콜레스테롤이 우리 몸에 얼마나 중요한지를 반증하고 있는 것입니다. 반드시 기억해야 할 것은 스타틴 계열의 고지혈증 약물은 심장 기능의 중요한 영양소인 '코엔자임Q10' 합성을 방해한다는 사실입니다. 그래서 고지혈증 약물을 복용하는 환자들은 반드시 코엔자임Q10 영양제를 복용해야 합니다.

위의 부작용 사례를 보면 어떤 생각이 드십니까? 이러한 위험을 감수하고 고지혈증약을 복용할 이유가 있을까요? 의료계에서는 국내 고지혈증 유병률이 48%에 달하는 것으로 보고 있습니다. 성인의 절반은 고지혈증약 복용 대상자라는 이야기입니다. 일부 전문의들에게 스타틴은 심혈관 위험을 낮추는 믿음의 약물이 되어버렸습니다. 주류 의학계는 LDL 콜레스테롤 수치는 낮으면 낮을수록 좋다고 말하고 있습니다. 하지만 LDL 콜레스테롤 수치는 무조건 낮춰서는 안 됩니다. 여러 연구에서 낮은 LDL은 사망률과 심혈관 질환 위험도를 높이는 것으로 밝혀졌습니다.

LDL 콜레스테롤은 크기와 밀도에 따라 다르게 분류됩니다. LDL A형과 LDL B형으로 분류할 수 있습니다. A형은 크기가 크고 밀도가 낮은 형태이고, B형은 크기가 작고 밀도가 높은 형태입니다. A형은 배구공에, B형은 골프공에 비유할 수 있습니다. A형은 가볍기 때문에 혈액 내에서 잘 떠오르지만, B형은 무겁기 때문에 혈관 내벽에 침착되기 쉽습니다. LDL B형을 산화 LDL, 소립자 LDL로 부르기도 합니다. 혈관에 문제를 일으키는 주범은 'LDL B형'입니다. 현실적인 난제는 LDL B형의 수치를 측정하는 것이 임상적으로 어렵다는 것입니다.

그렇다면 우리는 콜레스테롤 수치를 어떻게 이해하고 해석해야 할까요? 제가 생각하는 콜레스테롤 수치에 대한 해석 방법은 다음과 같습니다. 이 기준은 〈잠든 당신의 뇌를 깨워라〉를 집필한 황성혁 저자의 가이드를 인용합니다. 황성혁 전문의는 기울어진 운동장에서 올곧은 목소리를 계속해서 내는 진정성 있는 의사입니다.

첫째, 중성 지방과 HDL 콜레스테롤의 비율을 체크하십시오.

중성 지방 / HDL	심혈관 위험도
1 이하	최적
1~2	저 위험
2~3	중 위험
4 이상	고 위험

둘째, 총 콜레스테롤과 HDL콜레스테롤의 비율을 체크하십시오.

총 콜레스테롤 / HDL	심혈관 위험도
4 이하	최적
4.5이하	권장

셋째, 중성 지방 수치입니다. 중성 지방 수치가 높은 경우는 일반적으로 LDL B형 콜레스테롤 수치가 높으며 인슐린 저항성이 높게 나타납니다. 중성 지방 수치가 200 이상일 경우에는 유의할 필요가 있습니다.

마지막으로 단순히 콜레스테롤 수치만으로 몸의 상태를 판단하지 말고, 전반적인 혈액 검사 수치들을 살펴보는 것이 좋습니다. 특히 체내 염증 지표를 확인할 수 있는 CRPC-Reactive Protein 검사 및 호모시스테인 검사를 통해서 몸의 상태를 종합적으로 살펴보는 것이 중요합니다.

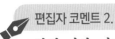
착한 지방, 나쁜 지방 그리고 악독한 지방

과거 보건 당국은 건강을 위해서 '포화 지방을 피하고, 불포화 지방
섭취를 늘리라!'고 정책적으로 안내해 왔습니다. 포화 지방은 나쁜 지방,
불포화 지방은 좋은 지방이라고 말입니다. 하지만 이는 무지無知에 근거
한 잘못된 보건 정책의 표본입니다.

이러한 논리가 일반인들에게 설득력을 가졌던 것은 상온에서 고체인
포화 지방을 먹으면, 우리 몸에 들어가서도 그대로 고체의 형태를 유지
하여 혈관을 막히게 할 수 있다는 '논리의 단순성'에 있습니다. 돼지기름
을 하수구에 버리면 상수도관이 막힐 수 있다는 논리와 유사합니다. 이
는 생리학에 대한 몰이해에서 비롯된 엉터리 상식입니다. 우리가 먹는
지방은 바로 지방의 형태로 혈관을 돌아다닐 수 없기 때문입니다.

포화 지방은 불포화 지방과 달리 우리 몸에 산화와 염증을 일으키지
않습니다. 우리의 건강을 위협하는 가해자는 포화 지방이 아니라 불포화
지방인 '씨앗 기름'오메가6입니다. 어느새 씨앗 기름은 기름 영역에서 독
보적인 존재로 전체 시장을 독점하고 있습니다. 예를 들어, 콩기름, 옥수
수기름, 카놀라유, 유채씨유, 해바라기씨유, 홍화씨유 등입니다. 명절에
가장 흔하게 유통되는 선물 세트이기도 합니다.

씨앗 기름의 가장 큰 장점은 가격이 매우 쌉니다. 보관이 용이하며 요

리할 때 사용하기 편합니다. 일반 식당에서는 음식의 맛을 높이기 위해 씨앗 기름을 거의 들이붓듯이 쓰고 있습니다. 오메가3 지방과 오메가6 지방은 우리 몸이 원하는 필수 지방입니다. 오메가3 지방은 염증과 산화를 낮추며, 오메가6 지방은 세포의 성장과 뇌와 피부 건강에 중요한 역할을 합니다.

그런데 씨앗 기름이 왜 문제가 될까요?

첫째, 너무나 많이 소비되고 있기 때문입니다. 우리가 건강한 몸을 유지하기 위해서는 오메가3 지방과 오메가6 지방이 균형을 이뤄야 합니다. 오메가3와 오메가6의 최적 상태는 1 : 1 비율입니다. 그런데 현재 두 지방의 소비 비율은 1 : 15, 즉 오메가6 지방을 15배 이상 섭취하고 있습니다. 더구나 오메가6 지방의 섭취는 매년 늘어나고 있습니다. 미국의 경우, 최근 100년 동안 버터, 텔로소기름, 라드돼지기름와 같은 포화 지방의 소비는 현격히 줄어들었습니다. 반면에 식물성 기름씨앗 기름의 소비는 천정부지로 증가하였습니다.

씨앗 기름은 모든 가공식품의 주된 원료로 쓰이고 있습니다. 공장에서 대량으로 생산되는 대부분의 가공식품에는 다량의 씨앗 기름과 합성 감미료가 투하되고 있습니다. 씨앗 기름을 과다하게 섭취하면 몸에서는 산화와 염증이 폭풍처럼 일어납니다. 이러한 연쇄 반응은 세포에 치명적인 영향을 미칩니다. 특히 세포의 미토콘드리아에 치명적인 장애를 일으킵니다.

예를 들어, 자동차가 운행되기 위해서는 가솔린과 엔진 오일이 필요합니다. 우리 몸에서 엔진 오일의 역할을 하는 것이 바로 필수 지방오메가 3,6이라고 할 수 있습니다. 그런데 과도한 씨앗 기름의 섭취는 차량 연료 통에 가솔린 대신 엔진 오일을 들이붓는 것과 같습니다. 그러면 자동차는 어떻게 될까요? 오래되지 않아 엔진이 망가져서 작동 불능 상태가 될 것입니다. 우리가 과도한 씨앗 기름을 먹는 것도 이와 다르지 않습니다.

둘째, 씨앗 기름을 생산하는 과정 자체에 문제점이 있습니다. 콩, 옥수수, 카놀라, 해바라기씨 등의 씨앗은 가루로 만들어도 기름을 쉽게 뽑아낼 수 없습니다. 기름을 추출하려면 '헥산'hexane이라는 등유 성분을 사용합니다. 유기 용매인 헥산을 사용해서 식물 씨앗에 들어 있는 기름 성분을 녹여내는 것입니다. 이 용제는 인체에 유해하며 독특한 냄새를 갖고 있습니다. 그래서 공정 단계에서 섭씨 250도 정도로 가열해서 용제를 휘발시킵니다.

이 과정에서 독성물질인 '하이드록시노네날'이 일부 발생합니다. 정제 씨앗 기름은 높은 온도에서 요리할 경우, 트랜스 지방으로 변성되는 비율도 높습니다. 이러한 값싼 기름이 우리가 시중에서 흔히 사용하는 식용유씨앗 기름입니다. 옥탄가가 낮은 저질 휘발유를 사용하면 자동차의 엔진이 손상됩니다. 인체도 마찬가지입니다. 정제 씨앗 기름은 세포의 염증과 산화를 일으키는 물질로 작용하고 있습니다.

마지막으로 말씀드릴 지방은 마가린, 쇼트닝, 팻스프레드 등의 트랜스 지방입니다. 씨앗 기름보다 더 나쁜 가공 지방입니다. 이 지방은 씨앗 기름에 '수소 첨가'라는 화학 처리를 통해서 만듭니다. '수소 첨가'란 탄소의 이중 결합 부분에 수소를 붙여 분자 구조를 안정화하는 처리법입니다. 즉, 석유를 화학 처리해서 플라스틱을 만들듯이 식용유를 화학 처리해서 마가린이나 팻스프레드를 만든다고 생각하면 됩니다.

이 경우 상온에서도 고체 상태를 유지하고 산화에 강해져서 보존성이 높아집니다. 마가린, 쇼트닝, 팻스프레드와 같은 트랜스 지방은 영구적인 유통 기한을 약속합니다. 이것은 무슨 의미일까요? 미생물조차도 거들떠보지 않는 식품이라는 것입니다. 미생물조차 분해하지 않는 식품, 이것은 식용 플라스틱과 다를 것이 없습니다.

그럼, 우리는 어떤 기름을 먹어야 할까요? 포화 지방을 드십시오. 포화 지방은 안정적인 화학 구조를 갖고 있으며 산화가 잘되지 않습니다. 변질이 잘되지 않기 때문에 안전하게 사용할 수 있습니다. 포화 지방으로 라드돼지기름, 탤로소·양기름, 버터, 코코넛 오일을 드십시오. 불포화 지방으로는 올리브 오일, 아보카도 오일, 들기름을 가열하지 말고 샐러드에 생生으로 뿌려서 드십시오.

6장
씨앗 기름이 뇌를 죽이는
7가지 계략

씨앗 기름은

장내 미생물을 공격하고

뇌의 혈액 흐름을 방해한다.

몸의 면역 체계를 악화시켜

신경 퇴화 반응을 일으킨다.

세포에 과도한 산화 반응을 일으키고

DNA의 돌연변이를 유발한다.

씨앗 기름은 침묵의 살인자다!

우리는 씨앗 기름이 지방을 변형시켜 세포 구조를 파괴하며 유해 폐기물을 생산한다는 사실을 배웠다. 또한 씨앗 기름이 풍부한 식단은 산화 스트레스를 유발해서 심장병을 비롯한 각종 만성 질환과 노화를 가속한다. 씨앗 기름의 정말 무서운 점은 산화 스트레스에 가장 취약한 '뇌'腦를 공격한다는 것이다.

씨앗 기름은 '유전적 부富'를 공격하여 자녀가 누려야 할 권리를 빼앗으며 부모와 조부모의 기억을 서서히 지워 버린다. 씨앗 기름은 가장 부자연스러운 식품이다. 씨앗 기름의 출발점은 '유전자 변형 식품'GMO임을 명심해야 한다. 씨앗 기름은 미생물을 억제하기 때문에 가공식품을 수년 동안 보존케 하는 화학 물질이다. 다른 어떤 성분보다 씨앗 기름은 정크 푸드를 만드는 일등 공신이다. 씨앗 기름은 몸을 혼란에 빠뜨리는 여러 계략을 가지고 있다. 음흉한 전략가처럼 몸의 약점을 파고들어 뇌의 인지 기능을 저해한다. 지금부터는 씨앗 기름이 뇌를 공격하는 '7가지 계략'에 대해서 알아보고자 한다.

계략 1. 장腸과 미생물을 공격한다

많은 연구자가 장腸과 뇌腦 사이의 연관성을 점점 더 인정하고 있다. 씨앗 기름은 장에 대한 공습을 시작으로 뇌를 공격한다. 장의 염증은 먼저 속쓰림을 유발한다. 이는 빙산의 일각에 불과하며 몸이 보내는 적신호이다. 많은 사람이 속쓰림은 매운 음식 때문이라고 잘못 생각해서 장의 경고 신호를 무시한다. 제산제와 같은 위장약을 통해 속쓰림을 잠시 진정시킬 수는 있다. 하지만 메가 트랜스 지방이 장에 미치는 손상을 차단하는 데는 아무런 도움이 되지 않는다. 나쁜 지방이 위胃를 지나 장腸으로 내려가면 장내 미생물에 영향을 미쳐 뇌까지 영향을 미칠 수 있다.

우리가 먹는 모든 음식물은 위에 먼저 도착한다. 위에서는 부드러운 연동 운동을 통해 음식물을 분해하고 소화관으로 밀어내는 역할을 한다. 위산은 소화 효소를 활성화하고 병원성 박테리아를 죽여 소화를 도와준다. 그러나 씨앗 기름은 위에 산화 반응을 일으켜 위벽을 손상하는 메가 트랜스 지방을 형성하게 된다.

2001년 이스라엘 과학자들은 다불포화 지방polyunsaturated fat: PUFA과 육류 속 철분과의 산화 반응을 평가했다. 〈생물반응기로서의 위胃〉The Stomach as Bioreactor라는 제목의 보고서에서 연구진은 칠면조 고기와 씨앗 기름콩기름을 결합했다. 연구진은 충격적인 사실을 발견했다. 위산은 콩기름과 철분의 산화 반응을 가속하여 콩기름이 해로운 메가 트랜스 지방으로 빠르게 변한다는 사실을 발견했다.

사우디 소화기 학회 저널에 게재된 다른 연구자 그룹은 스트레스를 받은 장과 다양한 지방의 영향을 비교했다. 연구진은 실험 쥐의 위장으로 가는 혈류를 감소시켜 장에 스트레스를 주었다. 실험 쥐의 50%에는 올리브 오일의 주성분인 올레산오메가9을, 나머지 쥐 50%에는 씨앗 기름인 리놀레산오메가6을 먹였다. 실험 결과, 씨 앗 기름을 먹은 쥐는 병변이 생겼지만, 올리브 오일을 먹은 쥐는 병 변이 생기지 않았다.

연구에서는 항산화제가 다른 화학 물질과 결합했을 때 어떤 효 과를 가져오는지도 평가하였다. 비타민C가 철분과 리놀레산오메 가6의 화학 반응에 어떤 영향을 미치는지 테스트했다. 연구진은 비 타민C를 투여하지 않은 경우, 철분과 리놀레산오메가6의 산화 반응 이 빨라졌으며 더 많은 메가 트랜스 지방이 생성된다는 것을 발견 했다. 반면에 비타민C를 투여하면 산화 반응이 느려져 메가 트랜 스 지방이 적게 생성되었다. 위 3가지 논문을 종합하면, 철분이 함 유된 식품을 씨앗 기름으로 요리하는 것은 속쓰림, 위염, 궤양 등 염증 관련 위장 장애의 중요한 원인이 될 수 있음을 시사하고 있다. 즉, 고기를 요리할 때는 씨앗 기름을 사용해서는 안 된다.

씨앗 기름이 위胃에 미치는 염증 유발 효과는 시작에 불과하다. 씨앗 기름은 소화관 구석구석을 자극하고 염증을 일으킬 수 있다 는 증거는 너무도 많다. 예를 들어, 2009년 〈장 저널〉The Journal Gut에 발표된 논문에서는 리놀레산오메가6 섭취와 궤양성 대장염 사이의 강력한 연관성을 보여주었다. 궤양성 대장염은 피 섞인 설 사를 유발할 수 있는 질환이며 종종 맹장염과 혼동되는 경우가 많다. 운이 좋지 않은 경우는 결장을 제거하는 것만이 유일한 치료법이다. 이 연구의 저자는 리놀레산오메가6 섭취를 줄이는 것만으로도 궤양성 대장염으로 고통받는 사람을 즉시 30%까지 줄일 수 있다고 결론지었다. 속쓰림, 위염 또는 소화기 증상이 있는 경우, 첫 번째 예방 조치로 취할 수 있는 간단한 방법은 식단에서 씨앗 기름을 제거하는 것이다.

물론 씨앗 기름이 이러한 증상의 유일한 원인이라고 말하는 것은 아니다. 다만 씨앗 기름을 제거하는 것은 소화의 불편함을 줄이기 위한 첫 번째 단계이다. 수십 년간의 임상 경험을 통해 씨앗 기름이 유발하는 염증이 음식 민감성 및 자가 면역 반응을 일으키기 쉽다는 사실을 발견했다. 씨앗 기름을 끊는 것은 무엇보다 선행되어야 할 중요한 과제인 것이다.

씨앗 기름으로 인한 위 염증의 후유증은 매우 심각해질 수 있다. 위 염증이 지속되면 위염, 위궤양, 위암으로 이어질 수 있다. 또한 염증은 위산 분비 능력을 감소시켜 유익한 미생물 군집의 능력을 제한할 수 있다. 장에 유익한 미생물이 부족하면 모든 종류의 병원균 침입에 노출되어 세균성 설사살모넬라, 혈액 감염 그리고 패혈성 쇼크까지 발생할 수 있다.

부적절한 위산 생성은 비타민 흡수를 방해하고 소화 효소가 제 역할을 하지 못하게 한다. 이는 영양 부족을 일으킬 수 있으며 하부 소화관에 박테리아가 과도하게 증식할 수 있다. 이로 인해 염증을 일으켜 복부 팽만감, 변비, 설사, 특정 음식에 대한 과민증을 유발할 수 있다. 이러한 증상은 소장 또는 대장에 염증이 생겼거나 둘 모두에 염증이 있음을 나타낸다. 장은 면역 체계에 기여하는 미생물이 살고 있기 때문에 잦은 속쓰림은 인체의 광범위한 손상을 나타내는 적신호이다. 심한 속쓰림은 그 자체만으로도 당신을 힘들게 만든다. 즐거워야 할 식사가 고통의 시간이 될 수도 있다. 통증은 깊은 수면도 방해할 것이다.

더 우려스러운 것은 '속쓰림이 인지 기능을 저하한다'는 증거이다. 2016년 〈미국 의학 협회지〉JAMA에 발표된 연구에 따르면 소화기 증상을 조절하기 위해 제산제를 사용하는 노인은 치매에 걸릴 위험이 78% 더 높다. 연구자들은 이러한 인지 기능 저하가 약물로 인한 것임에 주목하고 있다. 속쓰림은 빙산의 일각일 가능성이 높다. 염증은 씨앗 기름과 인체의 항산화 기능과의 오랜 갈등의 결과물로 나타난 것이다. 건강한 미생물 군집은 정상적인 뇌 건강을 위한 필수 전제 조건이다. 반대로 건강에 해로운 미생물 군집은 장 누수를 유발하고, 영양소 흡수와 면역 기능을 방해하고, 직접적으로 인지 능력을 손상한다.

비만이 일상을 지배하고 있다. 비만한 환자들은 외모로 인한 자존감 하락과 그로 인한 절망감으로 변화에 대한 의욕을 쉽게 잃기도 한다. 2003년 연구자들은 비만인과 정상인의 뇌 기능이 근본적으로 다르다는 증거를 발견했다. 비만 환자는 정상인보다 학습, 기억 그리고 실행력에 있어서 문제가 있다는 사실이 지속해서 보고되고 있다. 실행력의 부족은 계획 능력의 부족을 의미하며 불안과 우울증과도 깊은 관련이 있다. 이런 우울한 감정은 장내 미생물의 균형이 무너진 결과일 수 있다.

연구에 따르면 장내 미생물의 건강은 개인의 긍정적인 시각에 직접적인 영향을 미친다. 다시 말해, 거울에 비친 내 모습은 내 몸 안에 사는 미생물의 영향을 받는 것이다. 이러한 판단을 입증하는 연구가 있다. 연구자들은 쥐를 A와 B 그룹으로 나누어 실험을 진행했다. 먼저 다량의 항생제로 모든 쥐의 장내 미생물을 제거했다. 그리고 비만과 정상 체중의 쥐에서 분리한 미생물군을 각각 그룹에 이식했다.

이식 2주 후, 기억력과 불안 상태를 평가하였다. 비만 쥐의 미생물을 이식한 A그룹의 쥐는 탐색, 인지, 행동에서 현저한 장애와 과도한 불안 상태를 보였고 행동반경도 줄어들었다. 주변 소리에도 제대로 반응하지 못했으며 기억력과 학습 능력 테스트에서도 실패했다. 반면 정상 체중 쥐의 미생물을 이식한 B그룹의 쥐는 모든 테스트를 문제없이 통과했다.

그렇다면 비만 쥐가 뚱뚱한 이유는 무엇이었을까? 식단 때문이었을까? 아니면 유전적 성향 때문이었을까? 비만 쥐는 유전적으로 비만한 것이 아니라, 식단을 통해 비만이 된 것으로 밝혀졌다. 그렇다면 어떤 식단일까? 이 질문은 매우 중요하다. 실험 쥐들을 불안하게 만들고 학습 능력을 손상한 주범이기 때문이다. 비만 쥐에게 먹인 음식은 '펠렛'pellet 사료였다. 씨앗 기름이 풍부한 펠렛 사료는 행복한 쥐를 불안한 쥐로 만들었을 뿐만 아니라 뚱뚱하게 만들었다. 문제의 핵심은 미국인이 먹는 가공식품에는 산화된 씨앗 기름이 엄청나게 함유되어 있다는 사실이다. 우리가 먹는 가공식품과 펠렛 사료는 성분상 큰 차이가 없다.

계략 2. 뇌 방어 시스템을 무력화시킨다

씨앗 기름이 몸을 공격하는 두 번째 방법은 뇌의 항산화 방어 시스템을 무력화시키는 것이다. 뇌는 산화 스트레스를 방어하기 위해 신선한 항산화 물질을 지속해서 공급받는다. 하지만 씨앗 기름은 뇌의 항산화 물질을 고갈시켜 뇌의 방어 메커니즘을 손상한다. 섬세한 신경 세포를 파괴적인 활성 산소와 염증에 노출되게 만든다.

항산화제가 건강에 필수적이라는 사실은 이미 알고 있을 것이다. 항산화제가 뇌 건강에 얼마나 중요한지 이해하려면 먼저 뇌가 어떻게 산화 손상에 취약한지를 이해해야 한다. 뇌는 전기로 작동한다. 작업을 계속 유지하려면 지속적인 연료 공급이 필요하다. 뇌는 체중의 약 2%에 불과하지만, 가만히 앉아 쉬고 있는 동안에도 칼로리의 20%를 사용한다. 모든 세포와 마찬가지로 뇌세포도 미토콘드리아라는 에너지 발전소에서 다양한 연료를 연소하여 에너지를 생성한다.

세포 생리학자들은 최근 미토콘드리아에서 폭발성 물질이 누출된다는 사실을 발견했다. 이 폭발성 물질슈퍼 옥사이드 음이온은 미토콘드리아가 에너지를 만드는 과정에서 발생하는 활성 산소다. 맹렬하게 불타는 모닥불의 불꽃이 파편처럼 날아가는 것처럼 이 물질은 미토콘드리아의 에너지 생산 과정에서 피할 수 없는 부산물이다. 부득이한 유해 폐기물이라고 할 수 있다.

뇌세포의 특성상 활성 산소 누출은 특히 문제가 된다. 뇌의 중량 중 30%는 가연성이 높은 물질인 다불포화 지방으로 구성되어 있다. 즉, 도코사헥사노산DHA과 아라키돈산AA이다. 다불포화 지방은 반응성이 매우 높아서 혈관 파열이나 외부 박테리아 침입과 같은 응급 상황에 신속하게 대응하는 데 사용된다.

그런데 뇌는 완전히 다른 이유로 다불포화 지방을 사용한다. 이 지방은 매우 유동적이고 유연하기 때문에 신경 세포의 연결 물질로 사용하기에 완벽한 물질이다. 생각은 전기 자극으로 만들어진다. 생각이 떠오르면 뇌의 전기는 시냅스에 도달할 때까지 신경의 통로를 따라 이동한다. 전기가 한 신경 세포에서 다음 신경 세포로 이동하지 않으면 막 떠오르려던 생각은 즉시 증발해 버린다.

신경과 신경 사이의 모든 통신은 신경 말단에서 방출하는 호르몬의 작용을 통해 이루어진다. 생각의 과정은 엄청난 속도에 기반하고 있으며, 이 과정이 원활히 이루어지기 위해서는 매우 유동적이고 유연한 물질이 필요하다. 생각의 속도를 가능케 하는 물질은 '불안정한 다불포화 지방'이다.

뇌는 취약한 미토콘드리아의 에너지 생산 구조 때문에 항상 불안정한 상태에 놓여 있다. 그래서 뇌세포는 미토콘드리아에서 불가피하게 방출되는 폭발성 물질인 활성 산소를 완벽에 가깝게 방어해야 한다. 세포가 사용할 수 있는 유일한 방어 메커니즘은 항산화제이다. 항산화제는 뇌의 건강을 위협하는 활성 산소를 흡수하고 중화하는 소방관이라고 생각하면 된다.

2009년 이탈리아의 신경학 연구진이 분석한 논문에 의하면 신경계 산화 스트레스의 해로움을 다음과 같이 경고하고 있다.

"신경 세포를 활성 산소로 공격하는 '산화 스트레스'는 신경 퇴행에 치명적인 역할을 한다. 알츠하이머병, 파킨슨병, 다발성 경화증, 루게릭병으로 알려진 '근위축성 측삭 경화증'amyotrophic lateral sclerosis: ALS으로 인지 기능의 상실에 강력한 영향을 준다."

2014년 〈산화 스트레스와 심리적 장애〉Oxidative Stress and Psychological Disorders라는 논문에서는 '신경 정신 질환은 활성 산소, 항산화 능력, 신경 독성, 염증과 깊은 관련이 있다.'라고 결론을 내렸다. 항산화제가 고갈되면 뇌가 산화 스트레스 때문에 서서히 죽는다는 사실이 의학적으로 분명해지고 있다.

반가운 소식은 불치의 질병을 항산화를 통해서 치료하는 연구들이 진행되고 있다는 것이다. 하지만 이와 같은 훌륭한 연구의 저자들이 항산화 보충제나 의약품을 치료 솔루션의 주요 원천으로 찾고 있는 점은 정말 실망스럽기 그지없다. 항산화 보충제는 상황에 따라 정반대의 효과를 낼 수도 있다. 또한 씨앗 기름이 많이 함유된 식단을 과도하게 섭취하면 아무리 많은 항산화제를 섭취해도 뇌세포를 보호하는 데 도움이 되지 않는다. 대부분의 연구자들은 산화 스트레스가 거의 모든 뇌 질환을 일으키며 뇌가 산화 스트레스에 취약하다는 데 동의하고 있다.

이제 씨앗 기름이 뇌의 항산화 방어 시스템을 어떻게 무력화하는지 구체적으로 살펴보겠다. 모든 씨앗 기름에 가장 많이 함유된 다불포화 지방은 산화 반응이 쉽게 일어난다. 산화 반응은 다불포화 지방을 좀비로 만들어 연쇄적으로 더 많은 활성 산소를 생성한다. 우리 몸은 세포에서 생성되는 항산화 효소와 음식의 항산화제에 의존한다.

활성 산소를 중화하는 항산화 효소는 산화 스트레스에 대한 우리 몸의 첫 번째 방어선이다. 항산화 효소는 아연, 구리, 철, 황과 같은 무기질을 사용하여 산소 분자의 에너지 일부를 다른 분자에게 전달하여 효과적으로 진정시킨다. 항산화 효소는 술에 취해 난동을 부리는 사람을 진정시키는 경찰관과 비슷하다. 우리 몸에는 항산화 기능을 가진 경찰관이 수백만 명은 넘을 것이다. 풍미가 풍부한 채소, 허브, 향신료가 풍부한 식단을 섭취하면 우리 몸에 항산화 물질을 풍부하게 공급할 수 있다.

2015년 〈라이너스 폴링 연구소〉Linus Pauling Institute의 연구원들은 '제브라피시'Danio rerio 모델을 통해 항산화 연구를 진행했다. 참고로 제브라피시는 5cm 크기의 작은 열대어다. 이 어류는 인간과 비슷한 항산화제 요구량을 가지고 있으며 전체 크기에 비해 유독 커다란 신경계를 가지고 있다. 연구원들은 이 실험을 통해서 뇌에 항산화 물질비타민E을 충분히 공급하지 않으면 뇌의 약 15%를 구성하는 오메가3 지방인 필수 DHA가 손상된다는 사실을 발견했다. 항산화 물질 결핍이 발생하면 제브라피시의 신경계 성장은 중단되고 빛에 비정상적으로 반응했다.

그렇다면 대안은 없을까? 카놀라유 드레싱 대신 올리브 오일로 대체하라. 가공 마요네즈 대신 천연 마요네즈를 권한다. 씨앗 기름 대신 버터, 라드, 텔로와 같은 포화 지방으로 바꿔서 요리를 해보라. 향이 강한 채소는 항산화 물질의 훌륭한 공급원이다. 조리하면 항산화 성분이 감소하기 때문에 되도록 생채소의 형태로 더 많이 섭취하길 바란다. 풍미가 강한 식물은 산화적 손상에 취약한 다불포화 지방을 보호하는 항산화 능력이 있다.

계략 3. 자가 면역 질환을 일으킨다

요즘 슈퍼마켓에서는 글루텐 프리 제품만 진열해 놓은 판매대가 있을 정도로 글루텐 프리 식단의 인기를 실감할 수 있다. 이 식단을 지지하는 사람들은 현대의 밀은 1만 년 전에 재배된 태초의 밀과 엄연히 다르다고 주장한다. 미국은 전체 인구 중에 1~2%가 '셀리악병'celiac disease을 앓고 있고, 4~6%가 '글루텐 민감성'gluten sensitivity을 가지고 있다.

글루텐 반대자들은 밀은 알츠하이머, 파킨슨병, 조현병, 우울증 등의 뇌 질환에 강력한 영향을 미친다고 주장하고 있다. 실제 미국인 중 20~30%가 글루텐이 함유된 제품을 피하고자 의식적으로 노력하고 있다. 글루텐을 반대하는 사람들은 현대 질병을 일으키는 근본적인 원인이 글루텐에서 비롯된다고 말한다.

하지만 난 글루텐 반대자들 생각과 의견이 다소 다르다. 그 이유는 글루텐으로 인한 신체의 이상 증상은 씨앗 기름과 같은 염증성 지방의 결과라고 생각하기 때문이다. 글루텐 과민증은 심각한 질환이지만 다른 알레르기 질환과 다르지 않다고 생각한다. 난 고양이 알레르기가 있는 아이를 보고도 '고양이는 피하는 게 좋겠어!'라고 말하지 않는다. 벌, 땅콩, 조개, 달걀, 콩, 풀, 진드기, 신문 잉크, 접착제와 같은 수백 가지 알레르기 유발 물질allergen에 대해서도 마찬가지이다.

문제의 핵심은 알레르기 유발 물질이 아니라 '면역 체계의 문제'라고 생각한다. 환자의 면역 체계가 특정 단백질에 대해 과민 반응을 일으키는 것이다. 최근 〈미국 질병 관리 센터〉CDC 보고서에 따르면 글루텐 과민증뿐만 아니라 모든 종류의 알레르기가 증가하고 있다. 이러한 추세는 단백질allergen이 모두 변한 걸까? 아니면 단백질에 대한 우리 몸의 반응이 변한 걸까? 난 후자의 영향이 크다고 생각한다.

장腸의 면역 체계는 하루 동안에 음식, 박테리아, 바이러스 등과 같은 이물질항원을 인체 면역 체계가 일생 동안 접하는 것보다 더 많이 접촉하고 있다. 장 면역 체계의 가장 중요한 일은 대부분의 이물질을 무시할 수 있어야 한다. 위협적이지 않은 이물질을 무시할 수 있는 면역계의 능력을 '면역 관용'Immune tolerance이라고 한다. '면역 내성'이라고 이해하면 된다.

그런데 최근 우리 몸의 면역 체계, 특히 아이들의 면역 체계는 점점 더 면역 내성이 높아지고 있다. 왜 그럴까? 씨앗 기름은 백혈구가 소화·흡수할 단백질과 병원균을 구별하는 작업에 혼란을 준다. 백혈구는 침입하는 병원균을 찾아 24시간 조직을 순찰한다. 병원균을 발견하면 공격을 시작하고 집어삼켜서 완전히 소화한다. 병원균을 섭취한 백혈구는 작전 사령부림프절로 이동하여 병원균의 갑옷 조각단백질을 백혈구 대장에게 전달한다. 작전 사령부는 이 조각들은 세밀하게 분석하여 다음 번 침입에 대비해 정교한 프로파일링을 작성한다. 즉, '항체'antibody를 형성한다.

문제는 씨앗 기름으로 인해서 장에 지속적인 염증이 서서히 증가하면, 백혈구의 전투력은 저하되고 작전 사령부의 프로파일링 능력은 한계에 봉착한다. 프로파일링 되는 범죄자의 숫자가 기하급수적으로 늘어나면서 백혈구가 범죄자의 식별에 어려움을 겪는다. 격무에 시달린 백혈구는 음식의 단백질을 과거 체포했던 병원균의 단백질로 잘못 인식하게 된다. 경찰이 선량한 시민을 체포하는 불상사가 발생하게 되는 것이다. 이 모든 혼란을 일으키는 주범이 바로 '씨앗 기름으로 인한 염증의 증가'이다.

씨앗 기름이 면역 체계를 심각하게 교란한다는 사실을 뒷받침하는 연구가 있다. 1997년 대만 연구자들이 발표한 〈산화된 튀김 기름이 쥐의 비장 세포 면역 반응에 미치는 영향〉Effects of Dietary Oxidized Frying Oil on Immune Responses of Spleen Cells in Rats이라는 논문이다. 연구자들은 한 그룹의 쥐에게 신선한 콩기름이 15% 함유된 식단을 먹이고, 다른 그룹의 쥐에게는 일반 식당에서 감자튀김에 사용하는 콩기름을 먹였다. 6주 동안 실험을 진행한 뒤 쥐의 면역 체계 기능을 평가했다. 연구팀이 비장脾臟을 선택한 이유는 비장이 백혈구가 모여 면역 정보를 교환하는 장소이기 때문이다.

연구 결과, 감자튀김에 사용된 기름을 섭취한 쥐의 백혈구가 현저하게 과잉 반응하는 것으로 나타났다. 연구자들은 "튀김 기름이 비장 세포 증식과 면역B세포 활성화를 증가시켜 면역 기능의 변화에 중요한 영향을 미칠 수 있다."고 결론을 내렸다. 연구팀은 산화된 기름 섭취가 알레르기 질환 및 자가 면역 질환의 급격한 증가와 깊은 연관성이 있음을 밝혔다.

백혈구가 순찰하는 거리에 염증 유발 기름을 뿌리는 것은 순찰 대원에게 술에 취한 채로 범인을 잡아 달라고 하는 것과 같다. 당연히 그들은 예민해지고 방아쇠를 당기기 쉬워진다. 순찰 대원들이 몸의 정상적인 단백질을 공격하게 만드는 것이다. 이것이 모든 자가 면역 질환의 본질이다. 씨앗 기름은 면역 체계를 혼란에 빠지게 만들고 백혈구가 아군을 공격하도록 유도한다. 이러한 공격은 궁극적으로 다발성 경화증, 루게릭병, 파킨슨병과 같은 자가 면역성 뇌 질환을 유발한다. 현재 우리가 알고 있는 모든 신경 퇴행 과정도 자가 면역 공격의 결과라고 할 수 있다.

계략 4. 혈액의 흐름을 방해한다

씨앗 기름이 뇌에 공급되는 항산화 물질을 고갈시키면 뇌의 혈류를 관장하는 혈관의 내피 기능이 손상된다. 씨앗 기름은 내피 기능을 방해하고 혈류를 제한함으로써 뇌의 가장 활동적인 부위에 대한 혈류 공급을 차단한다. 따라서 정신적 업무를 수행할 때 제대로 따라가지 못하는 것처럼 느낄 수 있다. 씨앗 기름은 과로한 뇌를 작은 뇌졸중 위험에 빠뜨릴 수 있다.

뇌에 충분한 혈류량을 유지하는 것은 너무도 중요하다. 예를 들어 새로운 과제를 배우거나 복잡한 문제에 집중하는 것은 사실상 격렬한 운동과 같다. 눈을 뜨는 것만으로도 시각 정보를 처리하는 뇌 영역의 혈류량이 20% 증가한다. 손가락을 엄지손가락에 대고 최대한 빨리 연속적으로 두드리면 운동 피질로 가는 혈류량이 60% 증가한다. 운동을 위해 더 많은 혈류가 필요한 것처럼, 집중력과 인지 능력을 향상하려면 혈류가 핵심이다.

건강한 사람은 심박수나 혈압을 높이지 않고도 뇌로 가는 혈류를 쉽게 늘릴 수 있다. 뇌는 어떻게 이런 작업을 할 수 있을까? 우리 몸은 가장 열심히 일하는 조직의 동맥을 선택적으로 확장한다. 내피 기능은 정상적인 심장 건강과 남성 성性기능에 필수적이다. 마찬가지로 뇌의 내피 기능을 개선하면 더 민첩하게 사고하고 집중력을 더 오래 유지할 수 있다.

혈류와 두뇌 능력의 직접적인 연관성을 한번 살펴보자. 먼저 근육의 메신저 역할을 하는 '산화 질소'nitric oxide에 대한 연구이다. 세포는 연료 공급이 부족해지면 산화 질소를 생성한다. 산화 질소는 뇌세포가 필요로 하는 산소, 포도당, 글루탐산 그리고 기타 원료를 더 많이 공급하기 위해 혈관을 확장하라는 신호를 주변 혈관에 보낸다. 산화 질소와 혈류 증가는 신경 세포의 유지, 성장 및 복구에 핵심적인 역할을 한다. 특히 학습 능력을 향상하고자 하는 사람에게 산화 질소로 인한 혈류는 매우 핵심적인 역할을 한다.

2014년 캘리포니아 공과대학California Institute of Technology 연구팀은 새로운 것을 학습할 때 생기는 뇌의 피로감과 뇌에 필요한 원료 공급의 상관성에 대한 연구를 진행했다. 연구 결과, 뇌에 적절한 연료가 공급되지 않으면 '생각'thinking도 없었다. 즉, 뇌로 가는 혈류량이 감소하면 학습 동기가 감소했다. 이 연구는 정신적으로 힘든 작업을 완수하는 능력에 대해 시사하는 바가 크다. 독서, 세금 신고와 같은 업무에서 집중력이 떨어지는 것은 혈류 장애의 결과라고 볼 수 있다.

그렇다면 혈류와 뇌 기능에 대한 연구는 씨앗 기름과 어떤 관련이 있을까? 여러 연구에 의하면 씨앗 기름을 섭취하면 일종의 동맥 노화가 뒤따른다. 튀김 기름을 섭취한 후, 피로감을 느낀다면 말 그대로 뇌에 작은 경련이 일어난 것일 수 있다. 영양분을 전달하고 노폐물을 배출하는 능력이 떨어지면 뇌에도 동일한 스트레스가 가해지기 때문이다.

IQ 테스트 직전에 씨앗 기름에 튀긴 음식을 많이 먹었다면 연필을 잡기도 전에 문제를 틀릴지도 모른다. 생각, 집중력 그리고 기억력은 적절한 혈류 흐름에 달려 있으며 씨앗 기름은 원활한 사고능력을 차단한다. 씨앗 기름을 끊으면 생각이 자유로워진다.

남성에게 발기 부전은 심혈관 건강의 대표적인 이상 징후이다.

마찬가지로 여성에게 심혈관 질환의 전조 증상이 있다. 바로 '편두통'migraine이다. 지속적인 편두통으로 고통받는 여성은 뇌졸중 위험이 상당히 높을 수 있다. 편두통 병력이 있는 젊은 여성은 식단이 뇌 건강에 어떤 역할을 하는지 관심을 가져야 한다.

장기간 스트레스를 받는 상황에서 편두통이 발생했다면 씨앗 기름 섭취로 인해 내피 기능 장애가 다음 단계로 진행한 결과일 수 있다. 이는 뇌의 전기 활동이 현저히 감소했다는 것을 의미한다. 뇌의 사고, 느낌, 꿈을 담당하는 부위회백질에서 장애가 발생하면 감각 이상의 전조aura인 경우가 많다. 편두통 환자의 대부분은 두개골 뒤쪽의 시각을 처리하는 뇌 부위후두엽에 문제가 생긴다. 이 부위에서 '번쩍이는 빛'scotoma 또는 '터널 시야'tunnel vision가 나타난다. 오작동하는 뇌 부위에 따라 팔, 얼굴, 혀의 따끔거림이 발생하기도 하며 언어 장애가 발생할 수도 있다.

내피 기능 장애로 인해 혈류가 감소하여 신경 세포의 대사 속도가 느려져 에너지 생산이 감소한다. 에너지 수준이 한계 수준 이하로 떨어지면 신경 세포는 마치 산소가 부족한 물고기가 이리저리 펄떡거리는 것처럼 경련을 일으킨다. 이러한 과도한 흥분은 거의 죽을 때까지 계속될 수 있다.

1990년대에 신경과학자들은 편두통 발작을 더 잘 이해하기 위해 편두통 발작 환자에게 양전자 단층 촬영PET 스캐너를 사용했다. 연구자들은 편두통이 혈류의 급격한 감소와 관련이 있음을 발견했다. 편두통의 유발 요인은 다양하고 예측할 수 없지만 보통의 지속 시간은 10~30분으로 매우 일관적이다.

신경과 전문의들은 편두통과 뇌졸중의 연관성에 대해 궁금해하기 시작했다. 일군의 연구팀은 다른 위험 요인이 없는 상태에서 편두통으로 인한 뇌졸중의 발생 가능성을 조사했다. 편두통 환자 203명과 정상인 83명대조군으로 구성된 두 그룹의 남성과 여성을 9년간 추적 관찰했다. 이 연구에서는 남성의 경우 뚜렷한 연관성을 발견하지 못했다. 그러나 여성은 전혀 달랐다. 편두통 병력이 있는 여성의 30%는 9년 동안 10개 이상의 질병이 발생했다. 편두통 병력이 없는 여성 중에는 9%만이 질병이 발생했다.

연구를 종합해 보면, 젊은 그룹은 편두통의 합병증으로 미니 뇌졸중이 발생한 반면, 나이가 많은 그룹은 죽상 동맥 경화증으로 인한 뇌졸중색전성이 발생할 가능성이 더 높았다. 그렇다면 이러한 연구를 통해 우리는 무엇을 얻을 수 있을까? 만약 편투통에 시달리고 있다면 식단에서 씨앗 기름을 제거해야 할 때라는 것이다. 가능한 한 빨리 말이다.

계략 5. 치매와 뇌진탕은 다르지 않다

영화의 메카 할리우드는 무엇이든 폭파하는 것을 좋아한다. 영화 속 주인공이 카메라를 향해 걸어갈 때, 주인공 뒤로 화려한 주황색 불덩어리가 폭발하곤 한다. 주인공은 대수롭지 않다는 듯 느린 동작으로 승리자의 미소를 짓곤 한다. 전형적인 할리우드 영화의 클리셰Cliché다. 우리 몸에서도 조용한 그리고 아주 느린 폭발이 진행되고 있다. 바로 '산화'oxidation다. 산화와 폭발의 가장 큰 차이점은 '시간'time이다. 폭발은 눈 깜짝할 사이에 일어나지만, 부패와 부식은 며칠 또는 몇 달 또는 몇 년에 걸쳐 발생한다.

우리는 산소를 호흡해서 미토콘드리아 효소를 활용하여 지방과 포도당을 높은 효율의 화학 에너지로 전환한다. 아쉽게도 우주에 '100% 효율'은 없다. 활성 산소는 효소의 통제를 벗어나 제멋대로 움직여서 몸이 원하지 않는 무작위 반응을 일으킨다. 이러한 무작위 산화 반응은 몸을 서서히 녹슬게 하고 늙게 만든다. 주름, 노안과 같은 노화는 수십 년에 걸친 산화 반응의 누적된 손상이다. 노화를 촉진하는 가장 중요한 두 가지 반응은 '지질 과산화'lipid peroxidation와 '당화'glycation다.

식단을 통해 산화를 멈춰 수백 년을 살 수 있다면 좋겠다. 이것은 불가능하다. 하지만 씨앗 기름이 없는 고항산화 식단과 충분한 수면 그리고 적절한 운동은 뇌의 산화를 늦춰서 죽는 순간까지 또렷한 정신을 유지하게 한다. 이것은 가능하다.

노년기를 맑은 정신으로 살 것인지, 아니면 알츠하이머의 피해자로 남을지를 결정하는 2가지 강력한 요인이 있다. 뇌가 '산화적 손상에 노출되는 속도' 그리고 '산화적 손상을 제어하는 능력'이 그것이다. 우리의 뇌는 매일매일 산화와 치열한 전투를 벌이고 있다. 산화가 진격하면 뇌의 노화 속도는 빨라지고, 산화가 후퇴하면 기억력과 자아 감각을 평생 동안 유지할 수 있다.

머리에 충격을 가하면 신경 세포 손상을 유발할 수 있다. 가벼운 뇌진탕도 세포막을 산화 촉진 물질에 노출시켜서 뇌의 항산화 능력에 과부하를 일으킬 수 있다. 가벼운 충격만으로도 뇌세포 파괴를 일으킬 수 있다. 그래서 뇌진탕 후 일부 사람들은 성격과 감정 변화를 겪기도 한다.

1990년 병원 응급실에 근무할 때의 경험이다. 가벼운 두부 외상으로 응급실을 찾았던 환자들은 CT나 MRI 뇌 스캔을 통해 정상 판정을 받고 퇴원했다. 하지만 환자들은 오래지 않아 장애가 있는 상태로 다시 진료실을 찾는 경우가 많았다. 어느 날 수술실에서 근무하는 간호사가 진료실을 찾았다. 그녀는 캐비닛에 머리를 부딪힌 뒤로 수술 도중 멍한 상태가 되곤 했다. 수천 번 수행했던 수술에 대한 기억을 자주 잊어버리곤 했다.

다른 여성 환자는 차에 살짝 머리를 부딪히는 사고를 당했다. 몇 주 후부터 두통, 현기증, 주의력 결핍이 갑자기 시작되어 일상적인 업무를 할 수 없게 되었다. 외부 충격에 의한 뇌 손상은 며칠, 몇 주 또는 몇 달 동안 염증이 지속될 수 있다. 이러한 외상은 염증이 가라앉으면 인지 기능 장애가 자연스럽게 사라진다. 하지만 그렇지 않은 경우도 있다. 때때로 오랜 시간 뇌진탕 증상이 반복적으로 재발해서 직장으로 돌아가는 능력을 상실하기도 한다.

여기서 의문이 하나 든다. 경미한 충격을 받은 어떤 사람은 심각한 문제가 발생하고, 더 심각한 충격을 받은 어떤 사람은 완전히 회복되는 이유는 무엇일까? 심각한 두부 외상 후, 인지 기능이 회복되는 경우는 뇌진탕으로 촉발된 염증이 가라앉은 것이다. 자연스러운 회복을 위해서는 항산화 물질이 뇌에 이미 축적되어 있어야 가능하다. 항산화 물질이 풍부한 뇌는 산화 스트레스로부터 스스로를 방어할 수 있으며 손상된 조직을 빠르게 복구한다. 헬멧은 두개골을 보호하기 위한 장치이며 항산화·항염증 식단은 손상된 뇌를 치유하는 방법이다.

응급실 직원들은 '시간이 곧 생명'이라는 말을 잘 알고 있다. 급성 뇌졸중 환자는 증상이 발병한 순간부터 혈전 용해제를 주입할 때까지의 시간이 생명을 구한다. 산화 스트레스로 인한 뇌 손상을 공식으로 한번 표현해 보겠다. 손상된 뇌가 경험하는 산화적 손상의 양을 '산화 스트레스'oxidative stress : OS라고 하며, 산화 스트레스OS가 조절될 때까지 걸리는 시간을 '시간'time : T이라고 한다. 이 두 가지를 곱하면 손상된 뇌가 겪게 될 '산화적 손상'oxidative type damage: OTD의 총량이 된다. 공식은 다음과 같다.

$$OSD = OS \times T$$

위 산식을 '건강한 두뇌 공식'이라고 부르겠다. 뇌진탕 후에는 환자의 나이, 충격의 정도, 기절 시간과 관계없이 산화적 손상OTD 점수가 낮은 뇌가 높은 뇌보다 더 빠르고 더 완벽하게 회복된다.

2002년, 나이지리아 출신의 병리학자 '베넷 오말루'Bennet Omalu는 산화적 손상이 어떤 병인지 세상에 알렸다. 그는 사망한 '미국 프로 미식축구 연맹'NFL선수의 뇌를 검사하던 중 동굴 천장에 매달린 박쥐를 연상시키는 갈색 쉼표와 같은 반점, 즉 '타우 단백질'tau proteins을 발견했다. 사망한 NFL 선수 뇌의 타우 단백질 농도는 '알츠하이머가 진행된 90세 노인의 뇌'의 타우 단백질 농도와 정확히 일치했다. 서서히 치매가 발생하는 과정은 서서히 뇌진탕이 심화하는 과정과 동일한 것이다.

이 진실을 세상에 알렸던 베넷 오말루 박사는 NFL로부터 심각한 압박과 위협을 당했다. 결국 자신이 근무하는 병원에서 쫓겨나는 신세가 되고 만다. 오말루 박사의 인생 역정이 궁금한 분은 윌 스미스 주연의 영화 〈게임 체인저〉원제 Concussion를 추천한다. 다행스럽게 진실은 드러나기 마련이다. 누군가의 희생과 용기가 필요하지만 말이다.

계략 6. 뇌 신경 세포를 파괴한다

건강한 뇌는 비가 많이 내리는 숲과 같다. 푸르른 나뭇잎, 시냇물, 연못, 습지 등은 감각을 회복시켜 주는 숲이다. 숲의 건강은 수천 년 동안 생태계에 의존하고 수분을 적절하게 공급받은 결과이다. 곰팡이는 토양을 비옥하게 만들며 수분은 산불이라는 산화 작용을 방지하는 항산화제 역할을 한다.

건강한 숲에 번개가 내리친다고 상상해 보자. 습기가 많은 숲은 번개 한 번으로 산불이 날 가능성이 거의 없다. 행여나 산불이 나더라도 제한된 곳에서 잠시 타다가 저절로 꺼질 가능성이 높다. 반면에 항산화 물질이 풍부하지 않은 뇌는 메마른 숲과 같다. 물이 졸졸 흐르던 개울은 말라버렸고 마른 진흙이 뒤덮고 있다. 바싹 마른 나뭇잎이 수북이 쌓여 있다. 곰팡이와 버섯의 흙냄새는 온데간데없고 먼지만 가득하다. 황량한 숲은 산불을 열망하는 부싯돌과 같다. 황량한 숲을 찾는 이들은 아무도 없다.

이 황량한 숲에 눈독을 들이는 검은 세력이 있다. 바로 '마피아'다. 그들은 아무도 찾지 않는 황량한 숲에 마약씨앗 기름 공장을 세운다. 공장에는 페인트 시너, 휘발유 그리고 위험한 인화 물질로 가득하다. 이제 숲은 언제든 작은 불꽃으로 커다란 화재가 발생할 수 있는 위험 지역이 되어 버린다. 오래지 않아 마피아들은 엄청난 중독성을 일으키는 새로운 물질을 발견한다. 이 물질을 기존 마약에 첨가하는 순간, 엄청난 폭발 물질로 변해버린다. 바로 '당'糖이다. 폭발력은 과거와 비교도 되지 않는 죽음의 신이 되어 버린다.

이제 숲은 산불을 걱정할 때가 아니다. 이제 작은 불꽃으로 한 줌의 재로 변해버릴 수 있기 때문이다. 공장에서 다불포화 지방이 풍부한 씨앗 기름을 정제하면 독성이 생성된다. 이 독성은 진열되어 있는 상태에서는 숨을 죽이고 잠자고 있다. 하지만 뜨거운 열로 가열하면 좀비처럼 엄청난 숫자로 독성이 폭발한다.

씨앗 기름이 뇌를 죽인다는 것은 독성 물질이 많이 함유되어 있다는 반증이다. 그중 가장 지독한 물질은 바로 '하이드록시노네날'HNE: 4-hydroxy-2-nonenal이다. 하이드록시노네날HNE은 필수 지방인 리놀레산오메가6에서 파생된다. 씨앗 가공 단계에서 지방이 변형되어 변종 다불포화 지방과 하이드록시노네날이 생성된다. 시중에서 구입한 씨앗 기름으로 요리하면 리놀레산이 계속 산화되어 하이드록시노네날 농도가 10배 이상 증가한다.

하이드록시노네날이 세포를 위협하는 것은 신경 세포의 고속 도로를 파괴하기 때문이다. 신경 고속 도로의 의학적 이름은 '미세소관'微細小管이다. 이 고속 도로가 파괴되면 우리는 새로운 기억을 형성할 수 없다. 2002년 일본 오사카의 연구진이 수행한 연구에서 쥐에게 항통풍제Colchicine를 투여하여 새로운 미세소관의 형성을 막았다. 미세소관이 망가진 쥐들은 더 이상 미로를 통과하지 못했다. 기억을 잃어버린 것이다.

미세소관은 타우라는 단백질에 의존한다. 앞에서 언급했듯이, 알츠하이머와 뇌진탕으로 인해 사망한 사람들의 뇌는 타우 단백질이 엉켜서 쉼표 모양의 갈색 반점이 되었다. 타우 단백질의 역할은 고가 도로의 콘크리트와 아스팔트를 지탱하는 강철 거더의 역할을 한다. 거더girder는 들보, 보, 빔과 같은 말로 고속 도로나 교량의 무거운 하중을 견디는 핵심 구조물을 말한다. 즉, 타우 단백질은 세포의 고속 도로인 미세소관을 든든하게 받치고 있다.

그런데 하이드록시노네날은 산화 스트레스를 유발하여 타우 단백질을 변형시킨다. 이 변형으로 인해 신경 세포들은 서로 엉키고 달라붙게 된다. 고속 도로의 강철 거더를 뒤틀리게 해서 원활한 교통 흐름을 차단하는 것이다. 점점 더 뒤틀림이 심해지면 고속 도로를 더 이상 받치지 못한다. 고속 도로 구조물은 속절없이 땅으로 추락하고 만다.

2012년, 로마의 연구자들은 다음과 같이 예리하게 지적했다.

"하이드록시노네날이 생성되면 미세소관의 구성 성분 α-튜뷸린이 변형되고 미세소관은 뒤틀어진다. 고속 도로가 파괴되어 화물이 목적지에 도달할 수 없게 된다."

이러한 세포 파괴 과정은 알츠하이머의 초기 단계인 '경도 인지 장애'MCI: mild cognitive impairment를 유발한다. 알츠하이머는 뇌 수축을 일으키기 때문에 MRI 검사에서 매우 분명하게 보이지만, 경도 인지 장애 환자의 뇌는 정상으로 판정되는 경우가 많다. 이 환자들은 새로운 시냅스 연결에 문제가 있다. 그래서 경도 인지 장애 환자들은 같은 말과 질문을 반복하거나, 중요한 회의 일정, 생일과 같은 중요한 이벤트를 잊어버리게 된다.

내가 씨앗 기름과의 전쟁을 선포한 것으로 보이는가? 맞다. 씨앗 기름은 당신의 추억과 기억 그리고 소통 능력을 지우개처럼 사라지게 한다. 당신이 씨앗 기름과의 저항 운동에 동참하기를 바란다. 이 운동에 합류하는 순간, 알츠하이머의 공격으로부터 자신을 잃어버리지 않을 것이다.

계략 7. 자폐아와 ADHD 아이를 만든다

하와이에서 진료할 때 절대 잊을 수 없는 환자가 있었다. 그녀는 진료 시간 내내 눈물을 멈추지 못했다. 그녀의 삶은 완전히 엉망이었다. 한때 그녀는 부동산업자로, 파트타임 모델로 성공 가도를 달리고 있었다. 사랑하는 사람을 만나 아들을 낳고 1년 뒤 쌍둥이 남매를 낳았다. 출산의 기쁨은 잠시였다. 절망의 그림자가 그녀를 기다리고 있었다.

첫째 아들은 학습 장애와 '주의력 결핍 장애'ADD: Attention Deficit Disorder 진단을 받고 쌍둥이 자매는 모두 자폐 스펙트럼에 속했다. 그녀는 직장을 잃었고, 이혼을 했고, 체중이 68kg이나 늘어났다. 헤어 나올 수 없는 늪에 빠진 것 같았다. 쌍둥이 자매는 사춘기에 접어들었고 넘쳐나는 호르몬을 자제하지 못했다. 주정부가 4명의 돌봄 직원을 24시간 제공했음에도 불구하고, 아이들의 예기치 않은 폭력을 감당할 수 없었다. 램프가 깨지고 테이블이 뒤집히는 일이 다반사로 벌어졌다. 한 번은 아이와의 몸싸움으로 뽑힌 머리카락 뭉치를 지갑에서 꺼내 보여주기도 했다.

하지만 그녀는 아이들을 사랑했다. 쌍둥이의 폭력적 행동에 대해 탓하지 않았다. 그러나 그녀의 인내심은 이미 한계점을 넘어서고 있었다. 이 이야기는 행복한 결말이 아니다. 그녀의 끝없는 시련을 소개하는 이유는 매우 중요한 점을 말하기 위해서다. 자폐라는 장애는 감당하기 힘든 현실을 만든다는 사실이다.

1954년에 발간된 최초의 정신 장애 진단 매뉴얼에는 자폐증을 '아동기의 정신 분열 반응'으로 설명하고 있다. 1980년에 발표된 매뉴얼에서는 '타인에 대한 반응성 부족', '특이한 언어 패턴' 등으로 보다 구체적으로 설명하고 있다. 물론 진단 매뉴얼의 간단한 표현으로는 자폐증 아이의 삶을 모두 표현할 수 없다. 내가 의과 대학을 졸업할 당시에는 자폐증 진단이 거의 없었고 시험에서도 자폐증에 대해 다루지 않았다. 의과 대학 동기들은 자폐증을 교재로 공부하기보다는 더스틴 호프만과 탐 크루즈 주연의 영화 〈레인맨〉Rainman을 보면서 알게 되었다.

〈미국 질병 통제 예방 센터〉CDC에 따르면 2008년과 2012년 사이에 자폐증 진단율이 30% 증가한 것으로 나타났다. 연구자들은 자폐의 원인을 밝히기 위해 수많은 시도를 했다. 백신, 흡연, 약물, 살충제, 중금속, 휴대폰, 시험관 시술, 불임 치료, 유도 분만, 고출력 전압, 초음파 등과 같은 환경 요인과 자폐의 연관성에 대한 연구는 계속되었다.

하지만 단 한 번도 연구되지 않은 것이 있다. 무엇일까? 바로 '씨앗 기름'이다. 씨앗 기름이 유발하는 하이드록시노네날HNE과 같은 독성 물질은 DNA에 결합하여 새로운 '신규' 돌연변이를 일으킬 수 있다. DNA 돌연변이는 여성의 난소, 남성의 정자 또는 수정된 배아와 다음 세대에 치명적인 영향을 미칠 수 있다.

하이드록시노네날은 인간 DNA를 얼마나 훼손할까? 먼저 이 독소는 DNA 복제를 방해한다. DNA는 고리 모양의 4개의 염기, 즉, 아데닌Adenine, 시토신Cytosine, 구아닌Guanine, 티민Thymine으로 구성되어 있다. 이 염기들의 서열로 생명체의 특성이 결정되며 유전 정보를 전달한다. 일반적으로 구아닌G이 올바르게 복사되지 않을 확률은 100만분의 1이다. 그런데 하이드록시노네날이 결합할 때는 오류가 0.5~5%로 급속히 급증한다. 다시 말해 DNA 돌연변이 발생 확률이 500~5,000만 배 증가한다.

최근 900명의 아동을 조사한 연구자들은 뇌에 영향을 주는 1,000개의 잠재적 유전자를 확인했다. 이 유전자는 대뇌 피질의 발달에 관여한다. 대뇌 피질은 말하기, 읽기, 쓰기, 춤, 연주, 그리고 무엇보다도 학습 욕구를 불러일으키는 곳이다. 핵심은 뇌에 관여하는 1,000개의 유전자 중 단 몇 개만 잘못 복제되어도, 아니 단 하나의 유전자만 잘못 복제되어도 자폐 스펙트럼을 일으킬 수 있다는 사실이다.

현재까지 유전학자들이 밝혀낸 인간의 유전자는 2만 개이며, 두뇌 발달에 영향을 미치는 유전자는 잠재적으로 1,000개이다. 유전학자들은 지금도 돌연변이 유전자 찾기를 멈추지 않고 있다. 우리는 언제까지 돌연변이 유전자를 찾아야 할까? 5,000개? 아니면 10,000개? 인간 게놈 전체를 발견했을 때? 우리는 돌연변이 유전자에 집착하는 근시안적인 태도를 버려야 한다.

자폐 아동 한 명의 평생 치료비는 120만~240만 달러로 추산되고 있다. 자폐증은 비만, 당뇨병과 같은 만성 질환과 다르지 않다. 잘못된 식습관에 원인을 두고 있다. 우리 조상들이 추구했던 영양학의 지혜에 대해 무관심했기 때문이다. 무관심의 근원은 경제적 이유에 있다. 유기농 버터, 엑스트라 버진 올리브 오일 그리고 천연 지방을 외면하고 값싼 씨앗 기름을 선택한 결과다. 이 독성 지방을 선택한 대가로 경제적 이익은 볼 수 있다. 정말 잠시 말이다.

그렇다면 건강한 지방을 선택하면 경제적 부담이 얼마나 증가할까? 친구인 요식업 컨설턴트 '데비 리'Debbie Lee에게 직접 물어봤다. 그는 씨앗 기름 대신 좋은 지방을 사용하면 한 접시당 약 50센트650원의 비용이 더 들 것이라고 예상했다. 한 끼에 50센트를 더 부담하는 것은 몸의 헌신에 비하면 절대 비싼 비용이 아니다. 어쩌면 50센트가 당신의 생명을 좌우할 수 있다. 류.바.식

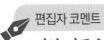

씨앗 기름은 왜 산화와 염증을 일으키는가

저자는 다불포화 지방, 즉 씨앗 기름으로 요리하면 급격하게 산화가 증가하여 메가 트랜스 지방이 생성된다고 지적하고 있습니다. 결국 우리는 염증을 유발하는 폭발 요리를 먹고 있는 것입니다. 지방 또는 기름의 세계는 얼핏 매우 복잡해 보이기도 합니다. 그래서 이해를 돕기 위해 '지방의 화학 구조'에 대한 설명을 부연합니다. 지방은 요리할 때 반드시 필요한 존재입니다. 지방이 없으면 음식의 맛이 없기 때문입니다. 지방은 기름, 오일, 유지와 같은 다양한 용어로 쓰이지만 본질적으로 같습니다. 지방을 구체적으로 살펴보면 다음과 같습니다.

포화 지방			육류, 달걀, 버터, 치즈, 코코넛 오일, 팜유
불포화 지방	단 불포화	오메가9	올리브 오일
	다 불포화	오메가6	콩기름, 옥수수기름, 홍화씨유, 카놀라유, 유채씨유
		오메가3	들기름, 아마씨유, 생선 기름
트랜스 지방			마가린, 쇼트닝

상온에서 고체의 형태를 띠면 포화 지방, 상온에서 액체의 형태를 띠면 불포화 지방이라고 합니다. 포화 지방이 상온에서 고체인 것은 화학적으로 안정적 상태이며, 불포화 지방이 액체의 형태인 것은 화학적으로

불안정한 상태임을 말합니다. 다음은 포화 지방의 화학 구조입니다.

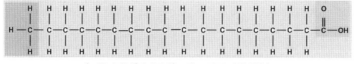

〈포화지방산(팔미틱산) - 탄소 이중 결합 없음〉

지방은 탄소C와 수소H의 결합체입니다. 포화 지방은 탄소C와 수소H가 안정적으로 결합되어 있는 것을 볼 수 있습니다. 이에 반해 불포화지방은 아래와 같습니다.

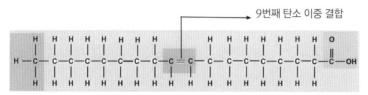

〈불포화지방산(올레인산 = 오메가9) - 이중 결합 1개〉

올리브 오일의 화학 구조입니다. 불포화 지방은 상온에 액체를 띠고 있습니다. 그림 가운데 부분을 보시면 수소H가 부족해서 탄소C끼리 손을 맞잡고 있습니다. 이를 '이중 결합'double bond이라고 합니다. '올레인 산', 즉 오메가9라고 부릅니다. '오메가9'라고 부르는 이유는 9번째 탄소가 이중 결합을 했기 때문입니다.

이중 결합이 1개인 불포화 지방을 '단單불포화 지방'이라고 부릅니다. 핵심은 이중 결합이 많을수록 '산화'oxidation가 일어날 가능성이 높아집니다. 이를 '약한 고리'라고 생각해도 괜찮을 것 같습니다.

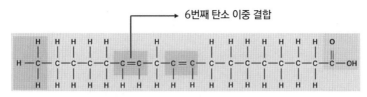

불포화지방산(리놀레산 = 오메가6) – 이중 결합 2개

일반적인 식용유의 화학 구조입니다. 6번째 탄소가 이중 결합을 하므로 '리놀레산' 즉, 오메가6라고 부릅니다. 오메가6는 그림에서 보면 이중 결합이 2개입니다. 그래서 다多불포화 지방으로 분류합니다. 이중 결합이 숫자가 늘어날수록 산화는 폭증하는 것입니다. 단單불포화 지방은 이중 결합이 1개, 다불포화 지방은 이중 결합이 2개 이상입니다. 단순히 산화가 2배 일어나는 것이 아니라 핵 반응처럼 무수한 연쇄 반응이 일어납니다.

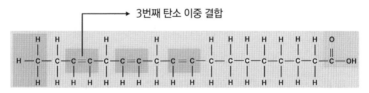

불포화지방산(알파-리놀렌산 = 오메가3) – 이중 결합 3개

들기름의 화학 구조입니다. 3번째 탄소가 이중 결합을 하므로 '알파-리놀렌산', 즉 오메가3라고 부릅니다. 오메가3는 이중 결합이 3개입니다. 다多불포화 지방으로 분류됩니다. 그래서 오메가3는 산화 or 산패되기 쉬워서 보관하기가 무척 어렵습니다. 그래서 오메가3는 조리용에 적합하지 않습니다. 직접 섭취하는 것이 좋습니다.

결론적으로 포화 지방은 이중 결합이 없는 안정적인 화학 구조로 되어 있으며, 불포화 지방은 이중 결합이 있어서 불안정적인 화학 구조로 되어 있습니다. 그래서 포화 지방은 요리할 때 '산화'가 일어날 가능성이 작습니다. 당연히 몸에 염증을 일으키지도 않습니다. 포화 지방이 불포화 지방보다 우월함을 알 수 있습니다. 이제 어떤 지방을 요리에 사용해야 할지 아실 것입니다.

7장
고탄수화물 식단은 몸을 망친다

과도한 당은

당신을 수술대 위에서 고통받게 만든다.

의료계는 사람들이 건강하면 수입을 잃는다.

병원과 제약 산업의 흥망성쇠는

당신이 입에 넣는 음식에 달려 있다.

이제 누군가의 호주머니를 채워 주는 행위는

그만두라!

당糖을 끊어야 하는 이유

이제 우리가 먹고 있는 음식에 얼마나 많은 씨앗 기름이 함유되어 있는지 알게 되었을 것이다. 씨앗 기름은 몸을 서서히 망가뜨리는 악성 좀비와 같다. 당장 씨앗 기름을 쓰레기통에 버리라고 소리 높여 외치고 싶다. 당신은 씨앗 기름 없이 어떻게 살지 걱정할지도 모른다. 자, 마음을 단단히 먹기를 바란다. 지금부터는 설탕 없이 살라는 조언을 듣게 될 것이다. 혹시 너무 가혹한 조언이라고 생각하는가? 씨앗 기름과 설탕을 모두 끊으라고 하니 말이다.

하지만 용기를 갖자! 씨앗 기름과 설탕이 가득한 음식의 공통점은 모두 '가공식품'이라는 사실이다. 그러니 가공식품을 줄이면 자동으로 씨앗 기름과 설탕 섭취를 줄이게 된다. 4대 기둥 위주의 식사를 시작하면 당신의 세포가 미소를 짓고 건강한 면역력으로 보답할 것이다.

달콤함을 사랑하는가? 나도 그랬다. 달콤함에 대한 욕망에서 벗어나자 에너지가 높아졌다. 체중은 감소했고 일상은 평온하게 바뀌었다. 몸은 아름답게 서서히 변화되었다. 애벌레가 나비가 되듯이 말이다. 과거에는 알아차리지 못했던 음식 고유의 맛도 새롭게 느낄 수 있게 되었다. 당신도 할 수 있다.

2002년 8월 5일, 달콤한 캐러멜 마끼야또 한 잔을 마시며 하와이 주변 식물을 채취하기 위해 집을 나섰다. 하와이 카우아이섬의

산을 오르려면 1미터까지 자란 풀을 헤치며 가파른 경사를 올라가야 했다. 무릎이 아파지기 시작했고 시간이 지나면 나아질 줄 알았다. 하지만 내 바람은 어긋났다. 몇 달 동안 무릎 통증은 점점 더 심해졌다. 수술을 받았지만 증상은 악화되었다. 걷는 것조차 힘들어졌다. 출근해서 진료를 하는 것조차 힘겨운 투쟁이 되었다.

무릎 통증을 줄이기 위해 끊임없이 공부했다. 그리고 무릎 통증의 범인을 찾아냈다. 바로 '당'糖이었다. 과도한 당은 호르몬 분비를 비정상적으로 만들어서 연골 염증을 가속한다는 사실을 알았다. 의과 대학에서 배운 바에 따르면 당은 운동으로 '연소'할 수 있는 에너지다. 영양학 강좌에서는 몸의 주된 적은 탄수화물이 아니라 콜레스테롤과 같은 지방이라고 가르쳤다. 남편 루크는 생각이 달랐다. 어느 날 그는 친구에게서 얻은 자료 하나를 내밀며 '설탕 한 스푼이 백혈구를 4시간 동안 잠재운다'는 기사를 보여줬다. 그 후 당이 세포에 미치는 영향을 조사하기 시작했고 그 결과는 예상을 뛰어넘었다.

우리는 생명을 유지하기 위해 혈액 속에 포도당이 필요하다. 포도당은 인체 세포의 기본 연료이기 때문이다. 그러나 인체가 처리할 수 있는 임계점을 넘어가면 심각한 문제가 생긴다. 예전에는 부자들만 설탕으로 만든 달콤한 음식을 탐닉할 수 있었지만, 오늘날 설탕은 너무나 쉽게 맛볼 수 있는 음식이 되었다.

오랜 시간 설탕 관련 문헌을 검토한 결과, 과도한 당 섭취의 결과가 재앙에 가깝다는 사실을 깨닫게 되었다. 특히 어린 시절에 당을 과다 섭취했을 경우 피해가 한층 더 막심했다.

나는 어린 시절 종종 길모퉁이 사탕 가게에 몰래 가거나, 부엌 찬장에 숨겨놓은 초콜릿 칩을 한 움큼 집어먹곤 했었다. 그 결과 내 연골 조직에는 서서히 부담이 차곡차곡 쌓였을 것이다. 세포를 뒤 덮은 당은 호르몬 기능을 방해해 사춘기 시절의 신체 발달에 지장을 초래했을 것이다. 그 결과 대학생이 되어서도 남자에 대해 별로 관심이 없었다.

중년 여성들은 나이가 들면서 과거보다 음식량을 줄여야겠다고 푸념을 늘어놓곤 한다. 실제 여성들은 나이가 들수록 점점 대사 기능이 떨어지는 경향이 있다. 과도한 당은 인슐린 호르몬에 대한 민감성을 떨어뜨린다. 일단 인슐린 저항성이 나타나면 혈당 수치는 더 높아지며 체중 증가, 순환계 및 성 기능 장애와 같은 질환으로 이어진다.

과도한 당은 호르몬 신호를 방해한다. 영양소의 운반 통로를 막아서 뼈와 근육을 약화한다. 아울러 신경 정보 전달 체계도 방해하여 우울증과 기억력 감퇴를 일으키며 종국적으로 치매에 걸리게 할 수 있다. 과도한 당은 힘줄, 관절을 딱딱하게 만들어 관절염을 일으키며 콜라겐 생성을 방해해서 노화를 앞당긴다. 또한 백혈구가 정상 세포와 외부 침입자를 구별하는 판단 기능에 혼란을 준다. 이 혼란은 암과 감염병에 대한 발생 확률을 높인다.

운동선수이거나 중노동을 해야 하는 직업에 종사하고 있다면 활발한 근육이 혈액의 당을 스펀지처럼 빨아들임으로써 혈당 수치를 조절할 수 있다고 생각한다. 그래서 운동을 많이 하면 정크 푸드의 폐해를 피해 갈 수 있다고 착각하는 경향이 있다. 정크 푸드는 인체의 콜라겐을 파괴할 뿐만 아니라 지방이 몸속에 쌓이게 한다.

나는 대학에서 크로스컨트리 선수로 매일 두 시간씩 훈련하며 수천 칼로리를 연소했지만, 기숙사의 영양가 낮은 식단 때문에 뱃살 비만과 당뇨병 초기 증상에 시달렸다. 그렇게 운동을 많이 했는데도 말이다. 신체 지수는 키 162cm, 체중 56kg으로 지극히 정상이었다. 하지만 허리라인은 놀라울 정도로 매력적이지 않았다. 모래시계 체형과는 거리가 멀었다.

하루에 윗몸 일으키기를 수백 번씩 했음에도 몸매는 꼼짝하지 않았다. 바위처럼 단단한 뱃살은 정제 탄수화물, 트랜스 지방, 씨앗 기름을 섭취하는 사람들에게 흔하게 볼 수 있는 반갑지 않은 상징이다. 나는 과체중이 아니었음에도 몸매는 전형적인 '사과형'이었다. 비로소 좋은 식단을 시작한 35세가 되어서야 마침내 복부 지방이 빠져 여성적인 허리라인을 갖게 되었다. 보너스로 키는 2.5cm나 더 커졌다!

과도한 당은 세포를 죽인다

막대 사탕이나 엿을 만지면 손에 끈적끈적 달라붙는다는 걸 모두가 알 것이다. 끈적거리는 느낌은 당이 물에 녹으면서 피부 표면의 단백질에 반응하는 화학 구조로 되어 있기 때문이다. 당이 어떤 물질에 들러붙는 과정을 '당화 반응'glycation이라고 부른다. 당화 반응은 지속적으로 열을 가하면 산화 반응이 일어나 영구적인 상태로 변한다. 이러한 산화 반응으로 생성된 결과물을 최종 당화 산물, 즉 'AGE'advanced glycation end-product라고 부른다. 최종 당화 산물은 당신을 빠르게 늙게 한다.

빵을 구우면 산화 반응이 일어나 밀에 들어 있는 단백질과 당이 결합하여 최종 당화 산물이 생성된다. 이 최종 당화 산물은 부드럽고 말랑말랑한 연한 색의 빵을 딱딱한 갈색 빵으로 변화시킨다. 단백질과 당이 결합하는 것이다. 이러한 결합 현상이 우리 몸속 곳곳에서 벌어지고 있다. 단백질과 당이 결합하면 세포와 조직을 딱딱하고 뻣뻣하게 만든다. 혈당 수치가 정상일 때는 이런 반응이 아주 천천히 일어나기 때문에 정화 작용을 하는 백혈구 세포가 이물질을 청소한다. 또한 신장은 혈액에서 최종 당화 산물을 제거해 체외로 배출한다. 소변이 특유의 노란색을 띠는 것은 이 화학 노폐물 때문이다.

당과 단백질의 결합은 인체 조직에 광범위한 영향을 미친다. 동맥의 세포벽을 비투과적으로 바꾸어 혈액에서 영양소가 빠져나오지 못하게 막는다. 동맥 내벽을 감싸게 된다. 영양소가 혈액 속에 갇혀 빠져나가지 못하면 어떻게 될까? 지질 단백질이 동맥 내벽에 축적되면 백혈구가 공격해 혈전을 형성할 수 있다. 당과 단백질이 결합하면 백혈구의 활동이 둔화하여 체내 면역력은 떨어지고 암세포는 통제 받지 않고 성장할 수 있는 환경이 된다. 혹시 관절에 문제가 있는가? 그렇다면 당신의 관절에도 최종 당화 산물이 생성되어 있을 수 있다. 최종 당화 산물은 외모와 감정 모두에서 노화를 가속하는 물질이다.

최종 당화 산물이 인체에 어떻게 손상을 입히는지 좀 더 자세히 살펴보자. 혈관은 혈액을 구성하는 물질들이 마음대로 돌아다니는 공간이 아니다. 1초에 수천 번이 넘는 작업이 수행되는 분주한 장소다. 혈액은 서커스 공연의 완벽한 곡예처럼 치밀하게 운영된다. 세포 간에 끊임없는 신호를 통해서 근육이 수축하고 땀을 분비하고 뇌의 명령이 소통된다. 하지만 과도한 당은 모든 세포 활동에 손상을 입힌다.

당이 세포의 업무를 어떻게 방해하는지 구체적으로 알아보자. 순환계에 있는 3개의 세포, 즉 백혈구, 내피세포, 적혈구를 살펴보자. 백혈구는 경찰관이다. 백혈구는 혈액 흐름에 순응하면서 혈관 내벽을 따라 순찰한다. 몸에 문제가 발생하면 중앙센터의 신호를 받고 문제의 장소로 방향을 정한다. 사건 현장으로 엑셀 페달을 최대한 밟고 빠르게 이동한다. 내피세포는 백혈구가 사건 현장을 알 수 있도록 식별이 가능한 깃발을 세워 둔다. 현장에 도착한 백혈구는 자신의 동그란 몸을 아메바처럼 홀쭉하게 만들어서 내피세포들의 좁은 틈을 비집고 들어간다. 백혈구 경찰관의 변신이 놀랍지 않은가? 이 모든 현상은 '생물학적 신비'biological mystery다.

문제는 내피세포가 당화되면 내피세포의 틈이 벌어지지 않는다는 것이다. 백혈구 경찰관이 사건 현장에 진입할 수 없게 된다. 마치 불법 주차된 차량 때문에 소방차가 진입하지 못하는 것과 비슷하다. 결국 당신 몸속에서 당화 현상이 빈번하게 발생한다면 몸은 점점 면역력이 약해지고 손상은 심화되는 것이다.

최종 당화 산물은 당뇨병 환자에게 나타나는 순환계 문제의 주된 원인이다. 단백질이 풍부한 적혈구는 3개월 동안 당을 스펀지처럼 빨아들여 뻣뻣해지고 부풀어 오른다. 비장脾臟은 적혈구의 상태를 면밀히 체크해서 당으로 손상된 적혈구를 처리한다. 하지만 과도하게 혈당 수치가 높을 경우 비장은 손상된 적혈구를 모두 제거하지 못한다. 결국 모세혈관이 막혀버린다. 당뇨병 환자가 시력을 잃거나 발에 마비와 염증이 일어나는 과정이다. 과도한 당은 모든 세포를 무차별적으로 습격한다.

대부분의 임산부는 선천성 기형을 피하고 싶기 때문에 '금주하라!'는 산부인과 의사의 조언을 따른다. 나는 의사들이 당 섭취에 대해서도 동일한 기준을 적용해야 한다고 생각한다. 임산부가 당뇨병이 있으면 선천성 기형아를 출산할 위험이 10배나 높아진다. 당뇨병은 태아와 신생아의 성장에 심각한 영향을 미치는 것으로 나타났다. 그래서 의사들은 임신을 원하는 당뇨병 환자들에게 '먼저 혈당을 관리하라'고 말한다.

하지만 당뇨병, 인슐린 저항성 그리고 고혈당증의 경계에 있는 여성들은 어떨까? 미국은 임산부를 포함해서 수천만 명이 당뇨 합병증에 시달리면서도 그 사실을 자각하지 못하고 있다. 나는 임산부 환자들에게 최대한 당 섭취를 줄이라고 조언한다. 달콤한 음식을 먹고 싶다면 아기의 얼굴이 완벽한 미소를 지을 때까지 기다려야 한다.

모든 세포는 포도당을 끊임없이 공급받고 원활하게 이용할 수 있어야 한다. 위胃 뒤쪽에 있는 양말 모양의 췌장膵臟은 혈당 수치를 항상 70~85로 유지하려고 애쓴다. 하지만 과도한 탄산음료, 쿠키, 부드러운 케이크에 함유된 당은 췌장에 과부하를 준다. 세포들은 당에 휩쓸려 다량의 최종 당화 산물을 형성한다. 최종 당화 산물이 제거되지 않은 상태에서 음식을 먹으면 인슐린에 대한 반응 속도가 느려지고 혈당 수치가 더 올라간다. 악순환의 굴레에 갇혀 버린 것이다.

공복 혈당이 100 이상 올라가면 당뇨병 전 단계 진단을 받고, 수치가 계속해서 상승하면 마침내 당뇨병 환자 꼬리표를 배부 받게 된다. 혈당이 높은 사람들은 부모도 같은 증상을 앓는 경우가 많기 때문에 유전적인 질병이라고 생각하기 쉽다. 하지만 그렇지 않다. 당뇨병을 유전 받기보다는 나쁜 식습관을 물려받았을 가능성이 높다. 좋은 식단을 도입하면 당뇨병을 뿌리 뽑을 수 있다.

당뇨병은 다른 말로 '혈관병'vascular disease이다. 혈관이 있는 모두 곳을 초토화한다. 그래서 당뇨병은 '전신병'systemic disease이다. 당연히 혈액이 가장 많이 모이는 심장에 타격을 준다. 당뇨병은 심장마비를 증가시키는 주범이다. 당뇨병 전 단계도 심장마비로부터 안심할 수 없다. 보통 당뇨병 전 단계를 공복 혈당 장애로 분류하는 경우가 많다. 2007년 연구에 따르면, 심장마비로 입원한 환자 가운데 당뇨병 전 단계 환자는 정상인보다 1년 뒤 사망할 가능성이 무려 '5배'에 이른다. 공복 혈당 장애가 있는 사람은 아직 '당뇨병' 꼬리표가 없기 때문에 안심하는 경우가 많다.

미안하지만 진실은 다음과 같다. 만성 신부전증, 실명, 뇌졸중, 다리 절단, 심장마비 등 무시무시한 당뇨 합병증은 공복 혈당 장애를 겪고 있는 사람에게도 그대로 적용된다. 다시 강조하겠다. 당뇨병이라는 진단명에 집착하지 말라. 만약 당신의 혈당 수치가 당뇨병 전 단계 또는 공복 혈당 장애를 겪고 있다면 지금 당과 결별해야 한다.

많은 의사는 당뇨병 진단 기준, 즉 공복 혈당 수치를 126 이하로 낮춰야 한다고 권유한다. 나도 동의한다. 의사 생활을 처음 시작했을 때는 공복 혈당 수치 126을 기준으로 당뇨를 진단했다. 하지만 하와이로 이사를 간 후, 지역 주민들이 대체로 혈당이 높다는 것을 발견했다. 진료하면서, 환자들의 공복 혈당이 95에 이르면 체중이 늘기 시작한다는 사실도 알게 되었다. 그래서 공복 혈당 수치가 90 이상인 사람들은 탄수화물을 제한해야 한다. 내 판단은 하루 총 탄수화물 섭취량을 하루 100g 이하로 줄이는 것이 좋다.

당 중독은 뇌를 파괴하는 '고엽제'다

외계인 조사관이 있다고 잠시 상상해 보자. 그는 지구라는 행성에서 가장 중독성 있는 약물을 조사하는 업무를 담당하고 있다. 중독 리스트의 상단에는 펜타닐, 코카인, 아편과 같은 마약이 있다. 차례대로 알코올과 니코틴도 보고서에 기록한다. 그런데 우연히 지구인들 대다수가 매일 먹고 있는 정제 물질을 발견한다. 지구인들은 이 정제 물질을 아침에 눈을 뜨자마자 먹고 잠자기 전에도 먹었다. 그는 급히 보고서를 수정한다. 보고서 상단에 '당'이라고 쓰고 조사를 마친다.

당이 코카인보다 중독성이 강하다는 것을 보여주는 연구는 많다. 강렬한 달콤함은 코카인 보상을 넘어선다. 실제 쥐를 대상으로 진행한 연구에서 코카인과 당 중에서 후자가 중독성이 더 높은 것으로 나타났다. 다양한 연구들은 다음과 같이 경고하고 있다.

"인간을 포함한 포유류의 당 수용체는 당 섭취가 부족했던 초기 인류부터 발달했다. 인류는 과도한 당과 맞지 않는다. 과도한 당은 이 수용체에 비정상적인 자극을 주며 뇌에 중독 가능성을 높인다."

연구원들은 쥐에게 초콜릿Ensure을 꾸준히 먹인 결과, 정보를 받아들이는 뇌기관선조체의 유전자 발현을 변화시키는 것으로 밝혀졌다. 초콜릿은 '아편 수용체'를 자극하는 물질과 동일한 경로로 쥐들을 자극했다.

''마이클 폴란'Michael Pollan은 〈욕망하는 식물〉The Botany of Desire에서 식물은 유혹적인 화학 물질로 인간을 길들여서 자신들의 생존 영역을 확장해 왔다고 지적했다. 과일과 사탕수수는 당으로 인간과 동물을 유혹해 식물의 DNA를 퍼뜨려왔다. 이제는 그 역할을 정제당이 하고 있다. 달콤함은 옥수수로부터 나오고 있다. 해마다 옥수수를 심기 위해 수백만 제곱미터에 이르는 열대 우림이 불타고 있다. 액상 과당은 달콤함의 판도를 완전히 바꿨다.

슬프게도 당의 중독성은 '합법'이다. 이제 당을 위험 물질로 분류해야 하지 않을까? 아이에게 헤로인을 투여하면 뇌의 쾌락 중추에 있는 신경 활동에 엄청난 소동이 일어날 것이다. 마찬가지로 당은 '아편 물질'과 동일한 반응을 불러온다. 만약 당신이 아이에게 당이 풍부한 과일주스, 탄산음료, 달콤한 시리얼 그리고 과자와 사탕을 먹인다면 '아이를 망치는 부모'가 되는 셈이다.

설탕은 병원에서 진통제로도 쓰였다. 간호사들은 아기한테 설탕물을 먹여 일상적인 고통을 덜어줬다. 2002년 캐나다 몬트리올에서 근무하는 신생아 담당 간호사들은 이 방법에 의구심을 품었다. 아기들의 뇌 발달에 미치는 영향을 걱정한 것이다. 간호사들은 연구 대상 아기의 절반에게는 맹물을, 나머지 절반에게는 설탕물을 먹였다. 생후 첫 7일 동안 설탕물을 먹은 아기들은 연구가 끝난 11주 뒤에도 여전히 신경계에 영향이 남아 있었다.

이 연구는 무엇을 말하는 걸까? 설탕물 한 모금조차 아기의 인지 발달을 방해한다는 것이다. 당은 왜 이토록 엄청난 영향을 끼치는 걸까? 당은 뇌에서 아편 물질 분비를 유도하기 때문이다. 연구자들은 당을 과도하게 반복해서 섭취하면 아이의 각성 체계 발달을 방해할 수 있음을 경고하고 있다.

당신이 아이를 달래려고 달콤한 음식을 준다면 아이의 뇌를 재설계하는 것이다. 아이는 힘들고 어려울 때 스스로의 힘으로 극복하기보다는 달콤함에 의존하게 될 가능성이 크다. 아동 심리학자들은 어린이들의 절제력이 시간이 갈수록 떨어지고 있다고 우려한다. 과잉 행동 장애ADHD를 앓고 있는 아이들이 빠르게 늘고 있다. 부모들은 자녀의 산만함을 어떻게 제어해야 할지 난감해하고 있다.

과도한 당이 아이들의 집중력을 약탈하고 있다. 아이를 진정 사랑한다면, 잠시 아이의 기분을 달래기 위해 손쉽게 가공식품을 내밀지 말라. 사랑하는 아이에게 악영향을 미치는 바보 같은 사랑이다. 당은 아이의 뇌만 공격하는 것이 아니다. 노인의 뇌도 예외가 아니다. 치매의 원인이 노화에 의한 유전적 돌연변이가 아니라, 당이라는 연구 결과를 주목할 필요가 있다.

인체는 끊임없이 성장하며 화학적 신호에 반응한다. 뇌는 세포 성장을 지시하는 화학 물질로 뒤덮여 있다. 뇌에 당이 많아지면 뇌세포에 영향을 미친다. 뇌세포는 나뭇가지가 두 갈래로 뻗어 있는 나무와 비슷하다. 나뭇가지를 닮은 뇌세포는 수상 돌기를 통해 기억, 생각, 감정의 화학 물질을 교환한다. 지능은 뇌의 '신경 나무'neural tree의 가지 숫자와 상관관계가 있다. 신경 세포가 계속해서 더 많은 가지를 뻗을 수 있는 것은 호르몬 때문인 것으로 밝혀졌다. 뇌는 성장을 자극하는 호르몬에 둘러싸여 있다. 호르몬을 제거하면 뇌세포의 나뭇가지들은 시들어버린다. 치매는 뇌가 '가지치기'dendritic pruning하기를 중단하는 현상이다.

뇌세포 막을 뻣뻣하게 만드는 '당화'는 유력한 용의자다. 세포막의 당화는 호르몬 민감성을 낮춘다. 민감성이 낮아진다는 것은 뇌세포가 성장 인자에 반응할 수 없다는 뜻이다. 반응이 줄어든다는 것은 신경 가지들의 수가 줄어들었다는 의미이며 다른 세포와의 연결이 감소했다는 의미다. 당은 시간이 지나면서 뇌의 물리적 구조를 변화시켜 치매를 일으킨다. 과도한 당은 뇌를 황폐화시키는 '고엽제'defoliant다.

당을 끊으면 인생이 바뀐다

이라크 연구자에 따르면, 당을 많이 섭취할수록 단맛을 덜 느끼게 되고 단맛을 덜 느낄수록 더 많은 당을 섭취한다고 한다. 이라크인들은 달콤한 차를 통해서 당을 섭취하는 문화가 있다. 연구원들은 피험자들에게 설탕의 농도를 점진적으로 늘린 달콤한 차를 주었다. 시골 지역에서는 달콤한 차를 원하는 사람이 0.3%에 불과했다. 그러나 10년 이상 도시에서 지낸 실험 참가자들은 1명도 예외 없이 단맛이 가장 강한 차를 선호했다. 도시에서 거주한 기간이 오래될수록 더 많은 설탕을 원했다. 또한 설탕을 많이 섭취하는 사람일수록 단맛을 덜 느끼는 것으로 나타났다. 설탕이 우리의 감각을 무디게 하고 있다.

필자도 비슷한 실험을 한 적이 있다. 그 실험 대상자는 바로 '나'였다. 나는 10년 동안 커피에 캐러멜 소스를 섞어 마셨다. 커피 한 잔에 설탕 4분의 1컵이 들어갔다. 남편 루크는 내가 제조한 커피를 한 모금 맛보더니 눈이 휘둥그레지며 "내가 정신이 나간 게 틀림없다."라고 말하곤 했다. 하지만 다른 사람들보다 결코 설탕을 많이 먹는다고 생각하지 않았다. 다른 중독자들과 마찬가지로 자신을 합리화했고 설탕을 줄이라는 조언을 무시했다.

그 결과, 내 면역 체계는 완전히 망가졌다. 1년 넘게 제대로 걷지도, 운동도 하지 못했다. 결국 설탕 섭취를 줄여야 한다고 판단했다. 조금씩 설탕을 줄여 나가기 시작했다. 처음에는 캐러멜 소스를 1/4 컵에서 1/8컵으로 줄였다. 그 뒤에는 1~2스푼만 넣었다. 몇 달이 지나자, 무릎이 서서히 나아지는 게 느껴졌다. 하지만 설탕을 줄였기 때문이라고 생각하지는 못했다.

그러던 어느 날 여행을 갔는데 캐러멜 소스를 깜박하고 챙기지 못했다. 어쩔 수 없이 커피에 크림과 우유만 넣어 마셔야 했다. 그리고 알았다. 커피 맛이 충분히 좋다는 사실을. 그동안 캐러멜 소스를 얼마나 탐닉했는지 깨달을 수 있었다. 그렇게 설탕과의 이별은 시작되었다. 그때부터 당 중독의 늪에서 허우적대는 환자들의 마음을 더 잘 이해할 수 있게 되었다.

그날 이후 커피에 설탕을 넣지 않았다. 탄산음료와 과일주스도 이별했다. 사탕과 과자도 쓰레기통에 처넣었다. 고탄수화물 식품을 완전히 끊었다. 이별 뒤에는 새로운 만남이 기다리고 있었다. 무릎 통증이 완전히 회복되었고 허리 뱃살이 7kg이나 빠졌다. 지금은 당의 유혹에서 자유로워졌고 입맛은 활기를 되찾았다. 우유와 크림 그리고 생生채소의 단맛을 느낄 수 있게 되었다. 과거와 먹는 양은 동일하지만 체중은 줄었고 공복감도 잘 느끼지 않았다. 체중 감량이 이토록 쉽다니!

마약 중독자들은 굳이 마약을 찾아 헤맬 필요가 없다고 말한다. 마약이 자신들을 찾아낸다는 의미이다. 설탕도 마찬가지다. 사람들이 식탁에서 당을 줄이려고 애쓸수록, 감미료 제조업자들은 더 많은 당을 제품에 몰래 집어넣는다.

저지방 광풍이 건강과 동일시되면서 많은 음식이 저지방을 표방하기 시작했다. 그러나 음식에 지방이 없으면 맛이 없다. 식품 제조업자들은 이 약점을 보완하기 위해서 구원투수를 찾았다. 바로 '설탕'이다. 설탕이 첨가되기 시작하면서 그 양은 급격히 증가했다. 소아과 의사들이 권하는 어린이 영양 보충제 '페디아슈어'Pediasure의 깡통 겉면을 살펴보라. 가장 많은 성분은 '물'이다. 두 번째는 무엇일까? 바로 1리터당 108g을 차지하는 '당'이다.

남편 루크는 어린 시절 조부모님 댁에서 많은 시간을 보냈다. 조부모님은 보건 당국의 가이드를 철저히 지켰다. 당연히 저지방 식품에 관심이 많았다. 냉장고 안에는 탈지유, 저지방 요구르트, 저지방 드레싱 등 저지방 식품밖에 없었다. 방과 후 집에 돌아오면 남편과 형제자매들은 달콤한 식품을 찾느라 집 안을 온통 헤집어 놓았다. 그리고 찬장에 숨겨놓은 초콜릿 케이크Ding Dong와 달콤한 과자Twinkie를 찾아냈다.

설탕을 피하는 일은 생각보다 어렵다. 초콜릿케이크와 과자를 끊어도 샐러드 드레싱 안에 당이 들어 있다. 컵케이크를 먹지 않아도 초밥에 당이 들어 있다. 탄산음료를 끊겠다고 결심해도 '100퍼센트 오렌지 주스'에 옥수수 시럽이 잔뜩 섞여 있다. 우리는 당 인플레이션에 빠져 있다. 미각은 점점 설탕에 둔감해지고 있으며 더 많은 당을 욕망하고 있다.

아가베 시럽	바베이도스 설탕	엿기름
블랙스트랩 당밀	흑설탕	버터 시럽
사탕수수당	캐러멜	캐럽 시럽
자당	옥수수 시럽	물엿
데이트 슈거	데메라라	덱스트린
당화 엿기름	다이아타스	에틸 말톨
플로리다 크리스털스	과당	과일주스
갈락토스	글루코스	고형 포도당
골든 시럽	포도당	액상 과당
당의	전화당	락토스
말토덱스트린	말토스	메이플 시럽
무스코바도	원당	파노차
정제 시럽	조청	수수 시럽
설탕	트리클	중백당
사탕무당	발포 사탕수수 즙	당밀
덱스트로스	수크로스	원당

〈가면을 쓰고 있는 당분의 얼굴〉

제조업자들은 더 많은 당을 숨기기 위해 노력하고 있다. 그 핵심 기술은 무엇일까? 설탕에 다양한 이름표를 붙이는 것이다. 인기 상품인 시리얼Raisin Bran Crunch에 붙은 성분명 라벨을 살펴보자.

통밀, 쌀, 설탕당, 건포도당, 밀기울, 액상 과당당, 통귀리, 글리세린, 황설탕당, 옥수수 시럽당, 소금, 보리 맥아 시럽당, 대두유, 아몬드, 변성 옥수수 전분, 계피, 꿀당, 모노글리세리드 및 디글리세리드의 폴리글리세롤 에스테르, 니아신아미드, 산화아연, 환원철, 맥아 향미료당, 인공 비타민 내용물의 절반이 당이다. 그리고 나머지 절반을 구성하는 것은 무엇일까? 바로 '단순 탄수화물'이다. 파스타를 좋아하는 사람은 듣고 싶지 않겠지만 '탄수화물'은 당이다. 미국인들은 아침 식사로 당 시한폭탄을 매일 먹고 있다. 우리는 당의 세계에 살고 있다. 지구 생명체의 주된 에너지원은 포도당glucose이다. 우리는 눈에 보이는 포도당을 먹을 수 없다. 하지만 '녹말'이라고 부르는 또 다른 탄수화물은 소화가 가능하다. 식물은 녹말을 이용해 에너지를 저장한다. 인간의 소화 기관은 녹말을 당으로 전환할 수 있으며, 우리가 녹말을 먹을 때마다 포도당을 얻는다. 녹말과 당은 근본적으로 동일하다.

하루 탄수화물 100g을 유지하자

우리는 달콤한 케이크를 먹고 나면 도파민이 흥분되는 것을 느낄 수 있다. 이를 '슈거 하이'sugar-high라고 한다. 과도한 당 섭취로 혈당 수치가 단시간에 급격히 높아지는 것이다. 그 다음 단계는 어떻게 될까? 다시 혈당 수치가 곤두박질쳐서 무기력이 몰려온다. 심각하면 몸이 떨리기까지 한다. 그리고 오래지 않아 금단 증상을 위로하기 위해 당의 유혹이 다시 얼굴을 내민다.

'단순' 탄수화물은 당이다. 다수의 당이 결합하면 '복합' 탄수화물인 녹말을 얻는다. 복합 탄수화물이 단순 탄수화물보다 건강에 좋다는 말이 많다. 하지만 영양상으로 보면 차이가 많지 않다. 복합 탄수화물과 단순 탄수화물의 차이는 혈액에 얼마나 빨리 흡수되는가 뿐이다. 혈당 장애가 있는 사람에게 영양사가 아침 식사로 복합 탄수화물을 권하는 것은 폭음한 사람에게 간격을 두고 술을 마시라고 하는 것과 같다.

파스타와 국수를 먹을 때는 건강에 나쁜 짓을 한다는 기분이 들지 않는다. 파스타와 국수는 단맛이 나지 않기 때문이다. 그러나 녹말 분자들은 바로 당이며 일단 몸에 들어오면 해를 끼친다. 녹말 자체는 사슬에 묶인 죄인같이 긴 분자 상태에서는 어떤 해도 끼치지 않는다. 하지만 녹말이 소화를 통해 분해 되면 당으로 전환된다. 앉은 자리에서 파스타와 국수를 한 접시 해치웠다면 본질적으로 설탕 한 접시를 먹은 셈이다. 당을 먹든, 녹말을 먹든, 몸은 결국 당으로 인식한다.

밥, 빵, 면과 같은 식품은 설탕통과 마찬가지다. 스파게티 1인분 198g은 콜라 캔 4개에 들어 있는 당과 동일하다. 물론 곡물에는 소량의 단백질과 무기질이 들어 있지만 밀가루와 백미는 영양소가 거의 없다. 쌀과 빵의 색깔이 흰색이든 갈색이든 상관없다. 복합 탄수화물이라 하더라도 당신이 먹고 있는 것은 분명 당이다.

예를 들어, 발아 곡물로 만든 빵 한 조각은 70kcal이고, 일반 밀로 만든 빵 한 조각은 110kcal다. 그 이유는 씨앗에서 싹이 트는 동안 녹말이 영양소로 전환되기 때문이다. 씨앗은 발아를 통해 녹말을 영양소로 전환을 할 수 있지만, 우리 몸은 그렇게 하지 못한다.

난 식품을 탄수화물, 단백질, 지방으로 나누는 것을 좋아하지 않는다. 하지만 탄수화물은 유독 신경이 쓰이는 거대 영양소다. 왜냐하면 탄수화물은 텅 빈 칼로리 식품으로 상점 매대에 넘쳐나기 때문이다. 당뇨병을 앓는 환자나 체중을 줄이고 싶어 하는 사람에게 '하루 탄수화물 총 섭취량을 100g 이하로 유지하라!'고 권유한다. 하루 탄수화물 100g은 파스타 작은 접시, 식빵 8조각, 쌀밥 한 공기 반 수준이다. 만성 질환을 앓고 있는 분은 탄수화물 섭취에 유념할 필요가 있다. '100'이라는 숫자를 기억해 주길 바란다.

많은 사람이 간과하는 또 다른 중요한 당 공급원은 달콤한 과일이다. 우리는 어린 시절부터 '과일과 채소를 먹어라!'는 소리를 귀가 닳도록 들어왔다. 마치 과일과 채소가 동일한 것처럼 말이다. 하지만 두 식품은 완전히 다르다. 채소의 영양소는 과일보다 에너지 전환율이 높다. 야생 블루베리처럼 영양소 함유량이 풍부한 과일도 당으로 가득 차 있다. 감귤류를 먹으면 아주 약간의 영양소와 함께 당을 잔뜩 섭취하는 셈이다. 과일은 사탕 대신 선택할 수 있는 천연적인 대안일 뿐이다.

과일을 제한해서 먹어야 한다는 생각에 이의를 제기하는 경우가 많다. 일부 사람들은 '과일은 천연 당이야'라고 말한다. 물론 맞는 말이다. 하지만 모든 당은 천연적이다. 사탕수수도 천연적이고, 액상 과당의 원료인 옥수수도 천연적이다. 과일 속 당과 액상 과당 속 당의 차이점은 전자는 원재료 속에 있고, 후자는 원재료를 정제해서 다른 영양소들이 없다는 것이다. 그런 면에서 과일이 설탕보다 더 좋다. 산화 방지제 역할을 할 수 있는 섬유소, 무기질, 타닌, 플라보노이드가 들어 있다. 그렇다고 열광할 일은 아니다. 현대의 과일은 과거의 과일보다 너무 달기 때문이다.

과일 애호가들을 난처하게 만드는 것은 과당이 간을 지방 저장 모드로 만든다는 것이다. 과당은 에너지로 쓰이기 보다는 대부분 지방으로 저장된다는 말이다. 액상 과당에 대한 폭발적인 증가는 지방간 증가의 주요 원인이기도 하다. 분명 과일은 씨앗 기름과 가공식품보다 훨씬 좋다. 단, 혈당 불균형을 겪고 있는 사람은 과일 섭취를 유념할 필요가 있다. 적당한 수준에서 먹기를 바란다.

과일만 먹는 채식주의자를 '푸르테리언'fruitarian이라고 부른다. 이런 라이프 스타일을 선택한 이유는 성서를 비롯해서 매우 다양하다. 그중 가장 유력한 설명은 인류가 과일을 주로 먹는 영장류였다는 것이다. 기억할 것이 있다. 원숭이를 포함한 영장류는 과일과 더불어 나무껍질, 곤충, 견과류를 먹는 잡식 동물이다. 특히 침팬지의 경우는 몸집이 작은 원숭이 사냥을 즐긴다. 고기를 매우 좋아한다는 사실이다.

과일을 먹는 동물들의 소화 기관은 발효를 통해 단순 영양소를 복합 영양소로 전환한다. 인간에 비해 과일에서 훨씬 더 많은 영양소를 얻을 수 있다. 재미있는 것은 과일을 주식으로 하는 동물은 혈액 속에서 많은 당을 흡수하지 않는다는 사실이다. 영장류의 소화관은 세균, 효모, 미생물을 통해서 탄수화물을 비타민, 아미노산, 필수 영양소를 발효시키는 구조로 되어 있다.

활생균들은 당이 풍부한 과일을 필수 영양소로 발효시킨다. 이 과정은 초식 동물이 섬유질풀을 풍부한 영양소로 발효시킬 때와 아주 비슷하다. 인간의 소화관이 영장류의 소화관처럼 설계되었다면 지금보다 훨씬 더 많은 과일을 먹을 수 있었을 것이다. 그러려면 지금보다 장腸이 훨씬 더 길어져야 하며 고릴라처럼 거대한 배를 안고 다녀야 할 것이다.

당 중독자들의 극복 사례

■ 저혈당 고통에서 벗어났어요!

진료실에서 함께 일했던 메리 간호사 이야기를 해보자. 그녀는 자신의 업무에서 최고였다. 의사들이 놓치는 일이 없도록 진료 차트를 꼼꼼하게 몇 번씩 확인하곤 했다. 그녀는 또렷한 정신을 유지하기 위해 자주 단것을 먹었다. 가방에는 사탕과 초콜릿이 항상 준비되어 있었다. 그녀는 규칙적으로 운동을 했으며 낮은 체중을 유지했다. 그런데 시간이 지나면서 배가 고플 때 손이 약간씩 떨리는 증세를 발견했다. 그때 가방 안에 준비한 달콤한 간식을 먹으면 손 떨림을 멈출 수 있었다. 어느 날 그녀는 수술 도중, 의사의 지시를 듣지 못하고 멍한 상태에 빠져 버렸다. 그 상태는 지속되었으며 몇 분 후에 몽롱한 상태에서 벗어날 수 있었다. 그녀는 단것을 더 자주 먹어야겠다고 생각했다.

그녀는 혈액 검사를 진행했다. 모든 수치는 정상이었다. 하지만 몇 달 뒤 운전 중에 정신을 잃고 말았다. 차는 길을 벗어나 도랑에 빠졌다. 다행히 다친 사람은 없었다. 신경과 의사는 발작 증세라고 진단하고 항발작제를 처방했다. 약물의 부작용으로 참을 수 없는 졸음이 밀려왔다. 결국 그녀는 내 진료실을 찾아와 고민을 털어놓았다.

그녀를 괴롭혔던 저혈당의 원인은 무엇이었을까? 그녀의 가방 안에 범인이 있었다. 그녀는 수년 동안 집중력을 올리기 위해 과도한 당에 의존했다. 과도한 당으로 인해 췌장은 과로 노동에 지쳐갔으며 혈당에 대한 반응 속도도 느려졌다. 과도한 당 때문에 도리어 세포에 포도당이 부족해지는 역설이 발생한 것이다. 그녀의 몸은 부족한 포도당 때문에 부신이 스트레스 반응을 일으킨 것이다. 부신은 아드레날린을 분비하고 아드레날린은 간에 포도당을 분비하라고 지시한다. 이때 아드레날린은 신경계에 영향을 미쳐 불안, 떨림, 메스꺼움 같은 증세를 일으킨다. 그녀의 상태는 당장 항발작제를 끊으면 위험할 수도 있었다.

그녀에게 타협안을 제시했다. 먼저 '저탄수화물 식단'을 엄격하게 지키라고 권유했다. 동시에 약의 복용량을 조금씩 줄이면서 꾸준히 혈당 수치를 확인했다. 달콤함을 좋아하는 입맛 때문에 초기에는 어려움을 겪었지만 저탄수화물 식단 권고를 꾸준히 지켰다. 결국 그녀는 저혈당 공포에서 해방될 수 있었다. 만약 과거와 같은 식사 습관을 유지했다면 어떠한 약물 처방도 저혈당 증상을 막지 못했을 것이다.

지금부터 탄산음료와 과일주스를 쓰레기통에 처넣어라. 아까워하지 마라. 과도한 당은 질병의 원인일 뿐 아니라 멀쩡한 사람을 수술대 위에서 고통받게 만든다. 의료계는 사람들이 건강하면 수입을 잃는다. 의료계 입장에선 사람들이 병에 걸려야 한다. 병원과 제약 산업의 흥망성쇠는 당신이 입에 넣는 음식에 달려 있다. 이제 누군가의 호주머니를 채워 주는 행위는 그만하라!

■ 발기 부전, 남성을 잃을 수는 없어요!

게리는 스킨스쿠버 강사다. 어느 날부터 가슴이 두근거리는 느낌을 받기 시작했다. 그는 눈을 감고도 하와이의 바닷속을 돌아다닐 수 있었지만, 어떤 병원에 가야 할지는 전혀 몰랐다. 그는 응급실로 직행했다. 하지만 응급실 의사는 어떤 진단도 내리지 않았다. 그가 너무도 멀쩡했기 때문이다. 의사는 혈액 검사와 심전도 검사 등을 지시했고 모든 수치는 정상 판정이 나왔다. 응급실 의사는 만약을 위해 심장병 전문의를 소개했다. 심장병 전문의는 정밀 검진을 권유했고 그는 고민의 시간이 필요하다며 진료실을 나왔다.

그는 불안한 마음에 내 진료실을 찾았다. 진료 기록을 살펴보니 검진 결과 중 주목할 만한 항목이 있었다. 바로 '공복 혈당 수치'였다. 공복 혈당치는 '92'였다. 일반적으로는 '정상'이라고 간주하는 수치였다. 난 진료 중에 게리의 발뒤꿈치를 살펴보았고 굳은살이 있는 것을 확인하였다. 경험상 혈당 수치가 높은 환자는 발뒤꿈치에 건조한 굳은살이 생긴다는 걸 알고 있었기 때문이다.

게리가 경험하고 있는 가슴 두근거림 증상을 의학 용어로는 '심계 항진'palpitation이라고 부른다. 심계 항진은 심장 운동에 장애가 생기는 증상인데, 경험에 따르면 당을 과다 섭취하는 사람에게 많이 나타난다. 발작 장애와 마찬가지로 당으로 인해 호르몬 수치가 상승하면서 신경을 자극한 것으로 판단되었다.

진료를 통해 알게 된 것은 그가 당 중독에 빠져 있었다는 사실이다. 그는 아침에 달콤한 시리얼을 먹고 오전 업무를 보면서 초콜릿 스니커즈바를 먹었다. 점심에는 샌드위치를 먹고 오래지 않아 스니커즈바를 하나 더 먹었다. 과일주스와 탄산음료도 즐겨 마셨다. 그는 오랜 시간 매일 이런 음식을 먹어왔다. 그 결과 서른아홉 살에 심계 항진 증상이 발생한 것이다.

게리에게 "지금의 이상 증상을 피하고 싶으면 당 섭취를 최소한 절반으로 줄여야 한다."라고 말했다. 공복 혈당이 높은 것은 몸이 테스토스테론을 비롯한 호르몬 민감성을 잃어버리는 전조라고 경고했다. 혈관 내벽 세포가 망가지면 혈관이 팽창하지 못하고 혈액으로 채우지 못한다. 바로 발기 부전에 이르는 과정이다. 게리는 '남성을 잃어버릴 수 있다'는 경고에 마음이 움직였다.

그는 먼저 2주 동안 설탕을 비롯한 탄수화물과 완전히 결별하기로 했다. 2주 후 온갖 증세가 개선되었다. 여자 친구와의 관계도 마찬가지였다. 그는 달콤함보다 더 중요한 것을 얻었고 가슴 두근거림은 과거의 추억이 되었다. 그는 심장 수술을 걱정할 필요가 없게 되었다. 만약 정밀 검진을 받았다면 심장병 위험 환자 리스트에 올라갔을지도 모른다. 리스트에 올라가는 순간 의료계의 미로에 빠질 수 있다. 지금도 수백만 명의 미국인들은 복잡한 미로에서 길을 잃고 헤매고 있다. 슬픈 현실이다.

■ 고지혈증 약물을 끊었어요!

간호사 제인은 까무잡잡한 피부를 소유한 테니스 매니아였다. 총 콜레스테롤 수치는 260, LDL 콜레스테롤 수치는 170이었다. 그녀는 콜레스테롤의 공포를 마음속 깊이 간직하고 있었다. 아버지가 심장 마비 병력이 있었기 때문이다. 자신의 높은 콜레스테롤 수치는 '유전' 때문이라고 생각해 왔다.

그녀는 항상 콜레스테롤이 낮은 식사를 했고 운동도 열심히

했다. 콜레스테롤 저하제를 복용하고 있었고 근육 통증에 시달리고 있었다. 약물 부작용이었다. 당연히 테니스 시합에도 영향을 미쳤다. 하지만 고지혈증 약물을 끊을 수 없었다. 콜레스테롤에 대한 두려움이 너무나 컸기 때문이었다.

몸속에 들어오는 당이 지나치게 많으면 LDL 수치가 상승한다. 당은 인슐린을 증가시킨다. 인슐린이 증가하면 특정 효소HMG-CoA를 활성화해 LDL 콜레스테롤 수치를 높인다. 이러한 상태가 계속 지속되면 모세혈관이 딱딱해진다. 그러면 LDL 콜레스테롤은 혈관 이동에 어려움을 겪으며 혈관 내에 더 오래 머물러야 한다. 그럼, 혈액 내 LDL 콜레스테롤 수치는 더 높아지게 된다.

그녀는 첫 진료에서 공복 혈당 검사를 진행했다. 내 권고대로 탄수화물 섭취를 줄였고 LDL 수치는 오래지 않아 120으로 떨어졌다. HDL 수치는 85로 양호한 상태를 보였다. 결국 그녀의 높은 LDL 콜레스테롤 수치는 가족력이 아니라 과도한 탄수화물 섭취가 주범이었다. 그녀는 고지혈증 약물이 필요 없게 되었다.

■ 만성 편두통이 사라졌어요!

수전은 끔찍한 두통에 시달렸다. 뜨겁게 달군 칼날로 오른쪽 눈을 찌르는 느낌을 받았다. 20년 동안 편두통 치료를 위해 온갖 시도를 해봤지만 효과가 없었다. 그녀가 할 수 있는 일은 한밤중에 응급실로 달려가 진통제를 맞는 것밖에 없었다. 두통은 예고 없이 찾아왔다. 짧으면 며칠, 길면 몇 주 동안 그녀의 삶을 흔들어 놓고 갑자기 사라지곤 했다.

그녀에게 2가지 해결책을 제안했다. 첫번째는 산소 탱크를 통해 충분히 산소를 흡입하게 했다. 그녀를 괴롭히는 질병은 '군발 두통'cluster headache이었다. 일반적인 편두통이 아니었기에 완전히 다른 치료법을 써야 했다. 참고로 군발 두통은 '앞머리와 눈 주변에 극심한 통증이 일정 기간 집중적으로 나타나는 질환'을 말한다. 두번째는 당 섭취를 중단시켰다. 군발 두통에 시달리는 사람은 당에 중독되어 하루 종일 달콤함에 빠져 있는 경우가 흔하다. 한밤중에 혈당 수치가 바닥으로 떨어지면 이를 보상하기 위해 호르몬이 급격하게 변한다. 때로는 끔찍한 고통 때문에 잠이 깨는 경우도 다반수다. 그녀도 당을 줄이는 것이 가장 시급했다. 가벼운 운동과 함께 당을 줄이면 두통을 효과적으로 막을 수 있을 것으로 판단되었다. 그런데 그녀는 이렇게 말했다.

"저는 설탕을 많이 먹지 않아요."

많은 사람이 그녀처럼 말한다. 이러한 대답을 예상 못한 것은 아니었다. 나도 매일 설탕 1/4컵을 먹으면서도 설탕을 줄이라는 남편의 걱정에 똑같이 반응했기 때문이다. 그녀와 식단에 관해 이야기를 나누면서 많은 당을 섭취하고 있음이 밝혀졌다.

그러나 그녀는 당을 끊지 못했다. 갑자기 두통이 찾아오면 침대 아래 있는 산소 탱크를 꺼내 산소를 흡입했다. 불충분할 때는 응급실로 향했다. 그녀가 응급실에 갈 때마다 담당 의사인 내게 자동으로 통보가 왔다. 그런데 어느 날부터 그녀의 응급실 방문 통보가 오지 않았다. 아마도 이사를 간 것으로 생각했다. 시간이 흘러 그녀가 진료실을 다시 찾아왔다. 놀랍게도 그녀는 두통의 고통에서 벗어나 있었다. 당과 결별한 것이다. 생일날에도 케이크를 먹지 않는다고 했다.

과도한 당은 신경계에 많은 문제를 일으킨다. 그래서 환자가 신경 질환으로 찾아오면 먼저 물어보는 질문 중 하나가 '당 섭취'다. 불안, 가슴 두근거림, 만성 통증과 같은 질환뿐만 아니라 관절 질환, 습진, 두드러기, 콧물 같은 알레르기 질환 등도 마찬가지다. 많은 사람이 당으로 인해 끔찍한 고통에 시달리면서도 자신의 당 섭취 습관을 인지하지 못하고 있다. 그만큼 당은 우리 식단 곳곳에 숨겨져 있다. 우리는 당 중독 사회에서 살고 있다. 당 중독에 대한 인정이 치료의 시작이다! 휴.바.식

3부
뿌리 깊은 영양

8장
인류 전통 음식의 4가지 기둥

체중을

감량하고 싶은가?

서서히 나이 들고 싶은가?

질병에서 자유롭고 싶은가?

그렇다면 음식의 4대 기둥을 지켜라.

몸이 먼저 반응할 것이다.

음식의 4대 기둥은

건강한 유전자 발현을 도울 것이다.

뿌리 깊은 영양의 4가지 공통 분모

박물관에서 원시인 전시물을 본 적이 있는가? 거대한 매머드를 집단 사냥하는 용감한 사냥꾼이 떠오를 수 있다. 원시 부족이 모닥불 주변에서 정겹게 고기를 굽는 모습이 생각날지도 모른다. 이번 장에서는 숨겨진 인류의 영웅, 즉 '음식과 요리'를 정면으로 다룰 것이다. 인류가 요리 기술에 쏟은 창조성은 놀라운 과학이다. 인간은 유일하게 다른 동물과 달리 음식의 재료를 버리는 법이 없다. 옛날부터 계승된 요리 지식은 수많은 시행착오와 영감을 거쳐 탄생했다. 고대의 이야기꾼들은 음식의 다양성을 신화에 녹여냈다.

전 세계 전통 요리의 4가지 공통 분모를 이해하게 되면 식단에 대한 고민이 사라질 것이다. 수없이 유행하는 식단과 전문가의 상반된 조언에 머리 아파할 필요가 없다. 우리는 대자연의 혹독한 시험을 극복한 본래의 음식들로 돌아가기만 하면 된다. 우리가 오랜 시간 전수된 음식의 맛을 본능적으로 선호하는 것은 단순한 우연이 아니다. 전통 음식은 수천 년 동안 조상과 자손의 자손, 그 자손의 자손이 올바르게 성장하고 건강해질 수 있게끔 해주었다. 또한 암을 예방하고 심장을 보호했으며 면역 체계를 유지해줬다.

지금부터 소개하는 '음식의 4대 기둥', 즉 호모 사피엔스의 영양학적 토대가 지금의 우리를 만들었다. 건강한 음식을 조리하는 방법의 하나는 전통 요리법을 똑같이 따라 하는 것이다. 지중해식, 오키나와식 요리책을 펼쳐서 요리하면 된다. 그런데 전통 레시피를 그대로 따라 하는 사람은 드물다. 왜 그럴까? 전통 요리의 식재료들을 구하는 것이 어렵거나 대체품을 잘못 사용하는 경우가 많기 때문이다.

예를 들어, 우리는 돼지기름과 같은 포화 지방 대신 보건 당국에서 권장하는 씨앗 기름으로 요리한다. 이러한 잘못된 대체는 심각한 문제를 야기한다. 또한 생소하고 구하기 힘든 식재료는 뼈와 껍질이 없는 육질로 대신하고 있다. 조리 시간이 오래 걸리는 사골 육수와 같은 식재료는 책에서 삭제된다. 발효 채소가 필요한 경우에도 '편리'라는 명분으로 수정된다. 그래서 맛있고, 건강한 전통 음식 요리법은 점점 힘을 잃고 있다.

필자는 요리책이 빠뜨리고 있는 정보를 당신에게 알려주고자 한다. 전통 요리를 지탱하는 식재료를 '4대 기둥'이라고 부른다. 뼈 있는 고기, 발효 음식과 발아 채소, 내장육, 신선한 채소를 말한다. 4대 기둥은 사람들에게 충분한 영양을 제공한다. 요리의 다양함은 지구라는 행성의 생태계만큼 다채롭다.

하와이 주민의 전통 주식은 '포이'poi라는 음식이다. 포이의 재료는 '타로'taro라는 감자와 같은 뿌리채소다. 분말로 만들어 몇 달 동안 보관할 수도 있고 발효를 시킬 수도 있다. 포이 음식과 더불어 생선과 코코넛, 바나나를 첨가한다. 반면에 하와이 귀족 계급 '알리이'alii는 포이보다는 생선과 같은 고영양 음식을 더 많이 섭취했다.

알리이 계급은 평민들보다 키도 컸으며 체격도 좋았다. 음식과 신체 성장의 상관관계가 작용한 것이다.

'이누이트'에스키모는 전통적으로 바다표범과 생선, 이끼를 주로 먹었다. 몽골 유목민은 육류, 발효 유제품, 다량의 차 그리고 약간의 채소를 먹었다. 파푸아뉴기니 '콤바이'Kombai족은 통통한 파리 유충과 도마뱀, 새, 사고야자쌀나무 줄기로 식사했다. 특별한 이벤트가 있는 날은 돼지고기를 먹었다. 서아프리카 농부 '모푸'Mofu족은 콩, 수수, 땅콩을 재배하고 염소와 닭을 길렀다. 벌레를 채집해서 식용으로 사용했다.

세계 각지의 다양한 음식은 아직 낯설다. 하지만 토종 음식들은 몸이 원하는 영양 성분을 모두 함유하고 있다. 당신의 후성 유전체가 원하는 그것이다. 반면에 미 보건 당국이 권유하는 음식 피라미드의 토대를 이루는 것은 '씨앗 기름과 과도한 당'이다. 이 성분들은 거대한 가공식품의 신전을 지지하는 주춧돌이다. 씨앗 기름과 과도한 당은 몸의 세포를 서서히 질식하게 만든다. 세포가 원하는 음식을 통해서 안식일을 찾아줄 필요가 있다.

특정 지역의 음식이 요리 세계를 독점하는 경우는 없지만 프랑스 요리만은 예외다. 프랑스 음식은 맛과 다양성의 깊이에 있어서 전 세계 음식 중에서 단연 돋보인다. 서양 전통 요리를 배우는 요리사들은 프랑스 요리의 제왕 '오귀스트 에스코피에'Auguste Escoffier와 같은 요리 선구자들의 조리법을 따른다. 어떤 사람들은 음식의 근원은 중국이라고 이야기하기도 한다. 그럴 수도 있다. 하지만 중국 요리는 일반적으로 녹말이 다량 함유되는 경우가 많아서 권유하고 싶지 않다.

반면에 프랑스 음식은 전통 방식으로 조리하는 경우가 많아 차별화된 풍미와 건강함을 유지하고 있다. 철저히 4대 기둥에 의존한다고 볼 수 있다. 전 세계 식당에서 만날 수 있는 프랑스 요리는 과거 나폴레옹 시절과 크게 다르지 않다. 프랑스의 법률가이자 미식가 '장 앙텔므 브리야 사바랭'Jean-Anthelme Brillat-Savarin의 말은 지금도 회자되고 있다.

"당신이 먹은 것을 말해 달라. 그러면 당신이 어떤 사람인지 말해 주겠다."

이러한 프랑스의 미식 문화는 '먹는 것이 인생의 가장 큰 행복이자 성공'이라는 사회적 믿음으로 격상되었다. 이러한 미식 문화는 '그랑드 퀴진'grande cuisine이라고 부르는 고급 요리로 화려한 꽃을 피웠다. 이 요리는 최상의 재료를 사용하며 식재료가 가진 특유의 맛을 표현하고 있다. 요리사들은 맛을 극대화하기 위해 제철 음식 즉, '진짜 재료'만 사용했다. 당연히 영양소도 풍부할 수밖에 없다. 그랑드 퀴진은 유럽과 아시아 전역의 음식에서 맛과 영양을 농축한 수백 년 된 기술들을 요약하고 있다.

4대 기둥을 대표하는 음식들은 프랑스 고전요리에 계속해서 등장한다. 프랑스인은 풀리지 않는 '건강 패러독스'health paradox를 갖고 있다. 그들은 엄청나게 기름진 식사를 하는데도 심장병 발병률이 비교적 낮다. 미 보건 당국과 의사들이 금기로 여기는 '콜레스테롤과 포화 지방'이 높은 음식을 먹는데도 말이다. 그 이유는 단순하다. 그들이 먹는 음식이 4대 기둥에 근간한 '전통 음식'에 가깝기 때문이다. 그렇다면 우리는 전통 음식이 존재하는 지역으로 이사를 가야 할까? 그럴 필요는 없다. 4대 기둥에 해당하는 음식을 먹으면 된다. 지금 시작해 보자.

제 1 기둥 : 육류 요리 4대 법칙

고기, 단어 자체만으로도 식욕을 돋운다. 고기에는 정말 다양한 요리법이 존재한다. 전통 요리에서 고기 요리법의 핵심은 무엇일까? 바로 '뼈를 그대로 두는 것'이다. 추수 감사절에는 통째로 익힌 커다란 칠면조 요리를 식탁 한가운데 놓는다. 고기를 요리할 때는 지방과 뼈, 골수, 껍질 등을 최대한 버리지 않고 요리하는 게 좋다.

전통 요리와 고급 요리에서는 고기의 육즙을 보존하여 다채로운 맛을 소유하고 있다. 이제부터 요리할 때 풍미를 높이고 영양을 보존하기 위한 4가지 법칙을 알려주고자 한다. 육류 요리법을 터득하는 것은 음식의 진정한 힘을 획득하는 첫 번째 단계가 될 것이다.

■ 제1법칙 : 너무 오래 익히지 말 것

당신은 식당에서 스테이크를 주문할 때 살짝 익히는가rare, 아니면 충분히 익히는well-done 쪽인가? 요리사인 남편 루크는 완전히 익힌 고기는 쓸모없다고 말했다. 그럼에도 난 피가 뚝뚝 떨어지는 고기를 쉽게 수긍할 수 없었다. 그 이유는 핏물이 줄줄 흐르고 비위를 상하게 하는 고기 요리가 떠올랐기 때문이다.

하지만 지금은 붉은 피를 머금은 덜 익힌 고기가 훨씬 가치가 있음을 잘 알고 있다. 스테이크의 핵심은 '점도와 질감'이다. 오래 익힌 고기는 지방과 단백질 분자가 뜨거운 조리 과정 속에서 뒤얽혀서 복잡하게 결합한다. 그래서 고기는 고무처럼 질겨 진다. 고기를 칼로 자르기 힘들어지고 많이 씹어야 하는데다가 소화하는 시간도 길어진다. 최대 단점은 인체에 필요한 수많은 영양소가 파괴된다는 것이다.

고기를 적당히 익히면 영양소와 풍미가 살아난다. 육즙이 잘 배어들고 소화도 쉬워진다. 그렇다면 높은 가열 온도는 어느 정도를 말하는 것일까? 그것은 고기를 잘랐을 때 육즙이 한 방울도 나오지 않는 상태다. 너무 익힌 것이다. 스테이크는 육즙을 머금은 붉은색이어야 한다. '미디엄 레어'medium rare를 권유한다. 미디엄 레어에 일단 익숙해지면 '레어'rare에 도전해보자.

■ 제2법칙 : 고기는 천천히 뭉근하게 익혀라

얼마 전 파티에서 검은 눈의 페루 여성을 만났다. 그녀는 최근 부엌 찬장 구석에 처박혀 있던 놀라운 조리 기구를 발견했다. 그녀는 그 조리 기구를 통해서 일주일 내내 '스튜'stew, 즉 서양 국물 요리만 먹었다고 했다. 놀라운 조리 기구의 이름은 '전기 찜솥'이다. 이 조리 기구를 사랑하는 사람들이 점점 늘고 있다. 사랑에 빠진 모든 이들은 공통으로 '음식이 아주 맛있게 돼요!'라고 감탄을 연발하고 있다.

요리사들은 음식이 어떤 특유의 맛이 나기까지는 시간이 걸린다는 사실을 잘 알고 있다. 기다려야 한다는 뜻이다. 고기를 천천히 익히면 맛과 영양에서 아주 특별한 식사를 만들 수 있다. 음식은 복잡한 화학 구조를 갖고 있다. 고기는 근육, 힘줄, 뼈, 지방, 껍질, 피 등이다. 각각의 부위가 화학적 다양성을 품고 있다. 그 다양성이 혀 위에 펼쳐질 때 우리는 다채로운 맛을 볼 수 있다. 향긋한 풍미는 영양소의 세계가 펼쳐지고 있음을 의미한다. 천천히 고기를 익히기 위해서 전기 찜솥을 반드시 구매할 필요는 없다. 수분과 시간 그리고 다양한 고기 부위가 있으면 된다. 수프 만들기, 뭉근한 불에 끓이기, 뚜껑을 덮어 증기 보존하기. 이 모든 것이 고기 안의 물 분자를 지키는 요술 같은 기술이다.

맛의 원리를 살펴보면 다음과 같다. 차갑고 맛없는 닭다리가 맛있는 음식으로 변모하는 과정은 고기의 수분이 완벽한 '가수분해'Hydrolysis 조건을 만들 때 시작된다. 가수분해란 가수加水, 즉 어떤 화합물이 물水과 반응加하여 분해되는 것을 말한다. 적정한 온도에서 물 분자가 쇠톱 역할을 해서 단백질 섬유를 잘게 잘라서 부위를 연하게 만들어 준다. 물은 단백질 섬유들이 서로 뒤얽히는 것을 막아 주기 때문에 고기가 질겨지는 것을 방지한다.

그렇다면 가수분해가 맛을 내는 원리는 무엇일까? 답은 간단하다. 맛을 느끼는 미각 기관인 '미뢰'의 세포는 작다. 맛을 느끼는 수용체는 더 작다. 그래서 제대로 맛이 전달되기 위해서는 적절한 가수분해가 필요한 것이다. 차가운 생生닭다리를 한 입 베어 물면 별로 맛이 없다. 요리를 통해서 가수분해해야 한다. 즉, 단백질이 매우 작은 조각으로 잘리면서 '펩타이드'peptide라는 짧은 아미노산 끈으로 바뀐다. 펩타이드가 미각 수용체에 들어맞으면 제5의 맛인 '감칠맛'umami을 느낄 수 있다.

여기서 동물의 껍질과 인대를 추가하면 음식의 영양분은 배가 된다. 물 분자는 껍질, 인대, 연골, 심지어 뼈 안에 있는 결합 조직을 끌어당겨 '글리코사미노글리칸'Glycosaminoglycans: GAGs이라는 특별한 물질을 방출한다. 유명한 관절 영양제 성분을 만나게 된다. 바로 글루코사민, 콘드로이틴황산, 히알루론산이다. 영양 보충제로도 많이 판매되고 있다.

하지만 인공 영양제는 사골 국물 요리에 비할 바가 못 된다. 연골과 같은 부위는 천천히 익히지 않으면 맛이 없다. 왜냐하면 글리코사미노글리칸 분자들이 너무 커서 미각 수용체에 들어맞지 않기 때문이다. 천천히 익히면 아미노산과 당이 잘게 쪼개져 떨어진다. 이 과정을 통해 우리는 멋진 맛을 만나게 된다.

고기를 천천히 익히는 방법이 높은 영양소를 확보할 수 있는 이유가 하나 더 있다. 바로 '무기질'minerals때문이다. 고기를 뭉근하게 익히는 동안 뼈와 연골에서 무기질이 방출된다. 이런 조직들은 무기질의 창고다. 나트륨을 비롯하여 칼슘, 칼륨, 철, 황산염 그리고 인산염도 풍부하다.

우리는 오랜 시간 미각은 오로지 짠맛, 신맛, 쓴맛, 단맛을 느낀다고 배워왔다. 하지만 연구 결과, 미각 기관은 동시에 맛을 감지할 수 있다는 사실이 드러났다. 다양한 맛을 한 번에 온전히 느낄 수 있는 것이다. 소시지에 '소금에 절인' 채소와 '달콤 쌉쌀한' 소스를 뿌렸을 때 맛이 더 좋아지는 것도 이런 이유 때문이다.

빅맥 햄버거를 좋아하는가? 빵과 고기 그리고 야채의 궁합은 환상적이다. 하지만 잊으면 안 된다. 패스트푸드에 들어 있는 'MSG' 글루탐산일나트륨가 우리의 혀를 속이고 있다는 사실을. MSG는 감칠맛을 만들어내는 마법의 물질이다. MSG는 마치 천천히 익힌 고기의 펩타이드처럼 미각 수용체와 결합한다. 과도한 MSG 섭취는 뇌 신경 세포를 자극해 신경 손상을 일으킬 수도 있다. 청량음료의 인공 당인 아스파탐도 마찬가지다. 인공 감미료를 다량 섭취할 경우 기억 장애, 편두통, 어지럼증과 같은 증상을 일으킬 수 있다.

※ 편집자 주: 한국인은 글루코사민과 같은 영양제를 대체할 수 있는 훌륭한 음식이 있습니다. 바로 설렁탕, 곰탕, 뼈다귀탕과 같은 사골 국물 음식이 그것입니다. 해외의 영양학자들은 동양의 음식 중 사골 국물을 극찬하고 있습니다.

■ 제3법칙 : 지방이 없으면 음식의 맛이 없다

과거부터 인류는 지방이 풍부한 동물을 선호했다. 그래서 동물의 지방이 가장 많을 때 사냥을 해왔다. 가령, 방목 사슴은 여름에 체중의 15%가 지방이지만, 가을에는 겨울을 대비해서 체지방을 30~40%까지 늘린다. 이 시기가 사슴 사냥의 적기이다. 북아메리카 원주민은 아주 통통한 동물을 선호했으며 지방이 가장 많은 부위를 귀하게 여겼다. 그들은 사냥 수확이 좋으면 늑대들을 위해 살코기를 일부러 남겨두기도 했다.

그렇다면 지방을 섭취할 경우 영양학적 이익은 무엇일까? 우선, 지방은 에너지의 원천이며 인체 세포를 구성하는 주요 물질이다. 지방은 체중 증가를 일으키는 인슐린 분비를 유발하지 않는다. 高탄수화물 식단은 인체 조직을 손상하지만, 천연 지방이 많은 식사는 그렇지 않다. 중요한 사실이 또 있다. 비타민A, D, E, K 등의 지용성 영양소를 흡수하기 위해서는 지방이 필요하다는 점이다.

육류의 지방은 조리 과정에서도 도움을 준다. 육즙을 보존하려면 고기의 겉면에 지방층이 붙어 있어야 한다. 그래서 유능한 육가공 전문가들은 두툼하고 맛있는 지방을 함께 있도록 자른다. 특히 조류와 같은 동물은 지방이 피부 밑에 위치한다. 촉촉하고 맛있는 고기를 먹고 싶다면 껍질을 벗기지 말아야 한다.

넓은 들판에서 풀을 먹고 자란 소고기는 사람과 동물, 모두에게 좋은 점이 많다. 풀을 먹고 자란 소는 오메가3 성분이 매우 풍부하기 때문에 몸에 좋다. 오메가3를 얻으려면 피부 아래 지방을 포함해 고기를 큼지막하게 썰어야 한다. 곡물 사료를 먹고 자란 소는 마블링이 짙지만, 목장에서 자란 소는 비교적 기름기가 적다. 음식에 지방이 없으면 맛이 없다. 우리는 왜 지방을 그토록 좋아하는 것일까? 저지방 쿠키가 맛이 없는 것은 단순한 착각이 아니다. 그런데 미각에는 지방을 감지하는 수용체가 없다. 오랜 시간 지방은 코를 통해 맛을 전달한다고 여겨져 왔다.

2005년 프랑스 연구자들은 피험자들의 코를 빨래집게로 막고 냄새를 맡지 못하게 하는 연구를 진행했다. 실험 결과, 입안에 지방을 감지하는 수용체CD38가 있음을 증명했다. 실험 참가자들은 산패된 지방은 물론이고 포화 지방과 불포화 지방을 감지할 수 있었다. 심지어 지방의 유형도 구별할 수 있었다. 우리들의 맛은 지방을 포함해서 6가지로 정의해야만 한다. 과학이 밝혀낸 이 사실을 수천 년 전 인도 '아유르베다'Ayurveda 의학을 추구하던 요리의 대가들은 놀랍게도 이미 알고 있었다.

재미있는 사실은 지방이 다른 맛과 결합하면 시너지 효과가 발생한다는 것이다. 지방이 미각 수용체와 결합하면 다른 미뢰에도 영향을 줘서 신맛, 짠맛, 쓴맛 등을 감지하는 능력이 대폭 상승된다. 이는 신맛과 쓴맛을 내는 음식의 다수가 지용성이고 지방이 몸안에 잘 흡수되도록 돕기 때문에 가능한 일이다. 그래서 우리의 미각은 영양 성분이 복잡한 음식에 끌리는 것인지도 모른다.

돈이 충분치 않은데 유기농 식품을 사고 싶은가? 그렇다면 과일과 채소를 포기하고 정육 코너로 가라. 유기농 축산물은 '생물 농축'bioconcentration이라는 측면에서 더 유익하기 때문에 가격 이상의 가치를 한다. 식물은 땅에서 나오는 영양소를 농축하기 때문에, 풀 500그램에는 그 풀이 자란 흙 500그램보다 칼륨 함유량이 더 많다. 동물의 조직은 한 단계 더 나아가 풀이 땅에서 얻은 무기질과 풀 자체가 만든 비타민을 농축한다.

연구자들은 북미산 순록 '카리부'caribou가 영양소 풍부한 풀잎을 분별한다는 사실을 밝혀냈다. 다른 초식 동물도 같은 능력을 갖추고 있을 것이다. 방목한 동물들은 영양소가 풍부한 식물을 본능적으로 찾아 먹음으로써 건강한 상태를 유지한다. 이는 공장 축사에서 사육된 동물이 넓은 목장에서 자란 동물만큼 건강하지 않음을 암시한다.

유기농 육류가 가치 있는 이유는 정말 많다. 유기농 가축은 항생제와 같은 약물을 투여할 수 없다. 이는 농장주가 가축을 더욱 건강하게 지켜야 한다는 뜻이며, 동시에 그 가축이 건강한 먹을거리라는 뜻이기도 하다. 또한 성장 호르몬도 맞을 수 없다. 성장 호르몬은 요리 및 소화 과정에서도 사라지지 않는다. 가축 A 종에서 인간 B 종으로 전달될 수 있다. 대규모 산업체의 힘이 점점 커지면서 '유기농' 라벨도 범람하고 있다. 안타까운 일이다. 가장 좋은 방법은 지역 농장주와 친하게 지내는 것이다.

■ 제4법칙 : 사골 육수, 최상의 영양 보충제

관절의 중요성은 노인의 나이가 되면 실감한다. 관절 건강은 인대와 힘줄, 뼈 끝에 있는 콜라겐에 달려 있다. 콜라겐은 커다란 생체 고분자로서 인체의 관절이 건강하게 유지되도록 도와주는 아주 특별한 물질이다. 조상들은 뼈 우린 육수를 즐겨 먹었다. 사골 육수를 통해서 관절 보호 물질글루코사민을 통째로 몸에 공급한 것이다. 이제 사람들은 사골 육수 대신 약물과 수술을 처방받기 위해 의사를 찾는다. 아니면 글루코사민 영양제를 사기 위해 약국을 찾거나 인터넷 쇼핑몰을 검색한다.

수의사들은 관절염에 걸린 동물 치료를 위해 수십 년간 글루코사민 보충제를 사용해 왔다. 그러나 내과 의사들은 그런 처방은 시간 낭비라고 무시해 왔다. 글루코사민은 단백질이기 때문에 소화 과정에서 당과 아미노산으로 분해될 것이라고 말이다. 아직 글루코사민에 대한 효능 · 효과는 논쟁 중이다.

아직 명백한 기전이 설명되지는 않았지만, 글루코사민이 소화 과정을 견뎌내어 장벽을 온전하게 통과할 수 있다는 연구 결과가 있다. 일단 글루코사민이 혈류 안으로 들어가면 연골 성장에 특별한 영향을 준다. 글루코사민이 콜라겐의 성장을 촉진하고 손상된 관절을 회복하는 데 도움을 줄 수 있다.

콜라겐은 관절에만 있는 것이 아니라 뼈와 피부, 동맥, 머리카락에도 존재한다. 사골 국물은 나이와 상관없이 인체를 회춘시켜 줄 수 있는 젊음의 묘약이다. 정형외과 의사들과 류머티즘 학자들은 이제 관절염을 앓는 사람에게 신체 기능 저하를 극복하도록 글루코사민 보충제를 복용할 것을 권장하고 있다. 이런 변화를 보았을 때 사골 국물이 관절을 튼튼하게 만든다는 것은 분명하다.

하와이 카우아이에서 태어나고 어린 시절을 보낸 남편의 친구에게는 사골 국물의 효능을 설명할 필요가 없었다. 필리핀 가정에서 자란 남편의 친구는 어릴 때부터 뼈 있는 고기를 많이 먹어왔다. 하루는 어머니가 염소 다리 토막을 물에 끓이는 것을 보았다. 그는 뼈 끝에 붙어 있는 하얗고 반들반들한 부분이 무엇인지 물었다. 어머니는 '네 관절에 있는 것과 똑같은 것'이라고 대답해 주었다. 그는 염소 다리의 연골을 먹으면 자신의 연골에도 좋을 거라고 판단했다. 그날 이후 뼈 있는 고기를 즐겨 먹기 시작했다.

그는 2주일에 한 번씩 서핑과 골프를 즐기는 반면, 친구들은 관절염 약을 먹고 있다. 사골국은 건강한 관절을 만들고 뼈의 성장을 돕는다. 필자를 찾아온 환자 중 요리사 아버지를 둔 멋진 소년이 있었다. 아버지는 키가 178cm이고, 어머니는 165cm였다. 부모 모두 유당 결핍증이 있었다. 요리사인 아버지는 밥을 짓거나 감자수프를 만들 때 사골 육수를 사용했다. 이를 통해 유당 결핍증이 있는 부모는 칼슘을 충분히 보충할 수 있었다. 사골국은 뼈와 관절 건강의 종합 세트인 셈이다.

물론 아버지는 영양학적 지식은 많지 않았다. 부모 모두 평균 신장이고 아이는 태어날 때 보통 체격이었다. 하지만 아이의 성장 도표를 보면 몇 년 동안 평균보다 많이 컸음을 알 수 있었다. 열 살인 아이의 키와 체격은 이미 평균 이상이었다. 치아는 고르고 안경도 쓸 필요가 없었다. 수영에서는 최고의 실력을 뽐냈다.

이것은 우연의 일치일까? 그저 일화적인 자료에 불과한 것일까? 필자는 그렇게 생각하지 않는다. 우리는 모두 비타민D와 칼슘이 성장기 어린이의 뼈에 좋다는 사실을 알고 있다. 건강한 골격을 이루려면 비타민과 무기질을 모두 섭취해야 한다. 사골 요리를 즐겨서 먹으면 몸이 요구하는 비타민과 무기질, 글루코사민을 충분히 보충할 수 있다.

사골 국물은 어떤 영양 보충제보다 뛰어나다. 그 이유는 첫째, 뼈와 관절을 천천히 뭉근하게 끓이는 것은 인위적인 글루코사민 제조 과정의 온도와 압력보다 덜하기 때문이다. 둘째, 사골 국물에는 한두 가지 영양소만 우러나는 것이 아니라 복잡한 연골 구성 성분을 비롯해 무기질과 비타민까지 들어 있다. 사골국의 맛이 아주 좋은 것도 단순한 우연이 아니다. 현대 프랑스 조리 과학의 아버지 오귀스트 에스코피에는 사골 육수의 풍미에 완전히 빠져버렸다. 그는 "육수 없이는 아무것도 완성할 수 없다."고 극찬했다. 지혜로운 조상들은 아주 오래전부터 뼈의 신비를 알고 있었다.

태평양 연안 북서부에서 초기 아메리카 원주민의 고고학적 유물이 발굴되었다. 그들은 겨울 식단을 보충하기 위해 초식 동물의 뼈를 끓여 먹었다. 칼라하리 사막을 연구한 인류학자들은 뼈와 골수를 활용하는 행위가 '거의 모든 지역에서' 이루어졌으며 지금도 변함없이 전수되고 있음을 밝혀냈다.

필자가 뉴질랜드의 한 농장을 방문했을 때, 기운찬 80대 여성으로부터 스코틀랜드의 '뼈 전달' 관습에 대한 이야기를 들었다. 그녀가 자란 마을에서는 뼈를 하나도 버리지 않았다. 온 마을 사람들이 뼈를 함께 공유했다. 가정에서는 뼈를 냄비에 넣어 약한 불로 밤새도록 끓인 뒤 다음 집으로 넘겼다. 마을 사람들은 뼈가 다 '없어질' 때까지 계속했다.

수천 년 동안 지혜로운 인류는 동물의 골수와 관절을 남김없이 활용했다. 우리의 유전자는 이러한 음식과 영양소에 익숙하다. 건강하게 오래도록 걷고 싶은가? 그렇다면 약국은 지나치고 사골을 파는 동네 정육점으로 직행하라.

제 2 기둥 : 내장육은 영양의 원천이다

원주민은 사냥한 사슴을 토막 내기 위해 갈고리로 들어 올렸다. 그는 갈비뼈흉골 명치 바로 밑 부위검상돌기에 칼을 찌르고 아래 방향으로 힘껏 내리그었다. 그러자 동물의 내장이 배 밖으로 흘러나와 자연스럽게 바닥에 떨어졌다. 일반적으로 '내장'offal은 동물의 살코기를 제외한 나머지 모든 부위를 말한다. 탐험가가 낯선 땅을 여행하는 다큐멘터리를 본 적이 있을 것이다. 현지 원주민들이 짐승의 뇌를 냄비에 볶고 있는 장면을 본 적 있는가? 이 장면을 보고 얼굴을 찡그렸을지도 모른다. 하지만 당신이 이 지역에서 태어났다면 동물의 혀파 꼬치를 핫도그처럼 좋아했을 것이다.

오늘날 환영받지 못하고 있는 음식이 바로 '내장육'이다. 지금의 음식 문화는 살코기에 탐닉하는 경향이 많다. 하지만 원래 내장육은 다양한 조리법을 통해서 식탁의 중요한 부분을 차지했다. 단 몇 세대 전의 요리책을 펼쳐봐도 내장육에 대한 레시피들을 쉽게 찾을 수 있다. 필자가 소장하고 있는 1953년판 〈요리의 즐거움〉Joy of Cooking에는 간, 신장, 혀, 심장, 뇌 등을 이용해 식탁을 차리는 레시피가 가득하다. 산업혁명 이전에 출판된 요리책을 살펴보면 더욱 다양한 내장 요리 레시피를 볼 수 있다.

1852년 출판된 〈여성을 위한 최신 요리법〉The Ladies' new Book of Cooker에는 '초식 동물의 혀와 정향丁香나무를 함께 뭉근하게 끓이는 법'이 자세히 기술되어 있다. 요리책에는 온도계 없이 요리의 내부 온도를 측정하는 실용적인 팁도 쓰여 있다. 이를테면 '돼지의 눈이 떨어져 나가면 고기가 반 정도 익었다. 호흡 기관은 남겨두는 것이 좋다. 호흡 기관이 냄비 바깥쪽으로 나와 있으면 거품이 모두 빠져나오기 때문이다.'

미국 건국의 어머니들은 내장육을 광범위하게 활용했다. 특히 가을에 동물을 많이 잡았다. 동물들은 이듬해 봄까지 생존하기 위해 풀과 건초를 가을에 실컷 먹었기 때문이다. 내장육은 상하기 쉽기 때문에 가급적 빨리 먹거나 보관을 잘해야 했다. 17~18세기의 알뜰한 주부들은 마지막 한 조각도 버리는 일이 없었다. 가족의 겨울나기를 위해 내장육은 최고의 보양식이었다. 특히 내장육의 풍부한 지용성 비타민은 겨울을 나기 위한 필수 조건이었다.

최근 필자의 진료실을 찾은 지긋한 노인 환자 한 명은 어린 시절 천식으로 몹시 고통받았었다고 한다. 당시 1940년에는 휴대용 천식 호흡기가 없었다. 노인의 엄마는 아이가 감기에 걸리거나 계절이 바뀔 때마다 급히 병원으로 데려가 아드레날린 주사를 맞혀야만 했다. 고통스러운 시간이 계속될 때, 담당 소아과 의사가 생화학자 '아델 데이비스'Adelle Davis 박사를 추천했다. 그녀는 20세기 중반 영양학 분야를 새롭게 개척한 사람이다. 내장육의 전폭적인 지지자였다.

데이비스 박사는 엄마에게 아이를 학교에 보낼 때 매일 깨끗한 소의 생生간을 보온병에 담아 보내라고 조언했다. 아이는 응급실에 가고 싶지 않았다. 억지로 생간을 먹었다. 그리고 놀라운 일이 벌어졌다. 천식이 사라진 것이다. 소의 생간은 잃어버린 영양소를 보완했고 천식 발작을 진정시켰다. 아이의 신경계가 정상으로 돌아온 것이다. 그 아이는 현재 70대 노인이 되었음에도 불구하고 테니스 경기에서 젊은 친구들을 고개 숙이게 하고 있다.

비타민A는 시각 기능과 성장 인자에 작용하는 중요한 영양소이다. 소 생간의 비타민A 함유량은 압도적이다. 만약 생간에 익숙하지 않거나, 기생충 감염이 걱정된다면 굳이 날것으로 먹으라고 권하고 싶지는 않다. 다만 데이비스와 같은 영양학자는 '간'을 만병통치약으로 사용했다는 사실을 잊지 말자. 내장육은 '진짜' 비타민 보충제이기 때문이다.

영양소	사과	브로콜리	간
비타민 A	7	261	10,602
비타민 B_1	0.02	0.063	0.2
비타민 B_2	0.02	0.13	4.1
비타민 B_6	0.07	0.2	0.91
엽산	4	108	217
비타민 C	8	65	23
니아신	0.1	0.553	10.7
판토텐산	0.08	0.616	4.57
마그네슘	6	21	20

〈내장육 vs 과일 vs 채소 영양소 비교〉

그녀는 〈바르게 요리합시다〉Let's Cook It Right에서 "간은 몸의 저금통이다. 단백질, 탄수화물, 비타민 그리고 무기질이 몸의 필요량을 초과하면, 그 초과분은 간에 차곡차곡 저장된다. 간은 고기 중에서 영양학적으로 가장 훌륭한 부위다."라고 강조했다. 단, 풀을 먹고 자란 건강한 소의 간을 구입하기를 추천한다.

다음 사례는 동물의 개별 부위를 섭취했을 때 나타나는 효과에 대한 것이다. 척추 동물의 망막을 라틴어로 '마쿨라 루테아'macula lutea라고 한다. 이 망막의 노란 안구층은 비타민A 전구체인 레티노이드군에 속하는 '루테인'lutein 영양소를 풍부하게 함유하고 있다. 루테인은 전립선과 황반 변성 예방에 좋은 것으로 알려져 있다. 안구의 지방은 풍부한 비타민A와 루테인의 원천이다. 동물의 눈알 지방은 끈적끈적한 '히알루론산'hyaluronic acid과 글루코사민이 매우 풍부하다는 사실을 기억하자.

히알루론산은 병원에서 200달러를 지불하면 1회에 21밀리그램을 투여받을 수 있다. 무릎 관절과 안질환 치료를 위해 사용되고 있다. 히알루론산을 먹는 좋은 방법은 생선찌개를 먹을 때 생선의 눈알을 먹으면 된다. 동물의 뇌와 신경 조직은 오메가3와 뇌를 구성하는 지방 및 인지질을 매우 풍부하게 함유하고 있다. 100그램당 무려 1.2그램을 섭취할 수 있다. 동물의 호흡 기관은 글리코사민을 함유하고 있다.

지금까지 책을 읽으면서 혹시 중요한 패턴을 발견했는가? 동물의 눈알을 먹으면 우리 눈에 좋다. 동물의 관절을 먹으면 우리 관절에 좋다. 동물의 신체 부위를 먹는 행위가 인체의 동일 부위에 좋다는 것이다. 이러한 생각은 '동종 요법'同種療法에서 출발한다. 이 요법은 독일 의사 '사무엘 하네만'Samuel Hahnemann이 창안한 치료법이다. '동일한 것이 동일한 것을 치료한다'는 의미이다.

안타깝게도 오늘날, 이 강력한 '영양제'인 내장 부위는 쓰레기통에 던져지기 일쑤다. 영양의 원천이 도축장에서 버려지거나 동물 사료와 '재활용 고기'로 재가공되고 있다. 아직 우리 사회는 내장육과 같은 부속물을 귀하게 여기지 않고 있다. 반면에 좋은 점도 있다. 저렴한 가격으로 내장육을 살 수 있다는 점이다. 당신이 내장육을 제대로 섭취한다면 질병에 대한 저항력이 강해질 것이고, 아이의 유전적 성장 잠재력을 끌어올릴 수 있을 것이다. 어마어마한 보상을 받으러 동네 정육점에 가자.

제 3 기둥 : 인류의 놀라운 지혜, 발효와 발아

■ 발효와 발아는 독성을 없앤다

기원전 5세기, 철학자 '헤로도토스'Herodotos는 "이집트인은 반죽을 하면 부패할 때까지 한쪽에 놔두었다. 그리고 과정을 즐겁게 관찰했다."고 기록을 남겼다. 식물은 스스로 좋은 음식이 되고 싶은 욕망이 전혀 없다. 사실 식물은 풀을 뜯는 초식 동물을 비롯한 다른 생물체를 방어하기 위해 엄청난 에너지를 소비한다. 식물은 동물과 곤충의 공격에서 도망갈 수 없기 때문이다.

그래서 식물은 잎, 줄기, 씨앗, 뿌리를 보호하기 위해 천연 살충제와 독소를 방출한다. 식물 중에는 인간의 생명을 위협하는 치명적 존재도 있다. 식물은 효소 저해 물질, 항비타민, 발암 물질, 신경 독, 알레르기 항원을 통해 외부의 공격에 저항한다. 쉽게 말하면 '나를 먹지 마!'라는 소리 없는 절규다. 이러한 식물 독소의 친숙한 이름이 바로 '파이토케미컬'phytochemical이다. 동물이 식물의 독소를 적절히 중화하는 능력이 없었다면 다양한 채소들은 독극물 리스트에 이름을 올렸을 것이다.

다행스럽게 인류는 식물의 독소를 몸에 이로운 물질로 바꾸는 지혜가 있었다. 바로 '발아'germination와 '발효'fermentation다. 그래서 발아 곡물과 발효 채소는 소화하기가 훨씬 더 수월하며 유익하다. 오늘날 최고의 음식 중에는 발효, 발아 혹은 두 과정 모두를 거쳐 탄생한 것이 많다.

발효 과정이 없었다면 와인과 맥주는 세상의 빛을 보지 못했을 것이다. 빵, 치즈 그리고 요구르트도 탄생하지 못했을 것이다. 초콜릿도 마찬가지다. 카카오 열매를 일주일 이상 햇볕에 놓아둬야 과실 발효가 일어나고 풍미의 향연을 벌이기 때문이다. 당신이 매일 먹는 커피도 예외가 아니다. 소금에 절인 채소, 피클, 케첩 그리고 천연 조미료를 포함하면 발효 식품 목록의 길이는 끝이 보이지 않는다.

'휴 존슨'Hugh Johnson은 〈와인 이야기〉The Story of Wine에서 '발효'를 문명의 주요 원동력이라고 강조했다. 현존하는 가장 오래된 레시피는 '맥주 빵'이라고 설형문자로 기록되어 있다. 우리가 곡물을 발아시키지 않았다면 영양 가득한 빵을 결코 만나지 못했을 것이다. 생명의 양식인 빵은 인류 역사 속에서 대부분 밀가루가 아닌 발아 곡물로 만들어졌다. 안타까운 사실은 사람들이 토종 미생물의 진가를 잘 모른다는 것이다.

인간의 소화 기관은 '키메라'chimera다. 키메라는 그리스 신화에 나오는 괴이한 생명체다. 머리는 사자, 몸통은 양, 꼬리는 뱀의 모양을 하는 괴물이다. 다른 의미로는 '하나의 생명체 내에서 서로 다른 유전적 성질을 갖는 동종의 조직이 함께 존재하는 현상'을 말한다. 소화 기관은 후자의 의미가 가깝다.

소화 기관은 인간에게 하나의 기능을 수행하는 '부분'이지만 장내 미생물에게는 세상의 '전부'다. 우리의 소화 기관은 입을 시작으로 길고 긴 터널로 이루어진 영양물의 여행 통로다. 미생물은 터널 곳곳에 삶의 터전을 개척한다. 인간의 결장에는 800종이 넘는 미생물과 최소 7,000개의 서로 다른 곰팡이가 있다. 인간이 배설하는 대변의 60%는 미생물 덩어리다.

미생물은 어떤 존재일까? 공짜로 기생하는 백수 건달일까? 미생물의 진가를 알기 위해서는 '발효'를 이해해야 한다. 사전에는 발효를 '유기물이 효소와 미생물의 작용으로 변형되는 것'이라고 정의한다. 여기서 '발효'醱酵와 '부패'腐敗의 차이를 이해할 필요가 있다. 2가지 모두 미생물에 의해 분해되어 다른 유기물로 변형되는 것은 동일하다. 발효는 인간에게 유익한 물질을 생성하는 미생물의 활동을, 부패는 인간에게 해로운 물질을 생성하는 미생물의 활동을 말한다.

미생물은 소화가 잘되지 않는, 심지어 독성 있는 화합물도 영양가 있는 음식으로 변형시킨다. 예를 들어, 복어의 종류인 '참복'은 '테트로도톡신'Tetrodotoxin이라는 맹독성 물질을 갖고 있다. 이 독성 물질은 청산가리 1,000배에 달하며 성인의 경우 0.5mg만 체내에 흡수해도 황천길로 떠나게 된다. 하지만 발효 과정을 거치면서 최초의 독성은 대부분 사라진다. 식용으로 가능해진다. 독버섯 실험에서도 동일한 결과가 나왔다.

포유동물은 미생물이 없으면 먹이를 소화할 수 없다. 미생물은 우리를 병들게 하는 독소를 없애고 단당simple sugar을 복잡한 영양소로 바꾼다. 음식에 부족한 비타민을 만들고, 외부의 병원균을 대항해서 몸을 불사른다. 정말 멋진 존재 아닌가? 우리가 해야 할 일은 미생물이 활동하기 좋은 따뜻한 공간과 충분한 양의 물을 공급해 주는 것뿐이다. 미생물 입장에서 보면 인간이 '무전취식'無錢取食하는 백수건달일지도 모른다.

■ 미생물, 영양을 창조하는 마법사

미생물은 특별한 대접을 요구하지 않는다. 온도와 습도 그리고 유기물만 공급해 주면 된다. 박테리아와 곰팡이는 소화 기관 안이든, 햇볕 아래 놓인 항아리 안이든, 동굴 속 참나무 관이든 장소에 불만을 갖지 않는다. 수천 년 조상들은 이 보이지 않는 존재의 힘을 알고 있었다. 발효는 음식을 보존하고 완전히 새로운 맛을 탄생시킨다. 사람들은 발효를 사용하기 시작했고 모든 전통 요리의 기초를 이루는 기둥 중 하나를 형성했다. 우리는 세균과 곰팡이를 불청객으로 홀대하는 경향이 있다. 하지만 인간의 문명은 이 불청객에 너무 많은 신세를 지고 있다.

1960년 의사들은 효모의 가치를 알 수 있는 극적인 사례를 발견했다. 가난한 터키인의 자녀 중에는 '왜소증' 환자가 많았다. 의사들은 처음에 유전자 돌연변이 때문이라고 생각했다. 하지만 유전자에서 결점을 찾지 못했고 다른 원인, 즉 '영양의 결핍'에서 찾았다. 연구 결과, 왜소증을 보인 아이들과 엄마는 아연을 비롯한 무기질minerals 수치가 낮았다. 연구는 계속되었고 무기질의 결핍은 발효되지 않은 빵 때문으로 밝혀졌다.

발효되지 않은 빵은 왜 무기질이 부족할까? 밀을 포함한 모든 씨앗은 무기질과 결합한 '피틴산'phytic acid을 함유하고 있다. 이 피틴산은 씨앗이 발아가 될 때까지 무기질을 꽁꽁 잡아 둔다. 봄이 찾아오면 효모균yeast을 비롯한 미생물은 효소피타아제를 함유하고 있어 씨앗의 피틴산을 분해한다. 발아 과정에서 아연과 칼슘, 마그네슘 등의 무기질을 화학적 울타리로부터 해방한다.

왜소증 아이들의 부모는 발효되지 않은 값싼 빵에 식량을 의존했다. 그들은 아연과 마그네슘의 훌륭한 원천인 육류를 충분히 섭취할 경제적 형편이 되지 못했다. 발효되지 않은 빵은 지푸라기와 같다. 발효되지 않은 빵은 무기질의 결핍으로 아이들의 골격 유전자를 제대로 발현시키지 못한다. 좋은 음식은 최고의 투자다. 값싼 음식은 당장 비용을 아끼지만 자신의 건강과 후손의 유전자에 악영향을 줄 수 있다.

대두大豆의 진실에 대해 이야기해 보자. 몇몇 환자들은 두부와 두유를 먹는 것에 대해 매우 자랑스럽게 이야기하곤 한다. 그들은 자신이 건강한 음식을 먹고 있다고 생각한다. 아쉽게도 환상이다. 대두는 갑상선 기능을 방해하는 '고이트로겐'goitrogen과 성호르몬 기능을 방해하는 '피토에스트로겐'phytoestrogen이라는 화학 물질을 함유하고 있다.

전통적으로 동양인은 대두를 그대로 섭취하지 않는다. 대두를 물에 불렸다가 삶은 뒤 장기간 발효시켰다. 그 이유는 지방과 단백질이 풍부한 대두를 미생물로 발효시켜 해로운 물질을 분해하기 위해서다. 전통 방식으로 미생물을 배양해 만든 두부, 된장, 낫토 등은 영양분이 굉장히 풍부하다.

반면 시중에서 파는 두유와 두부는 그렇지 않다. 이런 식품은 갑상선 기능 저하증과 항진증 또는 갑상선암을 일으킬 수 있다. 특히 임신 중 섭취할 경우, 남녀 모두에게 생식 장애를 일으키는 원인으로 알려져 있다. 실제 진료에서 갑상선 호르몬 수치가 비정상적이고 월경 주기가 불규칙한 환자들에게 대두로 만든 식품을 먹지 말라고 조언하고 있다. 실제 대두 식품을 끊은 뒤, 그들의 몸이 정상으로 돌아온 것을 임상적으로 확인할 수 있었다.

식재료를 발효하면 원래보다 더 많은 영양소로 채워진다. 왜 그럴까? 미생물은 해독 작용과 더불어 영양분을 잔뜩 얹어 주는 마법을 부린다. 미생물은 녹말, 섬유질과 같은 단순한 물질을 효소의 힘으로 비타민, 아미노산, 지방 등을 만들어낸다. 예를 들어, 와인은 포도 주스보다 항산화제 함유량이 더 많아지고, 치즈는 우유보다 단백질 함유량이 더 많아진다. 착한 미생물들은 비타민D를 제외하고 우리에게 필요한 모든 비타민과 필수 아미노산을 만들 수 있다. 더불어 무기질을 해방하고 음식을 오래 보존한다. 마지막으로 인체가 처리할 수 없는 독성 물질이 들어올 경우 목숨을 걸고 싸운다. 그들은 인체를 지키는 위대한 수호자이다.

■ 활생균, 몸을 지키는 용맹한 전사

1993년, 햄버거를 먹은 수백 명의 아이들이 집단 식중독에 걸리는 사건이 발생했다. 일부는 사망까지 하였다. '잭 인 더 박스'Jack in the Box라는 식당에서 파는 햄버거 속 '대장균'이 문제가 된 것이다. 비슷한 시기에 사과 가공식품에서는 대장균이 검출되었다. 시민들은 '사과주스를 저온 살균하라!'고 거세게 요구했다. 2006년에는 인분人糞에 오염된 시금치로 많은 사람들이 질병에 노출되었다. 2008년에는 오염된 고추jalapeno로 인해 살모넬라균에 감염되는 일이 발생했다. 사람들은 보이지 않는 불쾌한 미생물을 두려워하기 시작했다.

여기서 의문이 든다. 오염된 음식에 의해 어떤 사람은 아프고, 어떤 사람은 멀쩡한 걸까? 미생물학자 '보니 바슬러'Bonnie Bassler 박사는 미생물도 사회생활을 한다는 사실을 발견했다. 미생물들은 아무 생각 없이 행동하는 것이 아니다. 그들은 무리를 짓고 함께 움직이며 심지어 다른 세균 집단에 대항할 전략도 세운다. 미생물의 세계는 '마카로니 서부 영화' 속의 결투만큼 치열한 사회다.

우리 몸과 관련해 세균과 곰팡이를 단순히 구분하자면 딱 두 종류, 즉 좋은 놈과 나쁜 놈이다. 전자를 우리는 '활생균'probiotics이라 부른다. 음식을 보존하고, 해독하고, 영양가를 높이는 이로운 미생물로 이루어져 있다. 활생균은 우호적이고 매우 얌전하다. 따라서 우리 몸은 활생균을 먹여 살리고, 동시에 활생균은 몸의 건강을 지키기 위해 최선을 다한다.

활생균은 장腸운동을 활성화하는 호르몬을 분비하며 '병원균'이라는 나쁜 녀석들을 철저히 감시한다. 활생균은 인체의 면역 체계와도 긴밀한 소통을 하고 있다. 모든 종류의 알레르기, 자가 면역 질환, 염증성 질환을 예방하는 데 도움을 준다. 활생균은 몸을 지키는 든든한 수비대이다. 우리가 편하게 영화를 즐기는 동안에도 장내 미생물들은 병원균을 막기 위해 치열한 전투를 진행하고 있다.

우리의 일용할 양식은 커다란 특징이 있다. 곡식은 한꺼번에 여물고, 물고기는 떼를 지어 헤엄치고, 수많은 동물은 무리를 지어 다닌다. 인간의 식량은 특정한 시기에 풍부해지는 경향이 있다. 식량을 얻을 수 있는 시기가 다르기에 인간은 효율적인 식량 보존 방법을 개발할 필요가 생겼다. 여기서 중요한 역할을 하는 수호천사가 바로 '미생물'microorganism이다.

미생물을 든든한 지원군으로 만들기 위해서는 소금, 저장 용기 그리고 노하우가 필요하다. 우리 조상들은 음식을 오래 보존하고 영양분을 간직하기 위한 방법을 끊임없이 개발해 왔다. 반면에 오늘날 우리는 냉장고, 통조림, 밀봉 기술의 발달로 음식 보존에 대해서 그다지 신경 쓰지 않게 되었다. 전통적인 발효는 영양소를 지켜주고 풍부하게 해주지만, 현대식 식품 보존법은 영양소를 별로 지켜주지 못한다. 만능 창고인 냉장고는 신선한 과일과 채소에서 영양소가 줄어드는 현상을 막지 못한다. 예를 들어 비타민C는 냉장 보관된 상태에서 급격하게 소실된다. 냉장 보관되는 콩은 7일 만에 비타민C 함유량의 77%를 잃는다.

우리는 다시 '발효'라는 단어에 관심을 가질 필요가 있다. 약간의 수고만 더하면 지금까지 먹은 것 중 단연 최고라 할 수 있는 채소 절임을 만들 수 있다. 만드는 과정도 어렵지 않다. 일단 양배추를 만능 조리 기구에 넣고 썬다. 소금과 여러 양념을 버무리고 빛을 차단한 통에 담은 다음, 양배추가 위로 뜨지 않도록 물병 같은 무거운 물건을 올려 둔다. 수건으로 덮어 벌레의 접근을 막는다. 그리고 일주일 이상 시간이 지나면 된다. 발효는 '기다림의 미학'이다. 정말 간단하지 않은가? 더 쉬운 방법도 있다. 재료를 자연 그대로 두는 발아법을 활용하는 것이다.

■ 곡물을 발아시키면 영양이 풍부해진다

많은 환자가 밀가루 음식을 끊었더니 기분이 한결 좋아졌다고 말한다. 요즘은 글루텐 불내증과 밀가루 제품에 대한 알레르기로 고생하는 아이들이 어느 때보다 많다. 인류가 농경 생활을 시작한 지 1만 년이 지난 지금, 갑자기 왜 이런 증상들이 출몰하는 것일까? 잠재적 용의자들은 너무나 많다. 유전자 변형 작물, 농약, 곰팡이 독소, 알레르기 단백질 등. 유기 농법으로 재배했다 하더라도, 생산업자들은 밀을 다양한 방식으로 변형시킨다. 바삭바삭한 시리얼 속에 채워 넣기도 하고 밀 단백질을 알레르기 유발제로 만들어 버리기도 한다.

좋은 빵을 원하는가? 글루텐 불내증에 시달리고 있는가? 빵을 포기할 필요는 없다. 발아 곡물로 만든 빵을 선택하라. 그것이 최선이다. 밀의 씨앗을 밀알이라고 부른다. 모든 씨앗이 그렇듯 밀알도 발아시킬 수 있다. 동양의 경우는 발아 현미를 활용하기를 바란다. 인간은 지금까지 항상 발아 음식을 먹어왔다.

영국 가톨릭 대학에서 진행된 연구에 따르면 콩동부콩은 발아 과정에서 비타민C는 438%배, 단백질은 9~12% 증가하는 것으로 나타났다. 또한 단백질의 소화율은 20%나 향상된 것으로 나타났다. 1994년 네덜란드에서 진행된 연구에선 곡물이 발아 과정에서 렉틴이 85% 감소하고, 피틴산은 최대 81%까지 줄어든다는 점을 확인했다. 렉틴lectin은 모든 식물에 들어 있는 성분으로 식물이 동물, 곤충과 같은 포식자에 대항하기 위해 만든 독소다. 렉틴 함량이 높으면 세포 사이의 신호 전달을 방해해 음식 과민증, 탐식증, 소화 장애, 두통 등의 갖가지 증세를 나타낸다.

미국 워싱턴 의대에서 진행된 2005년 연구에 따르면, 곡물의 발아 과정에서 생겨난 양질의 단백질은 포만감을 높여 전체 칼로리 섭취량을 줄이는 것으로 밝혀졌다. 2008년 1,475명을 대상으로 한 캐나다 연구에서는 발아 콩을 규칙적으로 섭취한 사람은 그렇지 않은 사람보다 허리둘레 증가 위험이 23% 감소했으며, 비만 위험이 22%나 낮은 것으로 나타났다.

씨앗을 발아시키면 식물이 가지고 있는 영양소를 더욱 풍부하게 만든다. 그 이유는 무엇일까? 씨앗은 오랜 기간 씨앗 속 단백질, 지방, 무기질 등에 크게 의존한다. 그래서 식물은 씨앗을 아주 단단하고 부수기 힘든 껍질로 둘러싸고, 소화 효소가 해체할 수 없는 화학 물질로 영양소를 금고에 가둬버린다. 그런데 씨앗에 며칠 동안 수분을 공급하면 식물 자체의 효소가 활성화된다. 씨앗을 부드럽게 하고 감금한 영양소를 서서히 풀어준다. 심지어 녹말과 지방을 단백질과 비타민으로 변환시킴으로써 새로운 영양소를 창조하기도 한다.

오늘날 우리가 먹는 빵은 성경에 묘사된 빵과 전혀 다르다. 도미노 피자가 만드는 빵과 전 세계 토착민들이 만드는 빵을 영양학적으로 비교하면, 닭고기 맛 분말 수프와 야생 토종 닭과 같다. 현대식 빵은 밀가루로 만드는 반면, 고대의 빵은 발아된 곡물 가루로 만들었다. 밀알은 강철로 만들어진 볼 베어링ball bearing만큼 강도가 단단하다. 씨앗을 발아시켜 부드럽게 하면 요리하기에 훨씬 쉬워진다. 직접 해봐서 너무나 잘 안다.

초등학교 때, 친한 친구가 북아메리카 원주민 보호 구역에 갔다가 맷돌을 보고 왔다. 우리 둘은 하루 종일 원주민 흉내를 내보기로 했다. 원주민 헤어스타일로 머리를 장식하고 '진짜' 원주민식 빵을 만들기 위해 친구 집 뒤뜰로 갔다. 그때가 1973년이었다. 동부 지역 주부들에게 히피 스타일이 유행하던 시기였다. 자연히 친구 집 주방에는 실험에 쓸 수 있는 밀알이 넘쳐났다. 작은 갈색 밀알들은 열정에 찬 어린 꼬마들의 인내심을 시험했다. 오래지 않아 꼬마들은 맷돌로 밀알을 빻고 빵 반죽을 만드는 것은 불가능하다는 것을 알았다.

우리는 맷돌을 집어 던지고 다시 주방을 뒤졌다. 그때 친구 엄마가 물에 담가 놓은 렌틸콩 한 병을 발견했다. 콩은 부드러웠지만 완전히 발아되지 않은 상태였다. 그래도 맷돌로 갈 수 있을 만큼 콩은 말랑말랑했다. 우리는 렌틸콩을 갈아 반죽해서 구워 먹었다. 그때 이후로, 우리는 맷돌에 대해 의구심을 갖게 되었다. 고대인들은 씨앗을 바로 맷돌로 갈지 않았으며, 씨앗 곡물을 부드럽게 만든 후 맷돌에 갈았을 거라고 어렴풋이 생각하게 되었다.

곡물을 발아시키는 방법은 단순하다. 곡물 씨앗을 병에 넣고 물을 가득 채운 후, 벌레 방지용 천을 덮은 채 하루에서 나흘 정도 두면 씨앗이 발아를 시작한다. 단, 하루에 한 번 물을 갈아줘야 한다. 씨앗은 일단 싹이 트면 작고 하얀 뿌리를 내리기 시작하는데, 이것이 바로 발아가 시작되는 단계다. 이때 씨앗 곡물은 비타민이 가장 풍부해진 상태다.

이러한 과정이 귀찮은가? 손쉬운 방법도 있다. 건강식품 매장에서 발아 곡물로 만든 빵을 사는 것이다. 냉동식품 판매대를 둘러보라. 발아 곡물 빵을 찾을 수 없으면 통밀 빵도 괜찮다. 그러나 빵을 살 때는 얄팍한 상술에 넘어가지 않도록 해야 한다. 갈색 빵에 흰 곡물 가루를 사용하고도 라벨에는 '통밀 가루'소맥분라고 적어 놓은 경우가 있다. 갈색을 입히면 반죽이 어두워져 건강한 통밀 빵을 샀다는 착각을 일으키게 한다. 조심할 필요가 있다!

제 4 기둥 : 생生음식

■ 맛이 강할수록 항산화 효과가 높다

영양에 관해 강연할 때면 누군가가 꼭 손을 들고 기적 같은 항산화제 식품이 무엇인지 물어보곤 한다. 기적의 식품 후보군으로 보통 인삼, 구기자, 월귤나무, 로열젤리 등이 거론된다. 형태는 농축액일 수도 있고 분말이나 정제일 수도 있다. 시중에서 판매하는 항산화 보충제는 '모두' 같은 개념을 갖고 있다. 조직 염증과 퇴행성 질환의 원인을 예방한다는 것이다. 이런 질문에 대한 내 대답은 한결같다.

"진정한 항산화제를 얻고 싶다면 최신 영양제를 살 돈으로 신선한 음식을 구입해 드세요."

시중에는 기적을 일으킨다는 항산화제가 많이 판매되고 있다. 관심 있는 사람이라면 월급을 몽땅 털어서라도 사고 싶겠지만, 그건 애써 번 돈을 낭비하는 행동이다. 건강 기능 식품업계에서는 자신들이 만든 특별한 제품 속에 '특별함'이 전혀 없다는 것을 솔직하게 고백하지 않는다. '신선한 과일과 채소'는 건강 기능 식품 포장지를 빼곡히 채우고 있는 진정한 화학 물질을 함유하고 있다. 물론 식품 제조업자들은 자신의 제품을 신선한 과일과 채소로 만든다고 말할 것이다.

영양 보충제는 특정 화학 물질을 농축한 가공식품이기 때문에 부작용을 예측할 수 없다. 신선한 자연의 음식은 대부분 균형 잡힌 항산화제를 함유하고 있다. 살아 있는 모든 동물과 식물은 활성 산소로 인한 손상을 예방하기 위해 일상적으로 항산화제를 활용하고 있다. 식물은 다양한 항산화제를 만들어낼 수 있는데, 우리가 알고 있는 항산화제 목록은 10분의 1도 안 될 것이다.

항산화제는 단독으로 능력을 발휘하기보다 하나의 팀이 되었을 때 진정한 능력을 발휘한다. 발코니에 신선한 허브를 기를 수 있다면 멋진 항산화제를 구할 수 있다. 캡슐에 담긴 가루보다 훨씬 맛도 좋을 것이다. 항산화제는 '신선도'가 매우 중요하다. 왜 그럴까? 항산화제는 인체 조직이 산소로 인해 손상되지 않도록 보호한다. 항산화제는 활성 산소라는 위험 속으로 자신의 몸을 내던지는 이타적인 영웅이다. 자신을 던진 항산화제는 시간이 갈수록 능력을 점점 잃어간다. 항산화제가 산화를 지연시키는 만큼 산소도 항산화제를 파괴하기 때문이다. 그래서 음식을 날것으로 섭취했을 때 항산화 효과를 극대화할 수 있다.

식물의 영양학적 힘은 맛으로도 느낄 수 있다. 즉, 맛이 강할수록 영양도 많다. 영양소의 밀도와 풍미의 강도는 비타민, 무기질, 기타 영양소가 농축되었을 때 나타난다. 이를테면 샐러리, 후추, 브로콜리, 마늘 같은 자극적인 채소는 항산화제, 비타민, 무기질 함유량이 감자와 무와 같은 뿌리 채소보다 많다.

명심해야 할 것은 조리하면 항산화제가 타버리고 많은 비타민이 파괴된다는 사실이다. 따라서 조리한 음식을 많이 먹을수록 식단의 균형을 위해 신선하면서도 자극적인 맛을 내는 채소를 섭취해야 한다. 물론 생生음식이 늘 좋은 것만은 아니다.

식물이 아삭한 식감을 내는 것은 섬유질 덕분이다. 비타민과 무기질은 섬유질의 세포벽 안에 갇힌 채 잡식 동물의 소화 기관을 그대로 통과한다. 이때는 장내 미생물이 장시간 발효시켜야만 섬유질을 분해할 수 있다. 하지만 인간은 장내 길이와 공간이 부족해 장시간 발효를 할 수 없다. 예컨대 생당근에 있는 레티노이드retinoid는 흡수되는 비율이 1%에 불과하다. 그런데 조리를 하면 흡수율이 30%로 증가한다. 조리나 발효를 거치지 않고도 소화 효소로 분해될 만큼 섬유질이 적은 채소는 거의 없다. 신선한 허브와 향신료, 견과류와 과일, 잎채소도 다르지 않다. 채소를 생으로 먹거나 조리해서 먹는다 해도 일단 재료가 신선해야 한다.

1867년 힐Hill 부인은 자신의 요리책에서 다음과 같이 서술했다.

"원래부터 유익하고 좋았던 물질이 내부의 변화를 겪으면 독성을 뿜어내는 게 당연하다. 손상되지 않고 12시간을 버틸 수 있는 것은 거의 없다."

이 글은 냉장 기술이 발달하기 전에 쓰인 문구다. 채소는 일단 수확하고 나면 맛과 영양이 급격히 감소한다. 상점에서 유통하는 채소는 익기 전에 수확해서 차가운 저장고에 실린 채 전 세계로 보내진다. 영양과 풍미가 떨어질 수밖에 없다. 그래서 채소는 '푸드

마일리지'Food Mileage가 중요하다. 푸드 마일은 생산자와 소비자에게 전달되는 먹거리의 이동 거리를 의미한다. 당연히 지역 농산물과 제철 먹거리가 건강할 수밖에 없다.

동물성 음식도 신선도가 좋다면 생으로 섭취에도 좋다. 일본의 생선회, 에스파냐와 남아메리카의 세비체해산물 회, 타르타르 스테이크프랑스 육회와 같은 생음식이 세계 각국에서 인기를 끄는 이유다. 그리고 동네 마켓에서 쉽게 구할 수 있는 좋은 축산물이 하나 있다. 다름 아닌 '우유'다.

■ 생生우유, 인류 역사상 중요한 음식

우유는 정말 멋진 음식이다. 우유의 지방은 뇌 구성 물질의 중요한 원천이다. 내가 권하는 우유는 저온 살균 우유가 아니라 자유롭게 풀을 뜯고 자란 건강한 소에게서 얻은 생우유를 말하는 것이다. 마트에서 구입하는 우유와 고조 부모님들이 즐겨 드시던 우유 사이에는 차이점이 너무나 많다.

만약 우리가 풀을 뜯은 소의 생우유를 합법적으로 구입할 수 있다면 지금보다 더 크고 건강했을 것이다. 병원에서 대퇴부 골절과 등이 굽은 노인 환자들을 덜 만났을 것이다. 아이는 성장이 좋아지고 강한 면역력이 생기며 학습 능력 향상에도 도움을 받았을 것이다. 하지만 미국 대부분의 주에서는 살균하지 않은 생우유 판매를 불법으로 간주하고 있다.

사람들은 우유 섭취가 유럽인의 식사 관습이라고 오해한다. 처음 우유를 먹는 문화는 아프리카에서 시작되었다. 수만 년 동안 우리 유전자에는 생우유의 영양소가 녹아 들어있다. 최근의 지질학 및 기후학 연구는 사하라 사막이 1~10만 년 전까지 풀이 우거진 목초지였음을 밝혀냈다. 1만 년 전후, 지구의 기후는 안정화되었다. 이를 통한 풍요로움은 인구를 폭발적으로 늘어나게 했다.

인류는 야생 자원의 고갈 문제를 해결하기 위해 '농사의 원형'the original form of farming을 실험하기 시작했다. 이 용어는 생물학자이자 역사가인 '콜린 터지'Colin Tudge가 처음 사용하였다. 인류가 땅과 조화를 이루는 수렵 채집으로 살다가 생존을 위해 생태계를 변화시킨 인류의 도약을 의미한다. '톰 하트만'Thom Hartmann은 〈우리 문명의 마지막 시간들〉The Last Hours of Ancient Sunlight에서 다음과 같이 말했다.

"중요한 일이 일어났다. 인류는 자연의 패턴을 바꾸는 방법을 알아냈고 햇빛과 음식을 다른 종보다 더 많이 얻을 수 있게 되었다. 수백만 년 동안 인류의 식량은 숲에 사는 사슴이나 토끼의 개체 수에 따라 결정되었다. 그런데 인류는 자신들이 먹을 수 없는 풀을 초식 동물이 먹을 수 있음을 깨달았다. '쓸모없는' 풀을 자신들이 먹을 수 있는 동물의 형태로 전환한 것이다."

세계 인구의 대다수는 오랜 시간 우유에서 영양분을 얻었다. 하지만 유당 불내증 이슈로 혼란이 벌어졌고 의학계에서는 우유의 가치를 무시해 버렸다. 대부분의 서양 의사는 유럽인이 유당 불내증이 낮은 이유는 유럽인만이 과거부터 낙농업을 해왔기 때문이라고 단정 짓는다. 이는 무지의 소치다. 아쉽게도 서양 의사들은 발효에 대해 잘 알지 못했다.

'유당'乳糖은 우유에 있는 탄수화물이다. 갓난아기 때는 모든 사람이 유당을 소화할 수 있지만, 나이가 들수록 유당 분해 효소를 잃어서 유당 불내증을 호소하는 사람이 많다. 유당은 발효에 의해 분해되기 때문에 요구르트와 치즈와 같은 발효 유제품을 먹는다면 유당 효소가 필요 없다. 유럽보다 기후가 따뜻한 곳에 사는 사람들에게서 유당 불내증이 더 자주 나타난다. 그 이유는 따뜻한 기후에서 발효가 빠르게 이루어지기 때문이다.

일단 발효가 이루어지면 유당의 자극적인 요소가 제거된다. 따뜻한 기후에 사는 아이의 경우는 젖을 뗀 뒤 유당 분해 효소가 필요하지 않게 된다. 유당 분해에 관여하는 유전자 스위치가 꺼지는 것이다. 반면 선선한 기후에 사는 유럽인들은 며칠 동안 신선도가 유지되기 때문에 우유를 훨씬 자주 마실 수 있었다. 이러한 기후적 조건은 유당 분해 효소의 유전적 활성화에 영향을 미쳤을 것으로 판단된다. 유당 불내증이 있는 사람은 우유를 바로 섭취하기 보다는 요구르트, 치즈와 같은 발효 유제품을 섭취하면 된다.

■ 우유는 왜 저온 살균을 하게 되었을까

마트의 유제품 판매대를 저온 살균 우유가 지배하고 있다. 어느 새 저온 살균 우유를 당연시 여기고 있다. 저온 살균 우유는 정말 최상의 음식일까? 수천 년 동안 가축과 함께 살아온 토착 원주민들은 신선한 생우유를 마셔왔다. 마사이족은 생우유가 주식이며 최상의 체력과 건강을 유지해 왔다. 이제 생우유는 위험한 음식 목록에 올라와 있다. 대부분의 나라에서 저온 살균을 법제화했으며 생우유 유통을 금지하고 있다.

어째서 생우유는 최고의 위치에서 내리막길을 걷게 되었을까? 그 이유는 우유 소비가 증대되었기 때문이다. 도심의 낙농업자들은 더 많은 소가 필요했다. 건강한 소의 생우유를 먹던 시기에는 '한 번도' 감염병이 문제가 되지 않았다. 우유 수요의 증가는 기존의 작은 가족 농장 대신 대규모 공장식 농장을 요구했다. 규모의 경제는 사료 비용을 낮췄고, 면적당 사육하는 소의 수가 많아지고, 한 마리당 우유 생산량도 더 많아지게 되었다.

하지만 소들은 좁은 축사라는 끔찍한 환경에서 자랄 수밖에 없었으며 예외 없이 질병이 찾아왔다. 소들의 아랫배에 배설물이 묻게 되었고 자연스럽게 살균이 요구되었다. 설상가상으로 낙농인 중 일부가 치명적인 디프테리아diphtheria에 감염되면서 우유의 평판은 추락하고 말았다.

그렇다면 우리는 언제부터 생우유를 두려워하고 저온 살균 우유를 선택하게 되었을까? 생우유에 대한 공포를 처음 퍼뜨린 주인공은 '찰스 노스'Charles North다. 그는 1907년 저온 살균기를 처음으로 개발해 특허를 냈다. 그는 탁월한 웅변가이자 영악한 사업가였다. 전국의 작은 도시들을 돌아다니며 "오는 길에 다른 도시를 방문했는데 사람들이 저온 살균하지 않은 우유를 마시고 죽어가고 있다!"고 헛소문을 떠들어 댔다. 당연히 저온 살균 기계는 자연스럽게 홍보가 되었으며 마을 사람들의 관심을 불러일으켰다. 하지만 그의 주장은 새빨간 거짓말이었다.

반면에 의사들은 저온 살균을 강하게 반대했다. 진실을 알고 있었기 때문이다. 그러나 찰스 노스는 진실보다 강력한 것을 손에 쥐고 있었다. 바로 '공포'였다. 그는 공포를 통해 엄청난 돈을 벌어들였다. 이후 저온 살균은 주요 정책 이슈가 되면서 급성장했다. 당시 펜실베이니아 대학의 의대 교수들은 "저온 살균에 절대 의지하지 말아야 한다!"라며 진실의 목소리를 냈지만, 지금의 의대생들은 저온 살균의 이점을 앵무새처럼 외우고 있다.

나는 시골 농장에서 자란 환자가 찾아올 때마다 생우유를 먹었는지 묻곤 한다. 십중팔구는 '그렇다'고 대답했다. 가족 농장을 운영했던 사람들은 생우유의 효능을 잘 알았기에 항상 가족을 위해 생우유를 남겨뒀다. 생우유는 다른 어떤 음식과 비교할 수 없는 영양적 특별함을 갖고 있다. 생우유는 영양소로 가득할 뿐만 아니라 소화 기능을 강화하는 영양의 열쇠 역할을 한다. 저온 살균은 이 열쇠의 가치를 망가뜨렸다.

1948년 저온 살균 의무화 법안이 통과된 이후, 생우유 애호가들은 정부와 힘겨운 투쟁을 벌여오고 있다. 저온 살균 지지자들은 저온 살균 우유와 생우유 사이의 영양적 차이를 부인한다. 하지만 유제품 과학자들에 의하면 열熱은 단백질을 변하게 하고 우유의 지방 구조를 파괴한다. 그 차이는 눈으로도 확인할 수 있다.

저온 살균 우유와 달리 생우유 표면에는 지방층이 형성되어 있다. 현미경 슬라이드 위에 신선한 우유를 한 방울 떨어뜨리면, 다양한 크기의 지방 방울 수천 개가 유리 위로 흘러가는 모습을 볼 수 있다. 살아 움직이는 젖산균도 한 두 마리 볼 수 있다. 이러한 활생균은 건강한 소에서 나오고 우유와 우유 섭취자를 병원균으로부터 보호한다.

강력한 전자 현미경을 사용하면 우유를 1,000만 배 확대할 수 있다. 그러면 복잡한 우유 단백질 입자를 볼 수 있다. 우유의 작은 지방 방울은 인체의 세포막과 매우 유사한 인지질 세포막으로 둘러싸여 있다. 저온 살균 우유와 생우유의 뚜렷한 차이는 지방 방울 크기와 살아 있는 미생물의 존재 여부다. 저온 살균 우유의 지방 방울은 이중막이 부족하고 무기질이 더덕더덕 붙어 있다. 카세인 입자가 뒤얽혀 있다.

왜 이런 현상이 발생할까? 저온 살균을 위한 열은 우유의 카세인 단백질을 스파게티 가닥들이 서로 뒤엉킨 것처럼 변화시킨다. 또한 열은 우유의 지방 구조를 파괴한다. 생우유는 가공 과정을 거치면서 장을 심하게 자극할 수 있으며 설사나 변비를 일으킬 수도 있다. 이 2가지 이유로 인해 우유 본래의 구조와 영양소가 파괴되고 결국 건강을 해치게 되는 것이다.

생우유와 저온 살균 우유를 비교한 연구 결과는 놀랍기만 하다. 저온 살균 우유는 생우유보다 무기질 함량이 16~50%에 불과하다. 인체는 생우유의 지방 방울을 유익한 물질로 인식한다. 그러나 가공을 하면 이 신호가 파괴되기 때문에 장내 세포로 무난하게 들어가지 못한다. 오히려 왜곡된 신호들이 소화 과정을 느리게 해서 변비를 유발할 수 있다. 열은 특히 연약한 필수 아미노산을 파괴한다. 손상된 아미노산은 쉽게 사라지지 않고 당화되거나 알레르기 항원으로 변한다.

그것만이 아니다. 우유를 인공적으로 가공하면 소화를 돕는 생우유의 활성 효소도 파괴된다. 동맥 내부에 손상을 입히는 효소크산틴 산화는 지방 방울 안에 몰래 숨어들어 몸에 흡수될 수 있다. 이 효소가 일단 체내에 들어가면 활성 산소를 생성해 죽상 동맥 경화증과 천식을 일으킬 수 있다.

반면에 생우유에는 특별한 물질이 있다. 바로 '강글리오시드' ganglioside라는 지방 방울 표면 분자이다. 이 물질은 장내 해로운 미생물의 활동을 억제하고 신경 발달을 촉진한다. 저온 살균 과정을 거치면 우유의 이로움이 먼지처럼 사라져버린다. 이러한 현상이 의미하는 것은 무엇일까? 바로 상점에서 구입하는 가공 우유는 진짜 우유가 아니라는 것이다. 하지만 우리는 생우유를 구하기 쉽지 않다.

그렇다면 어떻게 해야 할까? 차선책으로 유기농 전유로 만든 요구르트를 고르면 된다. 참고로 '전유'whole milk는 지방을 제거하지 않은 우유를 말한다. 발효는 손상된 우유 단백질을 복원하고 무기질의 활성화를 높여준다. 요구르트와 신선한 과일, 견과류로 차린 아침 식사는 차가운 시리얼과 가공 우유로 차린 식사보다 비교가 되지 않을 만큼 우수하다. 유기농이 아닌 유제품은 값이 저렴한 편이지만 영양을 포기해야만 한다.

음식의 4대 기둥은 당신을 건강하게 만든다

노화를 느리게 하고 싶은가? 질병에서 자유롭고 싶은가? 체중을 감량하고 싶은가? 그렇다면 음식의 4대 기둥을 지켜라. 몸이 먼저 반응할 것이다. 자녀 출산 계획이 있다면 음식의 4가지 기둥은 자녀의 건강한 유전자 발현을 도울 것이다. 뼈 있는 고기는 뼈 발육 인자와 무기질을 충분히 공급해 아이의 뼈와 관절을 튼튼하고 단단하게 만들 것이다. 당연히 아이는 키가 더 커지고 운동에도 탁월한 재능을 보일 것이다. 성인은 부드러운 관절과 골다공증을 예방할 것이다. 인공 영양제를 아무리 골라 먹는다 해도 사골 국물만큼 건강을 강화하지는 못한다.

내장육은 뇌를 구성하는 지방과 비타민을 공급해 아이들에게 정서적 안정과 학습 능력을 부여할 수 있다. 남아있는 생애 동안 건강한 뇌를 위해 내장육을 지속해서 섭취하는 것이 최선의 방법이다. 내장육은 변질 속도가 매우 빠르기 때문에 알약으로 영양소를 담아 놓을 수 없다.

활생균으로 가득한 발효 음식은 장에 침투하는 병원균을 막아내며, 감염과 알레르기 증상을 방지함으로써 항생제 남용을 줄일 수 있도록 해준다. 또한 활생균은 온갖 종류의 비타민을 자체 생성해 부족한 영양소를 보완해 줄 것이다. 비만과 당뇨를 일으키는 '텅 빈 칼로리'empty calories 식품을 섭취하지 말고, 발아된 재료로 음식을 만들면 건강한 빵과 밥을 즐길 수 있다.

마지막으로 신선한 음식이 함유하고 있는 항산화제는 캡슐에 담긴 영양 보충제와 비교할 수 없다. 4가지 기둥을 바탕으로 식사를 하고 규칙적인 운동과 수면 습관을 갖는다면 훨씬 기분이 좋아질 것이다. 우리는 조상들의 전통 요리를 통해서 유전자의 운명을 스스로 통제할 수 있다. 다음 2단계를 기억하자. 첫째, 가장 건강한 방식으로 키운 최고의 식재료를 찾자. 둘째, 음식의 4대 기둥을 중심으로 요리하자.

산업 혁명의 거대한 물결은 인간의 역사에 커다란 영향을 미쳤다. 음식의 영역도 예외가 아니었다. 산업혁명이 만들어낸 2가지 인공 음식을 피하라고 말하고 싶다. 바로 '씨앗 기름과 설탕'이다. 이 2가지 음식은 적색 수배자 리스트의 최고 상단에 있다. 이 불온한 재료는 어두운 커튼 뒤에서 음흉하게 서로 결탁하고 있기에 더욱 위협적 존재다.

토착 원주민들은 특정 음식이 위험하다는 메시지를 전달하기 위해 '금기'taboo 음식 리스트를 작성했다. 하와이에서는 '금기'를 뜻하는 '카푸'kapu로 공유했다. 폴리네시아 문화권의 사람들은 카푸를 통해 세상을 이해했다. 카푸는 하와이 원주민들의 행동강령이기도 했다. 가령 갓난아기에게 어떤 음식이 해로운 영향을 끼치면 임신부의 카푸 목록에 즉시 올라갔다.

모든 토착 사회는 엄마와 아이에게 재앙이 일어나지 않도록 카푸 목록을 준수했다. 오늘날 의사들은 질병의 원인이 유전과 과도한 고기 섭취 때문이라고 말하지만, 그것은 진실이 아니다. 씨앗 기름과 설탕이 재앙의 원흉이다. 이제 씨앗 기름과 설탕을 가족의 '카푸' 목록 맨 꼭대기에 올려놓길 바란다.

뿌리 깊은 영양을 시작하는 법

뿌리 깊은 영양에 적응하는 것은 하룻밤 사이에 할 수 있는 일은 아니다. 요리를 전공한 사람이 아니라면 습득해야 할 기술이 많을 수 있다. 천천히 포기하지 말고 실천하면 된다. 가장 큰 장애물은 '외식'이다. 식당에서 판매하는 요리 대부분은 씨앗 기름과 설탕에 깊이 의지하고 있기 때문이다.

나도 처음에 뿌리 깊은 영양을 시작하는 것이 쉽지만은 않았다. 먼저 외식을 되도록 자제하고 주방에 익숙해져라. 달걀, 견과류, 크림, 치즈 등 천연 지방을 더 많이 섭취하는 것부터 시작하라. 요리 기름으로 버터를 사용하면 채소 맛이 더 좋아진다. 냉동식품 대신 신선한 음식 재료를 더 많이 선택하자. 동네 마켓에 신선한 채소가 배달되는 날을 기억하면 좋다.

가장 큰 장애물은 어린 시절부터 식욕을 자극하던 단맛이다. 설탕과 헤어질 결심이 필요하다. 하지만 달콤한 음식을 하루 아침에 끊겠다고 욕심내지는 말자. 설탕과 씨앗 기름을 줄이면 오래지 않아 변화가 찾아올 것이다. 천연 지방은 설탕에 대한 갈망을 줄어들게 하고 음식의 맛을 즐길 수 있게 해줄 것이다. 에너지와 집중력도 좋아질 것이다.

※ 다음은 내가 좋아하고 즐겨 먹는 '음식의 4대 기둥'이다.

기둥 1 / 뼈 있는 고기

- 스터핑과 그레이비를 곁들인 칠면조 구이
- 만두를 곁들인 치킨 수프
- 칠레 콘 카레
- 바비큐 갈비살
- 멕시칸 메누도 수프
- 피코 데 갈로 수프
- 태국식 톰 카가이 수프
- 베트남 포
- 양고기 정강이찜
- 남서부 그린 칠리 스튜
- 데미글라스 소스를 곁들인 뉴욕 스트립 스테이크 구이
- 데미글라스 소스를 곁들인 버섯 버거(번 없음).
- 닭고기 육수로 조리한 야생 쌀밥
- 닭고기 육수로 끓인 채소 조림
- 닭고기 육수를 곁들인 구운 버터넛 스쿼시 수프
- 닭고기 육수를 곁들인 브로콜리 수프
- 프렌치 어니언 수프
- 비프 부르기뇽

기둥 2 / 내장육

- 파키스탄식 닭 간 튀김
- 오리 간 파테
- 닭 간 파테
- 소고기 심장 구이
- 소고기 스틱 및 내장육
- 필리핀 연어 머리 수프
- 구운 골수
- 날치알 버터 발아 곡물 토스트
- 내장을 곁들인 멕시코식 메누도
- 비계를 곁들인 베트남 포
- 블러드 소시지순대
- 필리핀식 디누구안
- 파바 콩을 곁들인 볶음 단팥빵
- 쇠고기 혀 스튜
- 버터에 튀긴 양고기 신장 튀김
- 수란水卵
- 간

기둥 3 / 발효 및 발아 음식

- 요거트
- 코티지 치즈
- 사워 크림
- 콤부차
- 소금에 절인 양배추
- 오이 피클
- 김치
- 페퍼로니
- 체다 치즈
- 템페
- 전통 된장
- 액젓
- 양조 간장
- 맥주와 와인
- 사워도우 빵
- 발아 곡물
- 발아 콩을 곁들인 칠레 콘 카르네
- 발아 아몬드
- 발효 귀리 죽
- 발아 호박씨

기둥 4 / 생生음식

- 모든 채소
- 마늘, 피망, 고수 그리고 신선한 허브
- 포크poke : 날 생선 양념 요리
- 생선회
- 생生우유
- 크림과 치즈
- 스테이크 타르타르
- 육포
- 프로슈토
- 절인 채소
- 말린 해초
- 와인 소스를 곁들인 청어 절임
- 견과류와 씨앗류
- 세비체
- 안티파스토 샐러드

※ [편집자주] 저자가 좋아하는 4대 기둥 요리 레시피는 '저탄수화물 식단' 블로그를 통해 확인할 수 있습니다. 추가로 다카오 병원이 제공하는 '일본식 저탄수화물 레시피'도 만나보실 수 있습니다. 관심이 있는 분은 QR코드를 통해서 레시피를 활용하시기 바랍니다.

유전자를 바꾸는 식단

뿌리 깊은 영양을 실천하는 법

뿌리 깊은 영양에 성공한 사람들은 탄수화물 섭취를 줄이고, 독성 지방을 건강한 지방으로 바꾸고, 부족한 영양소를 보충했다. 이 3가지 방향, 그것이 전부이다. 그렇게 복잡하지 않다. 씨앗 기름은 우리가 피해야 할 독성 물질이다. 탄수화물 섭취를 줄여서 영양이 풍부한 전통 음식의 4가지 기둥을 위해 공간을 마련해줘야 한다. 이 장에서는 건강한 생활 방식에 쉽게 적응하는 과정을 안내한다. 내 목표는 건강한 식단의 원칙을 현대 식단과 통합하는 것이다. 다음은 일상의 습관으로 만들면 좋다.

· 매일 2리터의 물을 마신다.
· 탄산음료 대신 탄산수, 허브차 또는 콤부차를 마신다.
· 최상의 결과를 원한다면 간식의 유혹을 던져 버리자.
· 식사와 함께 영양 보충제를 섭취한다.
· 수면과 운동을 우선순위로 두자.
· 일정 관리표를 사용하여 자신만의 식사 스케줄을 계획하자.

■ 물 섭취량

물을 충분히 마시는 것은 신체가 새로운 영양소에 적응하는 데 필수적이다. 간식의 충동을 억제하기 위해 식사 사이에 물을 마실 수 있다. 신장 결석이 생긴 환자들은 모두 물을 많이 마시지 않았다.

■ 음료

미국인의 50%가 매일 탄산음료를 마신다. 탄산음료는 액체 설탕이다. 무설탕 주스라고 광고하는 제품도 좋지 않다. 레몬 조각을 넣은 탄산수, 허브차, 콤부차 등을 대안으로 추천한다. 달콤한 탄산음료를 그윽한 전통차tea로 바꿔보는 것은 어떤가? 삶에 향기가 가득할 것이다.

■ 간식

간식은 잘못된 길로 들어서게 하는 달콤한 유혹이다. 대부분의 간식 리스트를 채우고 있는 음식은 질 낮은 가공식품이 차지하고 있다. 소위 건강 간식이라고 불리는 제품에도 독성 지방과 과도한 당이 함유되어 있다. 내가 진료했던 습관성 간식 중독자들은 항상 음식에 대해 생각하고 있었다. 간식 습관을 끊어야만 이런 강박적인 생각에서 벗어날 수 있다. 간식의 욕망을 다른 활동으로 대체하길 권유한다. 물와 차 마시기, 운동, 산책 그리고 좋아하는 취미를 하는 것이 좋다.

■ 수면 및 운동

실제 음식은 건강을 위한 신체의 전제 조건 중 하나에 불과하다. 운동은 신체를 최적화하기 위한 필요조건이다. 예를 들어, 무거운 물건을 들어 올리면 몸은 방금 운동한 팔다리에 근육, 뼈, 관절을 위한 영양소를 보내도록 지시한다. 몸이 이러한 업무를 수행하기 위해서는 적절한 수면이 절대적이다. 활동량이 많지 않거나 수면이 부족하면 아무리 건강한 식단을 유지하더라도 섭취한 음식을 최적으로 사용할 수 없다. 체지방이 계속 쌓이게 된다.

■ 식사 계획

일주일에 한 번 10분 정도 앉아서 어떤 식재료를 구입할지, 무엇을 요리할지 계획을 세우면 많은 도움이 된다. 일주일의 식단 스케줄을 고민하는 것은 더욱 좋다. 일정 관리 스케줄을 활용하기를 바란다. 연구에 따르면 단 몇 분 만이라도 계획을 세우는 사람은 그렇지 않은 사람보다 새로운 습관을 더 성공적으로 유지할 수 있다.

■ 영양 보충제

균형 잡힌 전통적인 식단을 따르고 있는데 왜 보충제를 먹어야 하는지 궁금할 수 있다. 2가지 이유가 있다. 첫째, 현대인은 대부분 운동을 많이 하지 않으며 과거보다 비타민과 미네랄을 충분히 섭취할 기회가 적다. 둘째, 대부분의 토양은 미네랄이 고갈되었기 때문이다. 즉, 오늘날의 식품에는 영양소가 상대적으로 부족하다는 의미이다. 모두에게 추천하는 제품이다. 용량은 하루 기준이다.

- 비타민D 하루 2,000~4,000IU   · 마그네슘 하루 250mg
- 아연 하루 15mg   · 종합 비타민

다음은 붉은 고기나 간肝을 먹지 않는 분들에게 추천한다.

· 건조 간 알약   · 칼슘 하루 500mg

· 비타민K2 하루 1.5mg   · 오메가3

오메가3 보충 방법은 아마씨를 신선하게 갈아서 사용하는 것이다. 들기름도 좋은 선택이다. 1~2큰술을 뜨거운 물에 저어 차처럼 마시거나 요거트 위에 얹어 먹어도 좋다. 이 방법으로 하루에 ½~1 큰술을 섭취하면 매주 4,000~8,000밀리그램의 오메가3를 충분히 섭취할 수 있다.

■ 생선 오일 보충제에 대한 단상

생선 오일과 간유는 신선도와 품질이 매우 뛰어나지 않는 한 보충제로 섭취하지 않는 것이 좋다. 오메가3 지방을 추출하는 것은 번개를 병에 담는 것과 비슷하다. 오메가3 지방은 오메가6 지방보다 산화 반응에 훨씬 더 취약하다. 왜냐하면 오메가3는 이중 결합, 즉 약한 고리를 추가로 가지고 있기 때문이다. 이러한 극도의 산화성 때문에 오일을 정제하지 않고 저온 압착하는 등 부드럽게 처리해야 한다. 생선 오일 보충제의 안전성을 연구하는 뉴질랜드의 지질 과학자 그룹은 다음과 같이 지적하고 있다.

"섭씨 4도의 어두운 곳에 보관한 오일도 보관 한 달 이내에 허용치를 넘어 산화될 수 있다. 오메가3 보충제를 섭취하면 산화된 오일에 노출될 위험이 있다."

연구자들의 결론은 진짜 음식을 통해 오메가3 지방을 섭취하라는 것이다. 아마씨, 들기름, 굴, 유기농 버터, 견과류와 씨앗, 녹색 채소를 말한다.

■ 영양소의 황금 비율

· **탄수화물** : 하루 탄수화물은 30~70g을 유지하는 것이 좋다. 조깅, 테니스, 자전거, 수영 등과 같은 운동을 하고 있다면, 하루 100g을 상한선으로 지키길 권유한다. 신체 에너지의 주된 연료로 포도당을 태우면 세포의 지방 연소 능력이 손상된다. 격렬한 운동을 즐기거나 웨이트 트레이닝을 하는 경우는 탄수화물과 지방의 적절한 균형을 찾을 필요가 있다. 고정된 최적의 탄수화물 비율은 없다. 사람마다 활동량, 신진대사 속도에 따라 다를 수밖에 없기 때문이다.

· **단백질** : 단백질은 중요한 영양소이다. 단백질은 너무 많이 섭취하지 말고 충분히 섭취해야 한다. 단백질이 부족하면 항산화 효소 능력이 떨어지고 신경계, 면역계, 골격계 등 매일 많은 양의 단백질이 있어야 하는 조직에 스트레스를 준다. 이러한 스트레스가 반복되면 기분 장애, 알레르기 문제, 골다공증 등을 유발할 수 있다.

여성의 하루 평균 최소 단백질 섭취량은 50g, 남성은 70g이다. 신체가 사용할 수 있는 최대 단백질은 여성의 경우 약 120g, 남성의 경우 약 150g이다. 물론 운동선수는 더 많이 필요할 것이다. 단백질을 너무 많이 섭취하면 신장은 여분의 단백질을 포도당과 지방으로 전환해야 한다. 통풍이라는 관절 질환의 위험이 높아질 수 있다.

· **지방** : 일일 칼로리 섭취량의 60~85%를 지방으로 섭취하는 것이 좋다. 지방의 섭취 비율이 매우 높은 것처럼 보일 수 있다. 하지만 여기서 영양소 비율은 부피나 무게가 아니라 칼로리 기준이다. 알다시피 지방은 9kcal, 포도당과 단백질은 4kcal이다. 동일한 양을 섭취해도 지방은 2배가 넘는 칼로리를 섭취할 수 있다.

지방은 칼로리 밀도가 매우 높기 때문에 접시에서 많은 공간을 차지하지 않는다. 브로콜리 2컵에 버터 2큰술을 넣으면 브로콜리 70칼로리당 지방 칼로리가 200칼로리로, 지방 칼로리 비율이 약 75%에 달한다. 대부분의 견과류와 씨앗, 단단한 체다치즈는 약 75%의 지방으로 구성되어 있으며 올리브 오일도 마찬가지이다. 달걀, 닭 날개는 모두 열량 기준으로 약 60%의 지방을 함유하고 있다. 버터에는 이보다 더 많은 지방이 함유되어 있는 경우가 많다.

거대 영양소의 황금 비율은 탄수화물 : 단백질 : 지방 = 14 : 16 : 70으로 판단한다. 하지만 영양소의 비율은 개인의 대사 저항성과 운동량에 따라 달라질 수 있다. 절대적인 비율은 존재할 수 없다.

휴.바.식

전통 음식의 4대 기둥에 대한 주관적 해석

음식의 4대 기둥은 어떻게 하는 것이 좋을까요? 저자가 좋아하는 4대 기둥 음식들은 다소 생소합니다. 그래서 편집자의 개인적인 의견을 덧붙입니다. 참고만 하시면 좋겠습니다.

저자가 말하는 **제1기둥 '뼈 있는 고기'**의 핵심은 '**고기와 뼈를 우려낸 국물**'입니다. 그 이유는 고기와 뼈 국물은 비타민, 무기질과 같은 미세영양소의 원천이기 때문입니다. 그래서 저자는 고기와 뼈를 함께 끓인 요리를 우선하고 있습니다. '뼈 있는 고기' 요리의 핵심은 바로 '사골 국물'입니다. 서양인들은 고기의 살코기를 주로 먹기 때문에 사골 국물이라는 존재가 다소 생소할 수 있습니다.

하지만 한국인에게 사골 국물은 너무나 친숙한 존재입니다. 설렁탕, 갈비탕, 곰탕을 비롯한 모든 국물 요리의 주인공은 '사골 국물'이기 때문입니다. 미국 최고의 의사이며 〈비만 코드〉The Obesity Code의 저자 '제이슨 펑'Jason Fung 박사도 사골 국물을 최상의 음식으로 추천하고 있습니다. 매일 아침 사골 국물 한 잔으로 시작하시길 바랍니다. 저는 사골 국물에 코코넛 오일을 1 티스푼을 섞어서 먹습니다. 그러면 코코넛 향이 그윽하게 펴져서 풍미가 좋습니다.

제2기둥은 '**내장육**'입니다. 미국인들은 지금도 동물의 내장을 잘 먹지 않습니다. 당연히 대규모 축가공업체에서는 동물의 내장을 버리고 있는 것이 현실입니다. 실제 내장을 가공할 수 있는 제반 시설도 없는 경우가 다반사입니다. 하지만 우리 선조들은 달랐습니다. 동물의 기관 중 버리는 부위는 하나도 없었습니다. 오랜 시절부터 전체식全體食을 해온 것입니다. 특히 한국은 내장탕, 순대국, 꼬리 곰탕, 머리 고기를 비롯하여 다양한 내장 요리가 계승되어 왔습니다. 내장은 비타민의 보물 창고입니다. 특히 저자는 내장 중에서 '간'肝에 주목하고 있습니다. 본문에서 언급한대로 간은 영양소에서 타의 추종을 불허하는 부위입니다. 간을 다양한 방법으로 자주 그리고 많이 드시길 바랍니다.

제3기둥은 '발아와 발효' 음식입니다. 이 부분은 굳이 설명하지 않겠습니다. 한국의 지혜로운 조상들은 발효 음식의 중요성을 누구보다 잘 알고 있었습니다. 한국의 발효 음식은 하늘의 별만큼 많습니다. 김치, 된장, 고추장, 간장과 같은 한국의 '장'醬문화는 세계 최고 수준입니다. 항상 발효 음식과 함께 하시기 바랍니다. 저자의 권유 중 눈여겨볼 부분은 '발아'입니다. 발아는 음식의 단순당을 중요 영양소로 전환합니다. 곡물을 섭취할 때는 발아 곡물을 선택하십시오. 발아 현미와 발아 빵을 추천합니다.

제4기둥은 '생生음식'입니다. 신선한 음식을 자유롭게 드시면 됩니다. 눈에 띄는 것은 생선회, 해산물, 육회입니다. 이 음식들도 한국인들이 즐기는 음식입니다. 저는 '뭉티기'생고기를 아주 좋아합니다. 가격이 다소 높다는 단점이 있습니다. 생고기는 당일 도축된 고기를 먹어야 합니다.

동네 정육점 사장님과 친해지는 것도 구입을 용이하게 합니다.

음식의 4대 기둥을 정리해 보았습니다. 저자가 제안하는 음식은 모두 풀 먹인, 유기농으로 키운 동물과 채소를 우선하고 있음을 기억해 주십시오.

· 모든 육류, 생선, 해산물, 육회, 생선회, 계란 + 사골 국물

· 모든 채소와 과일 : 탄수화물 함유량이 낮은 식품을 우선할 것

· 모든 사골 요리 : 설렁탕, 곰탕, 뼈 해장국, 순대국, 삼계탕 등

· 모든 내장 요리 : 내장탕, 곱창 전골, 곱창 구이, 곱창 볶음, 머리 고기 등

· 모든 발효 음식 : 김치, 젓갈, 된장, 고추장, 간장, 발효된 전통 음식 등

· 모든 발효 유제품 : 치즈, 크림, 버터, 요거트 등

· 모든 견과류와 씨앗류 : 마카다미아, 아몬드, 호두, 각종 씨앗 등

· 요리 기름 : 동물기름소, 돼지, 양, 코코넛 오일, 올리브 오일, 들기름 등

※ 저자는 생우유와 간을 영양소의 보물 창고로 권유하고 있습니다. 현재 생우유 유통은 합법이 아니기에 발효 유제품을 추천합니다. 간은 생간을 먹을 수 있다면 가장 좋습니다. 비위가 맞지 않는 분들은 간 파테 Pate 또는 간 전煎으로 먹으면 좋습니다. 간을 먹지 못할 경우에는 건조 간 알약을 추천합니다.

편집자 코멘트 2
저탄수화물 식단 가이드

저자가 권유하는 거대 영양소의 비율은 '탄수화물 : 단백질 : 지방 = 14 : 16 : 70'입니다. '저탄수화물 식단'의 가이드라인과 맥락을 함께 합니다. 하루 탄수화물을 30~70g 권유하며 운동을 하는 경우에는 하루 탄수화물 100g 이하를 권유하고 있습니다. 아쉽게도 저자는 본문에서 세부적인 저탄수화물 식단 가이드를 제시하고 있지 않습니다. 그래서 독자들께 도움이 될 수 있는 저탄수화물 식단 가이드를 첨부합니다.

먼저 소개드릴 저탄수화물 식단 프로그램은 '로버트 앳킨스'Robert C. Atkins 박사의 4단계 프로그램입니다. 그는 저탄수화물 식단의 선구자이며 개척자라고 할 수 있습니다. 국내에서는 저탄고지, 키토제닉 다이어트와 같이 다양한 이름이 회자되고 있지만 대부분 앳킨스 박사의 저탄수화물 이론과 지침에 근간하고 있습니다. 앳킨스 박사의 4단계 프로그램은 매우 구체적이며 세분화되어 있습니다.

1단계 '전환'switch은 최소 2주 동안 진행하며 하루 탄수화물을 20g으로 제한합니다. 이후 2단계 '지속 감량'ongoing loss은 매주 하루 탄수화물을 5g씩 늘려갑니다. 2단계는 자신의 목표 체중에서 4.5kg 미달 시점까지 지속합니다. 3단계 '미세 조정'fine tuning은 매주 하루 탄수화물을 10g씩 늘려갑니다. 3단계는 '목표 체중'을 달성할 때까지 진행합니

〈앳킨스 영양학 4단계 프로그램 요약〉

Dr. Atkins Nutrition		1단계	2단계	3단계	4단계
		전환	지속 감량	미세 조정	평생 유지
하루 탄수화물		20그램 이하	20~50그램	50~100그램	탄수화물 임계점
매주 핵심 규칙		탄수화물 안녕!	5그램 증가	10그램 증가	체중 유지
단계 수행 기간		최소 2주 이상	목표 체중 4.5kg 미달 시점	목표 체중 달성	라이프 스타일
단계별 허용 음식	고기, 생선, 해산물	전환 Switch	지속 감량 Ongoing Loss	미세 조정 Fine Tuning	평생 유지 Life Maintenance
	모든 채소 녹말채소 제외				
	치즈, 버터, 오일				
	견과류 & 씨앗류				
	저탄수 과일 베리류				
	콩과 식물				
	모든 과일				
	녹말 채소				
	통곡물				

다. 자신이 원하는 목표 체중을 달성하면 본격적인 4단계 '평생 유지'life maintenance가 시작됩니다. 이때부터는 평생 지속하는 라이프 스타일이 됩니다. 자신의 탄수화물 임계점을 유지하면서 평생 지속하는 습관이 되는 것입니다. 앳킨스 박사는 자신의 상황에 따라 특정 단계를 먼저 시작하고, 지속할 수 있음도 밝히고 있습니다. 단계별 하루 탄수화물 함량은 자신의 대사 저항성에 따라 차이가 있을 수 있습니다.

앳킨스 다이어트의 핵심은 1단계 '전환'입니다. 하루 탄수화물을 20g으로 제한하는 것입니다. 앳킨스 박사가 하루 탄수화물을 20g으로 제한한 이유는 에너지 대사의 변화를 위해서입니다. 1단계 '전환'을 2주 이상 진행하면 몸은 포도당 대사에서 지방 대사로 에너지 시스템이 전환됩니다. 1단계 '전환'에서 허용되는 음식은 '고기, 생선, 해산물, 계란 + 모든 채소(녹말 채소 제외) + 치즈, 버터, 오일'입니다. 체중 감량에 관심 있는 분들은 4단계를 프로그램을 착실하게 적용한다면 원하는 바를 얻을 수 있을 것입니다.

미국에 저탄수화물 개척자로 '로버트 앳킨스' 박사가 있었다면 일본에는 '에베 코지' 박사가 있습니다. 그는 1999년에 다카오 병원에 저탄수화물 식단을 도입하면서 수많은 책과 연구 자료를 검토한 뒤, 자신만의 저탄수화물 식단 프로그램을 만듭니다. 현재까지 다카오 병원에서는 5,000명 이상의 입원환자와 1,400명이 넘는 외래 환자의 임상 사례를 통해서 학술적으로도 저탄수화물 식단의 치료 효과를 확립했습니다. 그는 저탄수화물 식단을 최대한 단순화해서 사람들이 쉽게 접근할 수 있도록 하였습니다.

<저탄수화물 3가지 방식>

3가지 식단	탄수화물 섭취 횟수			하루 섭취 총탄수화물
	아침	점심	저녁	
슈퍼	×	×	×	30~60g
베이직	×	○	×	60~100g
미니	○	○	×	100~130g

'간헐적 단식'을 실천하고 있는 분은 다음과 같이 프로그램을 더욱 단순화할 수 있습니다.

식단 유형	탄수화물 섭취 횟수			하루 섭취 총탄수화물	하루기준 (밥)
	아침	점심	저녁		
슈퍼	×	×	×	30~60g	밥 안녕!
베이직	×	○	×	60~100g	0.5공기

※ 식사를 거르는 시기는 개인의 상태에 따라 다릅니다.

실제 에베 코지 박사는 하루 2끼를 실천하고 있습니다. 저도 하루 1일 2식을 하고 있습니다. 점심 식사는 간단히 삶은 계란 2~3개를 도시락으로 준비합니다. 점심 식사에 많은 시간을 소비하지 않기 때문에 여유로운 나만의 시간을 가질 수 있습니다. 저녁은 '주요리고기 + 샐러드'를 먹습니다. 샐러드에 약간씩 변화를 주면 전혀 지루하지 않습니다. 저탄수화물 식단을 통해 삶의 패턴이 단순화되고 있음을 느낍니다.

저탄수화물 식단은 고단백·고지방 영양소이기 때문에 배고픔을 잘느끼지 않습니다. 그래서 간헐적 단식을 진행하기에 최적화된 식단입니다. 단백질은 공복감과 포만감의 핵심 중추입니다. 만약 소리 없이 공복감이 찾아올 경우에는 '삶은 계란'을 추천 드립니다. 삶은 계란은 가성비 대비 포만감과 만족도가 매우 높습니다. 과자 10봉지를 먹을 수는 있어도 계란 10개를 먹기는 어렵습니다. 먹어보면 알게 됩니다. 계란은 최고의 슈퍼 푸드입니다.

혹시 로버트 앳킨스 박사와 에베 코지 박사가 제안하는 프로그램의 공통점을 발견하셨는지요? 두 프로그램을 찬찬히 살펴보도록 하겠습니다. 에베 코지 박사가 권유하고 있는 '슈퍼'^{탄수 30~60g} 저탄수화물 식단은 앳킨스 다이어트의 1단계 '전환'^{탄수 20g}과 2단계 '지속 감량'^{탄수 20~50g}과 비슷합니다. '베이직'^{탄수 60~100g} 저탄수화물 식단은 앳킨스 다이어트의 3단계 '미세 조정'^{탄수 50~100g}과 비슷하며, '미니'^{탄수 100~130g}저탄수화물 식단은 앳킨스 다이어트의 4단계 '평생 유지'^{탄수 100~탄수화물 임계점}와 유사합니다.

앳킨스 박사의 다이어트 프로그램은 '다이어트'에 초점이 맞춰져 있고, 에베 코지 박사는 '질병 치유'에 초점을 맞추고 있습니다. 물론 2가지 프로그램 모두 체중 감량과 질병 치유라는 공통 분모를 공유하고 있습니다. 앳킨스 박사의 프로그램은 좀 더 세분화되어 있고, 에베 코지 박사의 프로그램은 단순하고 유연한 측면이 있습니다. 모두 장단점이 있는 것으로 판단됩니다. 더 세부적인 사항은 에베 코지 박사의 〈탄수화물과 헤어질 결심〉과 로버트 앳킨스 박사의 〈앳킨스 다이어트 혁명〉을 참조하시길 바랍니다.

9장
칼로리 신화를 넘어서

체중은

에너지보다는 정보와 관련이 있다.

음식은 단순한 연료를 넘어서

인체 세포와 소통하는 언어다.

음식의 메시지가 핵심이다.

전통 음식의 4대 기둥은

인체에 최선을 다하라고 지시한다.

건강이 좋아지고

체중이 감량될 것이다.

칼로리가 중요하지 않은 이유

나는 의과 대학에서 간단한 공식을 배웠다. 섭취한 칼로리에서 소비한 칼로리를 빼면 체중이 증가하거나 감소한다는 공식이다. 이 공식은 너무나 당연해 보였고 보편적 법칙으로 이해되었다. 수련의 과정 때, 체중을 줄이고 싶어 하는 환자에게 이 공식을 설명했다. 하지만 상황은 그리 간단치 않았다.

"선생님. 이해를 못하겠어요. 저는 많이 먹지 않아요. 운동도 하고 있고요. 그런데도 체중은 늘고 있어요! 몸에 이상이 있는 게 분명해요"

이런 말을 계속해서 들었다. 검사를 해보면 결과는 항상 정상이었다. 정말 많은 환자에게 '칼로리 인, 칼로리 아웃' 공식이 적용되지 않았다. 환자들은 적게 먹고 체육관에 다녔으며 동네를 산책했다. 그런데도 뱃살은 변함이 없었다. 그들의 신진대사는 무엇이 문제일까? 에너지 공식에 오류가 있는 걸까?

이 미궁을 풀 수 있는 열쇠는 다음과 같다. 체중은 '에너지'energy보다는 '정보'information과 관련이 있다는 사실이다. 음식은 단순한 연료를 넘어서 인체 세포와 소통하는 언어다. 우리가 섭취하는 것, 우리가 먹는 음식의 메시지가 핵심이다. 전통 음식의 4대 기둥은 인체에 최선을 다하라고 지시한다. 음식을 먹기 시작하면 자연스럽게 건강이 좋아지고 체중이 줄어들 것이다. 음식의 정보가 세포에 얼마나 강력한 영향을 끼치는지 알아보자.

먼저 필수 지방에 대해 알아보겠다. 필수 지방인 오메가3와 오메가6는 화학자의 입장에서는 동일한 구조지만, 세포의 입장에서는 밤과 낮처럼 상반된 영향을 미친다. 1995년 저널리스트 '조 로빈슨'Jo Robinson은 아포토시스를 연구하는 과학자를 만나 대화를 나누었다. '아포토시스'apoptosis란 손상된 세포가 다른 세포에 피해를 주지 않기 위해 스스로 죽음을 선택하는 '세포 자살'을 뜻한다.

과학자는 쥐의 악성 종양에 오메가3와 오메가6를 각각 주입했다. 오메가3를 주입한 경우는 악성 종양의 성장이 축소된 반면, 오메가6를 주입한 경우는 종양의 성장 속도를 4배 가속했다. 이 지방들의 칼로리는 동일했다. 그렇다면 왜 오메가6는 세포 성장을 가속화하고 오메가3는 세포 성장을 멈추게 하는 걸까?

로빈슨은 세포의 성장이 칼로리가 아닌, 다른 무엇인가에 의해 조절되고 있음을 확신했다. 암의 근본 원인, 즉 지방 불균형이 암을 일으키고 있음을 직감했다. 그는 과학자에게 어떤 음식에 오메가6와 오메가3가 들어 있는지 물었다. 과학자는 "오메가3는 달걀, 어류, 들기름, 아마씨와 같은 식품에서 얻을 수 있다."고 말했다. 반면 "성장을 촉진하는 오메가6는 옥수수와 콩으로 만든 씨앗 기름에 널리 포함되어 있다."고 했다.

로빈슨은 자신이 무엇을 해야 하는지 깨달았다. 그 후 '아르테미스 시모포러스'Artemis Simopolous와 함께 필수 지방을 소개하는 〈오메가 다이어트〉The Omega Diet를 출판했다. 이 책에 의하면 구석기 시대 사람들이 현재보다 오메가3는 10배 더 섭취했으며 오메가6 는 훨씬 적게 섭취했다. 필수 지방의 섭취량 변화가 식단 불균형을 일으켜서 암과 비만을 포함한 수많은 염증성 질환을 악화시킨다는 것이다. 그 이후 많은 과학자가 오메가3가 어떻게 각종 질병을 예 방하는가에 대한 연구를 수행했다. 오메가3 지방을 더 섭취하면 인 체의 모든 세포를 도울 수 있다.

오메가3와 오메가6에 관한 연구 결과는 더 많은 것을 시사하고 있다. 세포는 음식이 보내는 화학적 메시지에 매우 민감하다. 요컨 대 음식의 영양소는 세포가 정상적으로 작동할지, 혹은 지방으로 전환할지, 혹은 암에 걸릴지 조절할 수 있다. 즉, 음식의 영양소와 화학 물질은 세포에 업무 지시를 내리고 있다. 오메가3와 오메가6 의 섭취 불균형은 몸의 세포에 잘못된 신호를 보내 원치 않는 결과 를 가져올 수 있다. 결국 건강의 열쇠는 올바른 메시지가 담긴 음식 을 먹는 것이다.

건강한 삶을 위한 유전적 부富의 공식은 명확하다. '세포 간 소통 을 방해하는 염증을 없애고 지방 세포를 더욱 건강하게 할 수 있는 음식을 먹어라!' 물론 음식 말고도 건강에 영향을 끼치는 요인은 많 다. 최적의 건강을 얻으려면 진짜 음식을 먹고, 적당한 수면과 휴식 을 취하고, 스트레스를 줄이고, 적절한 운동을 해야 한다. 지금부터 는 변화를 위한 활용 방법에 대해서 단계별로 살펴보자.

몸의 변화를 위한 4단계

■ 1단계 : 지방을 제대로 이해하자

체지방이 없으면 매력적인 몸매의 여성이 될 수 없다. 적절한 지방은 사람을 젊게 만든다. 우리는 지방 없이 건강해질 수 없다. 스무 살 청춘의 얼굴은 일흔 살 노인의 얼굴보다 눈, 입술, 뺨 주위에 지방이 훨씬 더 많다. 체지방은 체온 유지, 성적 능력, 면역 방어, 혈액 응고 그리고 생체 리듬에 깊이 관여한다. 심지어 감정과 집중력에 필요한 화학 물질을 생성한다. 물론 체지방이 너무 많아도 문제가 발생한다. 인슐린 저항성, 과식증, 과체중, 지방간이 나타나고 중성 지방 수치가 높아지기 쉽다. 적절한 체지방을 유지하는 것이 중요하다.

우리 대부분은 날씬하기 위해 노력한다. 다이어트를 했는데도 몸의 변화가 없다면 지방의 역할에 대해 자세히 모르고 있을 가능성이 높다. 몸이 지방을 생성하고 유지하는 이유를 잘 알수록 체중 감량에 쏟는 노력이 줄어들 것이다. 지방 세포는 음식과 운동이 보내는 신호에 반응한다. 오메가3 지방이 악성 종양 세포를 죽이듯이 당신이 원하는 것을 지방 세포에 지시할 수 있다.

1995년 과학자들은 비만 쥐들에게 '렙틴'leptin이라는 호르몬이 없다는 것을 발견했다. 또한 렙틴 호르몬이 식욕과 지방 세포 분화를 억제한다는 사실을 밝혀냈다. 연구원들은 금광을 발견했다고 생각했다. 생명 공학 기업들은 본능적으로 렙틴 호르몬의 발견이 큰돈이 될 것이라 기대했다. 렙틴 호르몬 연구에 막대한 투자를 했으며 유전자 특허를 내기까지 했다. 이들은 렙틴 호르몬이 다이어트의 신약이 될 것이라고 믿어 의심치 않았다.

하지만 이 믿음은 빛 좋은 개살구였다. 비만은 단순히 렙틴이 부족해서 나타나는 게 아니라 호르몬 불균형으로 인한 복합적인 현상이었기 때문이다. 비만한 사람은 렙틴이 부족할 뿐 아니라 렙틴에 내성이 있다는 것이 밝혀졌다. 비만인들의 몸은 렙틴이 보내는 신호를 인지할 수 없어 렙틴을 더 많이 보충해 주어도 별다른 도움이 되지 않았다. 렙틴 보조제는 무용지물이었다. 노다지를 꿈꾸던 렙틴 연구는 빠른 속도로 사그라지고 말았다.

렙틴 골드 러쉬는 우리의 잘못된 믿음을 보여준 전형적인 사례이다. 비만의 진짜 해결책은 생명 공학이 아니라 생물학에서 찾을 수 있다. 즉, 좋은 음식으로 해결할 수 있다. 렙틴 연구원들은 하나의 기회를 놓쳤다. 렙틴 내성 때문에 호르몬 신호가 차단된다는 것을 알았다면 연구원들은 한 가지 중요한 질문을 던졌어야 했다. '무엇이 렙틴 신호를 차단하고 있을까'라고 말이다. 바로 '염증'이 화학적 신호의 방해자였던 것이다.

■ 2단계 : 몸에서 염증을 없애자

'염증'Inflammation은 왜 그렇게 나쁜 걸까? Inflammation의 어원은 라틴어 inflammatio에서 유래되었으며 '불을 붙인다'라는 의미이다. 세포에 화재가 발생한 상태다. 염증은 정상 세포 성장에 필요한 호르몬을 차단할 뿐만 아니라 몸에 지방을 저장하라고 지시한다. 염증의 위력은 파괴적이다. 염증 유발 식품은 세포를 속여 인체를 위험에 빠뜨리는 반면, 좋은 음식은 세포를 올바르게 성장하게 한다. 체중 감소를 위해서는 식품 포장지의 칼로리 수치보다 염증을 일으키는 음식인지 확인하라. 가공식품은 살을 찌게 하고, 4대 기둥은 살을 빠지게 한다.

앞에서 씨앗 기름을 가열하면 메가 트랜스 지방과 활성 산소를 생성한다고 언급했다. 반면에 포화 지방은 활성 산소의 횡포를 막으며 염증에 저항력을 길러준다. 나쁜 지방은 염증을 일으키는 시한폭탄과 다름없다. 자신을 철저하게 위장한다. 몸속 효소델타9는 트랜스 지방을 포화 지방으로 착각하고 받아들인다. 그렇게 되면 효소는 심각한 위험에 처한다.

트랜스 지방 분자는 낚싯바늘과 같이 구부러진 모양이어서 효소 속으로 트랜스 지방이 들어가면 빠져나올 수가 없다. 당신이 먹는 트랜스 지방은 지방 대사 효소델타6, 델타9의 활동을 중지시킨다. 그러면 세포는 정상적인 지방 대사를 하지 못하게 된다. 간에 지방이 쌓이면 지방간에 걸리게 된다. 지방간은 간에 존재하는 지방 생성 효소를 공격하므로 세포 내의 지방을 해롭게 변모시킨다. 또한 효소를 비정상적으로 작동시켜 탄수화물을 지방으로 전환하도록 만든다. 즉, 살이 찐다. 그래서 저칼로리 식단으로는 지방간을 치료하지 못한다. 지방간을 치료하기 위해서는 간을 회복시켜야 하는데 전통 음식의 4대 기둥이 그 역할을 할 수 있다.

나쁜 지방을 많이 먹을수록 몸은 더 많은 염증과 싸우게 된다. 트랜스 지방은 몸이 포화 지방과 필수 지방의 대사 능력을 떨어뜨리기 때문에 악순환의 버튼을 누른다. 1976년 하버드 대학교에서 간호사 12만 2천 명을 대상으로 진행된 '간호사 건강연구'Nurses' Health Study에 따르면 트랜스 지방 섭취량이 2%만 늘어나도 인슐린 저항성과 당뇨병에 걸릴 위험이 40%나 증가했다. 혈당 불균형 상태가 되면 몸은 가능한 한 많은 칼로리를 지방으로 전환하는 데 전념한다.

산화된 지방을 먹지 않으려면 씨앗 기름이 함유된 모든 식품을 손절해야 한다. 씨앗 기름에는 '다불포화 지방'이 풍부한데, 이 지방은 특히 산화가 잘되고 '메가 트랜스'라는 이름의 뒤틀린 지방으로 쉽게 변형된다. 반면에 포화 지방은 산화에 저항성이 강해 염증을 막을 수 있다. 따라서 버터, 크림, 코코넛 오일을 먹으면 폭풍 산화를 막을 수 있으며 체중을 감량할 수 있다.

과당은 체중 감량 노력을 물거품으로 만들기 쉽다. 왜냐하면 과일, 과일주스, 탄산음료 등에 들어 있는 과당은 간에 있는 효소에 포도당을 지방으로 전환하라는 강력한 지방 생성 신호를 보내기 때문이다. 과당을 섭취하면 간에서 지방으로 바뀌어 버린다. 따라서 과당을 함유한 음식을 먹으면 체중이 늘어난다.

몸에 좋은 당이란 없다. 앞에서 살펴본 것처럼, 당은 최종 당화 산물이라는 형태로 들러붙는데 세포에 달라붙은 당은 호르몬 신호를 차단한다. 신호가 차단되면 염증이 유발된다. 음식 속 탄수화물은 당으로 전환되기 때문에 밥, 빵, 면 등을 많이 먹으면 염증이 유발된다. 정제 탄수화물은 비타민과 항산화 물질이 부족하기 때문에 인체가 제어하기 힘들어진다. 염증이 더 심해진다. 그래서 체중 감량을 원하는 사람들은 하루 탄수화물 섭취량을 '100g 이하'로 유지해야 한다.

■ 3단계 : 우리는 세포를 변화시킬 수 있다.

줄기 세포라는 단어를 들어보았는가? 줄기 세포는 배아에서 추출한 미성숙 세포로 어떤 기관으로도 대체될 수 있다. 실험 쥐의 등에서 귀가 자라도록 하는 기괴한 실험을 본 적이 있는가? 이때 사용하는 세포가 바로 '줄기 세포'stem cell다. 많은 사람이 줄기 세포를 이용해 알츠하이머와 같은 난치병을 치료할 수 있을 거라고 믿고 있다. 언젠가는 그 믿음이 실현될지도 모른다.

지금도 우리는 줄기 세포의 능력을 이용해 몸을 재정비할 수 있다. 지방은 줄기 세포에서 출발한다. 당, 녹말, 트랜스 지방을 섭취하면 인체는 흰개미 여왕처럼 새로운 지방 세포를 무수히 만들어 낸다. 줄기 세포가 지방 세포로 전환되면 살이 찐다. 다이어트에 실패하는 이유는 몸에 잘못된 메시지를 전달하기 때문이다. 인체는 섭취 음식이 줄어들면 몸이 음식 먹기를 포기했다고 가정한다. 이때부터 인체는 기회가 있을 때마다 에너지를 지방으로 저장한다. 이처럼 갑작스럽게 칼로리를 줄이면 줄기 세포가 잘못된 판단을 하게 되는 것이다.

진정 살을 빼는 방법은 줄기 세포의 성향을 이용해 지방 세포를 당신이 원하는 세포로 전환해야 한다. 근육 세포, 혈관 세포, 신경 세포, 뼈 세포 등으로 말이다. 줄기 세포는 놀라운 확장 능력과 더불어 자신의 정체성을 쉽게 바꾼다. 결론적으로 뱃살을 빼기 위해서는 굶을 필요가 없다. 뱃살을 새로운 세포로 바꾸어 당신을 아름답게 만들 수 있다. 우리는 지방 세포를 원하는 대로 얼마든지 바꿀 수 있는 것이다.

지방 조직은 결합 조직이라는 인체 구성 물질에 속한다. 결합 조직은 뼈, 근육, 혈액, 콜라겐 등의 세포를 포함한다. 세포 생물학자는 결합 조직 세포가 다른 화학적 신호를 받을 때마다 다른 세포로 변화할 수 있다고 지적한다. 따라서 근육 세포가 지방 세포가 될 수 있고, 지방 세포가 뼈 세포가 될 수 있으며, 뼈 세포가 다시 지방 세포로 바뀔 수 있다. 이러한 과정을 '전환 분화'轉換分化라고 한다. 지금 당신의 허벅지에 있는 지방 세포가 한때는 근육, 뼈, 혹은 피부 세포였다는 것이다.

그렇다면 세포가 왜 짐을 꾸려 다른 부서로 이사를 가는 걸까? 그 이유는 세포가 현재 있는 조직에서 할 일이 없으니 다른 부서로 인사 발령을 가라는 화학적 메시지를 받았기 때문이다. 이러한 메시지를 보내는 효과적인 방법 중 하나가 '운동'이다. 캘리포니아 대학교 소아 내분비학 '로버트 러스티그'Robert Lustig 교수에 따르면, 운동으로 비만을 치료할 수 있는 이유는 '칼로리를 연소하기 때문이 아니다'라고 강조한다.

"20분 동안 조깅을 해도 초콜릿칩 쿠키 하나면 헛수고가 됩니다. 그 정도로는 안 된다는 뜻이죠. 빅맥 햄버거 하나를 연소하려면 3시간 동안 격렬한 운동을 해야 합니다. 운동이 중요한 건 이런 이유 때문이 아닙니다."

운동이 중요한 이유는 지방에 대해 새로운 인사 발령을 내리기 때문이다. 운동은 3가지 측면에서 효과가 있다. 첫째, 운동을 하면 혈액의 당을 제거하는 인슐린이 줄어든다. 그러면 인슐린 수치가 낮아져서 지방 세포에 당을 더 이상 지방으로 전환하지 말라는 지시가 떨어진다. 둘째, 운동을 하면 스트레스 호르몬인 '코르티솔'cortisol이 줄어든다. 코르티솔은 세포 주변으로 지방을 끌어 모은다. 코르티솔 수치가 내려가면 지방의 성장이 중단된다. 셋째, 운동은 혈당 수치를 낮춰 최종 당화 산물과 염증을 줄인다.

세포가 다른 세포로 전환한다는 개념은 의학계를 뒤흔들었다.

이제 의학계는 세포가 평생 특정 세포로 남는다는 개념을 버려야 한다. 이런 개념은 세포의 변화무쌍한 성질을 크게 과소평가한 것이다. 유전자가 음식, 생각, 행동에 의해 변화하듯, 세포 역시 상황에 따라 변화하는 것이다.

지방 세포의 변화 단계는 다음과 같다. 먼저, 지방 세포에 저장된 지방지질을 잃어버린다. 그 후 쪼글쪼글해진 지방 세포는 좀더 유연한 세포로 변화脫分化하라는 신호를 받는다. 예를 들어, 세포는 지방 조직에서 빠져나와서 근육으로 가라는 지시를 받는다. 근육에 도착한 세포는 좁은 혈관 벽에 들러붙어 근육 조직안으로 들어갈 준비를 한다. 그러다 적절한 신호를 받으면 새로운 조직으로 들어가 다른 세포에 맞추어 변화再分化한다. 이렇듯 몸의 자극에 따라서 세포는 재교육을 받고 언제든지 다른 업무에 재배치될 수 있는 팔방미인이라고 할 수 있다. 몸은 세포의 직무 배치와 경력 개발에 대한 완벽한 시스템을 갖추고 있다.

아직도 칼로리를 제한하는 방법이 다이어트 불변의 법칙으로 통용되고 있다. 칼로리를 제한하면 지방 세포에 더 이상 필요 없다는 신호를 보내서 '아포토시스'세포자살로 유도할 수 있다고 생각할지 모른다. 칼로리를 제한하면 지방 세포가 줄어들지만 사라지는 일은 드물다. 그래서 칼로리를 원래대로 섭취하자마자 세포의 지방도 원래대로 돌아온다. 그 유명한 요요 현상이다.

이런 현상은 왜 발생할까? 인체는 유능한 관리자다. 몸은 매우 타당한 이유가 있을 때까지는 세포를 함부로 해고하지 않는다. 칼로리를 줄여도 지방 조직이 다른 조직으로 가라는 화학적 메시지를 받지 못하면 그대로 머문다. 많은 의사와 다이어트 전문가는 칼로리 제한이 효과가 있다고 주장한다. 어느 정도까지는 그 생각이 맞다. '칼로리 인, 칼로리 아웃' 공식이 유효한 것이다. 물리학이 사기를 치고 있는 것은 아니다.

앞에서 운동하지 않고 칼로리 섭취를 줄이면 다시 음식을 먹자마자 몸이 줄기 세포를 지방 세포로 전환하라는 지시를 한다고 이야기했다. 몸은 참을성 있게 기다리지 않는다. 식욕을 돋우어 과거보다 열심히 음식을 찾아 먹도록 한다. 다시 식사를 시작하면 몸은 서둘러 에너지를 저장한다. 그리하여 체중이 급속하게 다시 늘어나는 전형적인 요요 현상이 일어나는 것이다.

여기서 얻을 수 있는 교훈은 배고픔은 몸을 재정비하는 방법이 아니라는 것이다. 4대 기둥의 음식을 먹고, 운동을 하고, 스트레스를 줄이고, 밤새 푹 자고, 몸에 휴전을 선언하라. 이곳 하와이에서 파도타기를 즐기는 사람들이 하는 말이 있다. "절대 바다와 싸우지 말라." 탄탄하고 날씬한 몸매를 원한다면 몸과 싸우지 말라.

■ 4단계 : 운동, 지금 소파에서 일어나자

1980년 어느 겨울, 차를 몰고 YMCA 피트니스 센터로 향했다. 러닝머신에서 넘어지지 않고 자세를 유지하기 위해 손잡이를 꽉 움

켜쥔 채 운동했다. 땀이 비 오듯 흘러내렸다. 당시 나는 형편없는 음식들을 먹으면서 전력을 다해 운동했다. 아마도 인체 조직이 망가졌을 것이다. 원하는 몸을 만들려면 운동, 휴식, 올바른 식사가 균형을 이뤄야 한다. 운동복을 입고 있다고, 체육관에 갔다고, 최신 기계를 사용한다고 운동하고 있는 것은 아니다.

운동은 집중을 필요로 한다. 요가 강사들은 집중하는 것을 '마음챙김'mindfulness이라고 부른다. 역도 선수들은 무거운 역기로 균형을 잡을 때 더 빠른 효과를 얻는다고 생각한다. 자신의 운동 동작을 인식하면 할수록 더 많은 근육을 사용한다. 운동의 집중도는 신경 세포와 근육 세포에 영향을 미친다. 따라서 모든 동작에 집중하면 더 좋은 결과를 얻을 수 있다.

달리기할 때는 폐 깊숙이 공기를 들이마시는 데 집중하라. 계단을 오를 때는 한 층에서는 종아리 근육에, 다음 층에서는 엉덩이 근육을 사용하는 데 집중하라. 몸의 서로 다른 부분이 반대 방향으로 움직이는 동작에 집중하라. 이 원칙은 어떤 형태의 운동에도 해당되며 운동 효과를 높이기 위한 필수 조건이다.

우울증에 시달리는 사람들에게 작은 비밀 하나를 알려주겠다. 연구에 따르면 운동은 최고의 항우울제보다 효과적이다. 유산소 운동을 하면 뇌의 보상 중추를 활성화하는 화학 물질인 '엔도르핀'endorphin이 분비된다. 이 천연 화학 물질은 기분을 좋게 만들며 근육에 작용해 더 많은 에너지를 연소하도록 돕는다. 유산소 운동은 근육만 강화하는 게 아니라 기분도 좋게 만든다. 유산소 운동은 행복도를 높인다.

베이비붐 세대는 자동차 열쇠를 어디에 놔두었는지 잊어버리곤 한다. 농담 삼아 '조기 치매'에 걸렸다며 실소를 짓기도 한다. 하지만 가볍게 웃어 넘길 일은 아니다. 견고한 성벽이 무너지는 것도 미세한 균열에서 시작되기 때문이다. 만약 건망증이 계속되고 일상에 영향을 미친다면 주의 깊은 관심이 필요할 때이다.

과학자들은 조기 치매의 해결 방법을 찾기 위해 연구를 진행했다. 60~79세 노인 30명을 대상으로 실험했다. 실험 대상자들은 6개월 동안 일주일에 사흘, 하루에 1시간씩 에어로빅을 했다. 그 뒤 MRI를 찍어보았는데 기억을 담당하는 중추 신경 세포가 증가했다. 세포의 수명은 우리가 생각하는 것보다 훨씬 더 예측하기 어려우며 신경 세포도 평생 성장하고 분열할 수 있다. 치매로 자신을 잃어버리고 싶지 않은가? 뇌가 젊어지길 원하는가? 당신도 알고 있다. 지금 소파에서 일어나자!

유산소 운동과 무산소 운동을 구별하는 포인트는 '운동의 강도' 다. 유산소 운동은 다른 생각을 하면서도 할 수 있는 반면에, 무산소 운동은 운동에만 전념해야 하므로 더 높은 집중력을 요구한다. 그 보상으로 새로운 수준의 근육과 근력을 얻을 수 있다. 무산소 운동은 몸매를 아름답게 만드는 신호를 생성해 강하고 탄탄한 몸으로 만들어준다.

운동을 매우 격렬하게 해서 몸이 더 많은 산소가 필요하면 '무산소성 역치'anaerobic threshold라는 더 높은 수준의 운동 영역으로 들어간다. 무산소성 역치는 '신체가 유산소 상태에서 무산소 상태로 전환되는 지점'을 말한다. 이 단계를 넘어서면 몸에 피로도가 순식간에 높아진다. 인체의 대사 관리 부서는 무산소 운동이 끝나면 열심히 일한 근육을 기록한다. 이 과정을 통해서 열심히 일한 근육은 더욱 강화된다. 무산소 운동은 '고통이 없으면 얻는 것도 없다'는 문구의 전형적인 예다. 무산소 운동은 지방을 연소하는 굉장히 좋은 방법이다. 무산소 운동은 군살을 아주 빠르게 단단한 근육으로 바꾸기 시작한다.

그렇다면 운동은 어느 강도로 해야 효과를 볼 수 있을까? 결론은 당신이 예상하는 것보다 높은 수준이 아니다. 캐나다 온타리오의 〈운동 대사 연구 그룹〉Exercise Metabolism Research Group 의사들은 강도 높은 운동을 최소 얼마나 해야 근육 능력에 영향을 미치는지 연구했다.

실험 대상자들은 2주 동안 월, 수, 금 3일 동안 인터벌 트레이닝을 진행했다. 인터벌 트레이닝은 높은 강도와 낮은 강도의 운동을 번갈아 하거나 중간에 불규칙한 휴식을 취하는 훈련 방법이다. 실험 참가자들은 처음에는 4회로 시작해 서서히 7회로 늘려갔다. 각 구간마다 전력을 다해 자전거 타기 30초와 휴식 4분으로 이루어졌고, 2주를 통틀어 총 15분의 운동을 했다.

결과는 어떠했을까? 모든 실험 대상자의 운동 능력이 100퍼센트 향상되었다. 믿을 수 없다고? 하지만 사실이다. 2주에 걸쳐 총 15분 동안 죽기 살기로 자전거를 탔더니 근력이 2배로 좋아진 것이다! 인체는 가장 긴급한 신호, 즉 '죽기 살기로 달려라!'는 신호에 엄청난 역량 향상을 보였다. 헬스 트레이너들이 '마지막 한 번 더!'를 외치는 것은 타당한 이유가 있었던 것이다.

어떻게 이런 놀라운 일이 생길까? 몸은 충직한 하인과 같다. 인체 대사 관리 부서로부터 더 많은 근육을 만들라는 지시가 하달되면 근육에 효소 활동이 늘어난다. 몸은 영양소와 산소를 운반하기 위해 새로운 혈관을 만들어낸다. 그리고 더 많은 에너지를 확보하기 위해 더 많은 미토콘드리아를 생성한다. 이러한 반응을 '신진대사 상승'increased metabolism이라고 부른다.

몸은 도시 계획 전문가처럼 과학적으로 확장한다. 도시의 확장은 '운동'만으로는 부족하다. 새로운 효소를 생성하고, 더 많은 세포를 복제하고, 더 많은 혈관을 형성하려면 더 많은 영양소를 필요로 한다. 건강한 식사가 지원되지 않으면 무산소 운동은 반대로 몸을 망가뜨릴 수도 있다. 무산소 운동과 유산소 운동을 균형 있게 병행하고 건강한 식사를 해라!

성공적인 3가지 운동 습관

● 마음 챙김 : 의식적으로 몸을 사용하자. 가장 좋은 운동은 몸 전체를 쓰는 것이다. 엄지 씨름을 할 때도 마찬가지다. 자세, 균형, 호흡에 신경을 쓰면 손가락을 더욱 효과적으로 움직여 상대의 손가락을 누를 수 있다. 운동은 재밌어야 한다는 걸 잊지 말라. 몸에 부담을 주거나 통증을 일으키는 운동은 하지 않는 게 좋다. 몸의 상태를 주의 깊게 살펴서 좋지 않은 반응이 나타나면 운동을 쉬거나 다른 운동으로 바꿔라.

● 시간 관리 : 몸을 해독하고 싶은가? 유산소 운동은 염증을 일으키는 몸 안의 노폐물을 청소해 준다. 운동을 처음 하는 사람이라면 하루에 10분으로 시작해 매주 10%씩 늘려가라. 충분한 수면을 취하는 것도 잊어서는 안 된다. 침대가 불편하다면 새 침대를 장만하자. 좋은 베개와 이불은 돈을 들일 값어치가 있다. 몸이 조직을 치료하고 복구하는 것은 주로 수면 시간이다. '잠'은 너무도 중요한 치유의 시간이다.

● 한 번 더! : 무산소 운동은 유산소 운동보다 더 많은 집중을 요구한다. 한계 순간에서 '한 번 더' 도전해야 한다. 이 마음가짐으로 운동을 한다면 놀라운 진전을 맛볼 수 있을 것이다. 산소 부족으로

나타나는 긍정적 탈진 상태와 과도한 근육 긴장으로 인한 통증을 구별해야 한다. 유산소 운동에도 무산소 운동의 요소가 포함되어 있어 건강에 도움이 된다는 걸 명심하라.

체중 증가는 영양의 불균형 상태에서 인체가 수행하는 기본 행동이다. 몸에 지방이 과도하게 증가하면 조직이 약화되고 기능이 손상된다. 체중을 줄이고 싶다면 세포에 명확한 메시지를 보내야 한다. 신진대사에 방해 전파가 가득하다면 올바른 신호가 전달되지 않아 원하는 결과를 얻지 못할 것이다.

나쁜 소식은 명확한 메시지 전달과 방해 전파 사이의 전투가 공정한 게임이 아니라는 것이다. 외부 환경은 갖가지 괴상한 식품과 뒤틀린 화학 물질이 넘쳐나기 때문이다. 반면에 아군은 '천연 음식'뿐이다. 무슨 말인지 이해할 수 있을 것이다. 모나리자를 그리기 위해서는 엄청난 시간과 노력이 필요하지만, 그림을 망치는 것은 권총 한 발이면 충분하다. 불균형한 식사는 빠른 속도로 염증과 전파 방해를 일으키지만, 이들을 없애는 데는 몇 달 또는 더 오랜 시간을 필요로 한다.

좋은 소식도 있다. 다행스럽게 정크 푸드를 대신할 수 있는 유익한 대안이 있다는 사실이다. 맥도날드의 프렌치프라이를 좋아한다면 집에서 전통적인 재료를 사용해 더 맛있는 감자튀김을 만들 수 있다. 감자를 라드, 탈로와 같은 동물성 지방에 튀겨서 만들 수도 있고 치즈 몇 조각에서 훨씬 더 진한 맛을 즐길 수 있다. 충분히 만족스러울 것이다.

정크 푸드는 더 허기지게 만들지만 천연 음식에는 콜레스테롤과 포화 지방과 같은 식욕 억제제가 풍부하다. 과도한 당糖과 씨앗 기름과 같은 염증 유발 식품은 정상적인 세포 발달을 방해하기 때문에 체중을 증가시킨다. 또한 심장병, 알츠하이머, 암과 같은 질병을 일으키며 우리를 빠르게 늙게 만든다. 전통 음식의 4대 기둥은 자연스럽게 체중 감량을 도울 것이며 질병을 예방할 것이다. 그리고 당신을 천천히 나이 들게 할 것이다. 류.바.식

지방을 축적하는 요인

오메가6 지방	아라키돈산AA로 전환된다. 스트레스, 수면 부족, 비만은 더 많은 아라키돈산을 생성한다.
인슐린 호르몬	지방 세포 수를 늘린다. 뱃살과 내장 비만, 불규칙한 생리는 비정상적인 수치의 징후이다.
코르티솔 cortisol	지방 세포 증가를 촉진한다. 스트레스와 수면 부족은 코르티솔 호르몬 수치를 증가시킨다.
당	인슐린 호르몬 수치를 높인다. 간에서 중성 지방을 더 많이 생성하게 한다. 지방 세포를 '깨워' 혈액 속의 당을 지방으로 전환하게 한다.
메가 트랜스 지방	활성 산소 생성, 세포막 파괴, 염증을 촉진한다. 불필요한 지방 축적을 하게 하며 유익한 세포 생성 신호를 가로막는다.

지방을 제거하는 요인

운동	인슐린 수치와 코르티솔 수치 그리고 수많은 염증과 지방 생성 물질을 낮춘다.
수면	코르티코 스테로이드 수치를 낮춘다. 염증과 지방 세포 수를 줄인다.
공액 리놀레산 CLA	지방 세포 수를 줄인다. 주로 동물성 식품에 포함되어 있다. 방목한 소는 공장식 소보다 CLA를 10배 더 포함하고 있다.
레티노이드 retinoid	지방 세포 수를 줄이고 식욕을 억제한다. 동물성 지방, 내장육의 비타민A와 채소의 비타민A 전구체에 포함되어 있다.
콜레스테롤과 렙틴	식욕을 억제하고 포만감을 준다.

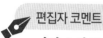

저탄수화물 식단의 장애물

저탄수화물 식단은 몸의 에너지 대사를 근본적으로 변화시키는 자기 혁명과 같습니다. 주로 사용하던 포도당 에너지를 지방 에너지로 전환하기 때문입니다. 이러한 에너지의 전환은 몸의 입장에서 '스트레스'stress입니다. 몸은 항상성을 추구하기 때문에 새로운 변화를 싫어합니다. 익숙한 식단과의 결별은 몸의 저항을 불러일으킬 수밖에 없습니다. 이러한 저항은 부작용과 같은 증상으로 나타날 수 있습니다.

대표적인 부작용은 '키토 플루'Keto Flu입니다. 감기Flu 증상과 비슷하다고 하여 이와 같은 명칭이 붙여졌습니다. 변비, 탈모, 두통, 어지러움, 불면, 갈증, 집중력 저하와 같은 증상을 경험할 수 있습니다. 짧게는 2~3일에서 길면 2~3주 정도 지속될 수 있습니다. 사람마다 자신의 상황에 따라서 키토 플루 증상은 다르게 나타날 수 있습니다. 물론 이러한 증상을 전혀 경험하지 않는 경우가 훨씬 더 많습니다.

다음으로 드물게 나타나는 부작용은 '키토 래쉬'Keto Rash입니다. 래쉬rash는 '발진'이라는 의미입니다. 목, 등, 겨드랑이 등에 나타나는 붉은 반점을 말하며 가려움증을 동반하기도 합니다. 키토 래쉬는 아직 명확한 원인이 규명되지 않았습니다. 키토 래쉬가 나타나는 부위는 주로 땀이 배출되는 부위에 발생하는 경우가 많습니다. 포도당 대사에서 지방 대사로 바뀌면서 우리 몸은 '케톤'ketones을 발생시키는데 이때 땀으로 케톤 아세톤이 방출됩니다. 아세톤이 과다할 경우 피부 염증이 발생할 수 있습니다. 또한 체지방이 분해되면서 지방에 축적되어 있던 지용성 독소가 배출됩니다. 이러한 독소 배출은 긍정적 해독 과정입니다. 하지만 단기적으로는 알레르기 반응을 유발할 수 있습니다.

저도 키토 플루 증상을 경험했습니다. 2주 정도 두통과 불면으로 고생했습니다. 난생 처음 경험하는 증상이라 무척 당황했습니다. 매일 소량의 두통약을 복용했습니다. 다행히 2주 정도가 지나니 두통과 불면 증상은 사라졌습니다. 어떤 분들은 탈모와 변비를 경험하기도 합니다만, 저는 모발이 굵어지고 풍성해지는 현상을 경험했습니다. 저는 수십 년 동안 과민성 대장 증후군으로 고생했습니다. 장거리 목적지를 갈 경우에는 대중교통 대신 자가용을 이용하는 편입니다. 급박한 대장 신호에 대처하기 위해서입니다. 과민성 대장 증후군을 앓고 있는 분들은 공감하실 것입니다.

그런데 저탄수화물 식단을 하고 나서 매일 화장실에서 황금(?)을 발견하고 있습니다. 저탄수화물 식단의 장애물은 자신의 대사 저항성에 따라서 다르게 나타날 수 있습니다. 수십 년 동안 지속해 온 포도당 대사를 지방 대사로 바꾼다는 것은 엄청난 몸의 변화임을 기억하시기 바랍니다.

그러면 이러한 키토 플루와 키토 래쉬 증상이 나타날 경우 어떻게 대처하면 좋을까요?

첫째, 물과 소금의 섭취를 늘리십시오.

저탄수화물 식단을 시작한 후, 2~3일이 지나면 몸에 저장된 글리코겐저장 포도당이 모두 소모됩니다. 글리코겐이 모두 소모되어야 비로소 지방을 태우는 몸이 시작됩니다. 글리코겐은 간 20% + 근육 80%의 비율로 저장되어 있습니다. 예를 들어, 남성의 경우 글리코겐을 500g 정도라고 가정합니다. 물론 저장량은 사람마다 다릅니다. 포도당 1g은 물 3g을 필요로 합니다. 포도당은 지방과 달리 물과 함께 저장되어야 합니다. 즉, 저탄수화물 식단을 시작하고 2~3일이 지나면 체내 저장되었던 '포도당 500g + 물 1500g'이 몸에서 배출되는 것입니다. 이 과정에서 체내 나트륨과 미네랄도 함께 배출됩니다. 나트륨과 미네랄의 배출은 몸에 부정적 영향을 줍니다.

그래서 저탄수화물 식단을 할 경우에는 소금을 충분히 섭취해야 합니다. 좀 짜다고 생각할 정도로 '음식의 간'을 유지하는 것이 필요합니다. 초기에는 다량의 수분이 배출되기 때문에 하루에 2L 정도의 물을 마시는 것이 좋습니다. 키토 플루의 증상이 심할 경우, 소금의 섭취를 더 늘려 보시기 바랍니다. 매일 아침 따소물, 즉 따뜻한 소금물을 한 잔 드시면 좋습니다. 사골 국물을 드신다면 더욱 좋습니다. 소금이 핵심입니다!

둘째, 탄수화물 용량을 늘리십시오.

몸은 갑작스러운 탄수화물 제한으로 인해 과민 반응할 수 있습니다. 점진적으로 탄수화물 섭취량을 늘리십시오. 자신만의 탄수화물 용량을 찾아가는 것이 중요합니다. 저탄수화물 식단에는 한 가지 해답만 존재하지 않습니다.

셋째, 칼로리를 제한하지 마십시오.

저탄수화물 식단을 하면서 빠른 체중 감량을 위해 전체 칼로리를 줄이는 경우가 있습니다. 하지만 칼로리를 갑작스럽게 줄이게 되면 몸은 기아饑餓상태로 인식합니다. 그러면 에너지 대사의 속도가 느려집니다. 기초 대사율이 떨어지면 몸은 중요하지 않은 신체 기관에 영양소 공급을 줄입니다. 대표적인 현상이 '탈모'입니다. 머리카락은 외모에 절대적 요소이지만 생존에는 그다지 중요한 요소가 아닙니다. 양질의 지방과 단백질 음식을 충분히 드십시오. 참고로 동물의 내장은 비타민과 미네랄의 원천입니다. 식단에서 내장육의 섭취를 늘리십시오.

넷째, 적절한 운동을 하십시오.

격렬한 운동은 글리코겐저장 포도당을 급격히 소모합니다. 또한 포도당 대사에서 지방 대사로의 전환 속도를 매우 빠르게 앞당깁니다. 부작용이 나타날 경우는 격렬한 운동을 피하시고 가벼운 운동을 통해서 속도 조절을 하는 것이 좋습니다.

다섯째, 키토 래쉬와 같은 알레르기 반응이 발생할 경우에는 가까운 기능 의학 병원을 방문하시길 바랍니다. 일반 병원의 경우 저탄고지에 대한 이해가 부족할 수 있습니다. 기능 의학 의사를 통해서 적절한 약물 처방이 필요할 수 있습니다.

저탄수화물 식단을 위해서는 식단에 대한 공부가 필요합니다. 어떤 이들은 '무슨 식단이 뭐 이리 복잡해!'라고 말하는 경우가 있습니다. 그렇게 느낄 수 있습니다. 원시 독립 부족인 마사이족과 훈자족은 전 세계적으로 독보적인 강인함과 건강함을 소유하고 있습니다. 이 부족들이 자녀들에게 전달하는 가업 승계의 노하우, 즉 비밀 문서가 있습니다. 그 비밀 문서는 바로 '먹는 것'에 관한 것입니다. 동물의 해체, 식물 독소의 제거, 발효 음식의 중요성 그리고 최적의 요리 방법이 그것입니다. 우리도 다르지 않습니다. 식단에 대한 공부는 매우 중요합니다. 내가 먹는 것이 나를 만들기 때문입니다.

10장
아름답게 나이 드는 법

완벽한 건강은

비밀에 싸여 있지 않다.

진짜 음식을 먹으면

자연은

몸의 DNA에게 직접 말을 건다.

이것이 '뿌리 깊은 영양'의 중심 원리다.

다음 세대의 아름다움과 건강은

바로 '당신'에게 달려 있다.

콜라겐, 젊은 피부를 유지하는 정수

크리스마스 다음 날이었다. 한 여성이 "내 아기! 내 아기!"라고 고함을 지르며 병원 응급실로 뛰어 들어오더니 다시 주차장으로 사라졌다. 간호사가 황급히 주차장으로 나가 보니 패닉 상태에 빠진 아기 엄마가 카시트와 씨름을 하고 있었다. 카시트에는 얼굴이 온통 두드러기가 솟은 아기가 축 늘어져 있었다. 입술은 붓고 자줏빛으로 변해 있었다. 아기는 심각한 염증성 반응으로 숨쉬기조차 힘들어했다.

아기의 이름은 '카일'Kyle이었다. 모유를 먹어본 적 없는 카일은 당이 많은 저지방 요구르트에 극심한 과민증을 일으켰다. 과민증은 염증 알레르기 반응으로 목숨을 앗아갈 수도 있었다. 염증이 완전히 통제를 벗어난 전형적인 사례였다. 다행히 소아과 의사들이 강력한 소염제를 투여해 아기의 목숨을 살렸다.

식품 알레르기가 갈수록 늘어나고 있다. 식품 알레르기 증상을 보이는 어린이의 수가 지난 5년간 100% 증가했다. 의학계는 아직 알레르기 급증의 원인을 밝혀내지 못하고 있으며 부모들의 좌절감은 점점 깊어지고 있다. 과도한 당과 씨앗 기름은 영아용 조제 분유의 주성분이다. 이 성분들은 염증을 일으키기 위한 완벽한 음식이다. 당신은 아이 카일이 다시 건강해지는 방법을 이제는 알고 있을 것이다.

이번 장에서는 과도한 당과 나쁜 지방을 먹은 아이들이 어떤 상태가 되는지 살펴볼 것이다. 또한 염증 유발 식품이 몸의 콜라겐에 어떤 영향을 미치는지도 알아볼 것이다. 콜라겐은 젊음을 유지하는 데에 매우 중요하다. 부모님이 나이가 들었음에도 건강하거나 장수하고 있다면 탄탄하고 건강한 콜라겐을 보유하고 있는 것이 틀림없다. 유감스럽게도 당신은 건강하지 못한 콜라겐 유전자를 물려받았을 수도 있다. 그래도 상관없다. 콜라겐은 '유전자 돌'genetic stone에 새겨져 있지 않다. 유전자는 항상 변화하므로 영구불변한 유전자 돌 따위는 없다.

콜라겐은 우리가 먹는 음식을 원료로 만들어진다. 콜라겐은 다른 조직들과 달리 대사 불균형에 굉장히 민감하다. 좋은 영양에 대한 의존성이 높고 염증 유발 식품이 미치는 영향에 굉장히 취약하다. 건강과 노화에 관해 이야기할 때 가장 우선하는 화두는 '피부'skin다. 수많은 미용 잡지들이 한목소리로 '피부 건강은 콜라겐이 얼마나 건강한지에 달려 있다'고 외치고 있다. 세월이 지나도 아름다움을 유지하기 위해서는 피부 바깥이 아니라 그 안쪽에 달려 있다는 사실을 명심하자.

콜라겐은 피부가 유연하게 늘어났다가 다시 제자리로 돌아갈 수 있게 해주는 단백질이다. 피부 가장 바깥층 표피에는 질기고 탄력 있는 콜라겐 분자들이, 바로 아래 진피에는 더 큰 콜라겐 다발들이 엮여 띠를 형성하고 있다. 콜라겐은 피부에만 있는 것이 아니며 몸의 모든 곳에 존재해 조직을 강화해 준다. 콜라겐은 뇌를 비롯해 **뼈**와 간, 폐에 이르기까지 모든 신체 기관의 세포를 결합한다.

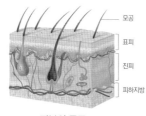

피부의 구조

표피라고 일컫는 바깥층은 죽은 세포들로 이루어져 있으며 방수 물질과 색소로 채워져 있다. 진피는 피부를 유지하는 혈관, 신경, 땀샘, 모공을 조절하는 콜라겐 덩어리이다. 탄탄하고 탄력 있는 섬유소로 고정되어 있다. 가장 안쪽인 피하 지방은 체지방으로 이루어져 있다.

콜라겐은 몸에 가장 널리 퍼져 있는 단백질이다. 인체의 건조 중량 중 약 15%를 순수 콜라겐이 차지하고 있다. 콜라겐이 없으면 우리 몸은 관절이 무너져 내리는 수준을 넘어, 말 그대로 해체되어 버린다. 각각의 작은 세포들이 무너진 블록처럼 될 것이다. 콜라겐은 운동 능력에도 분명한 연관성이 있다. 콜라겐이 약한 사람은 살면서 몸을 더 많이 다칠 수 있다.

콜라겐 분자는 매우 복합적이다. 상처가 낫는 과정을 보면 얼마나 단단한 콜라겐이 만들어져야 하는지 어느 정도 짐작할 수 있다. 꿰매야 할 정도로 깊이 베인 경험이 있다면 치료에 오랜 시간이 걸린다는 사실을 알 것이다. 때로는 꼬박 1년이 걸리기도 한다. 6주가 지나면 콜라겐 섬유가 훨씬 더 조직화하고 길어지지만 원래의 강도보다 75% 정도만 회복될 뿐이다. 피부를 지탱하는 콜라겐이 점차 조직화하면서 표면의 흉터는 희미해진다. 대략 1년이 지나면 피부의 탄력이 다치기 전 상태와 비슷해진다. 피부 아래의 콜라겐 섬유 덩어리가 매끈하게 펴지지 않으면 작은 흉터가 남을 수 있다.

모든 콜라겐은 아미노산 사슬이 세 가닥으로 꼬여 3중 나선을 이루는 구조로 이뤄져 있다. 콜라겐에는 글리코사미노글리칸이라는 특별한 분자가 3중 나선에 붙어 있다. 각 콜라겐에 붙어 있는 글리코사미노글리칸의 길이와 양에 따라 힘, 탄력성, 매끄러움이 크게 달라진다. 콜라겐은 일단 만들어지면 세포 바깥쪽에 자리를 잡고 인접한 세포와 얽힌다. 콜라겐의 구조는 믿을 수 없을 만큼 복잡해서 세포 공학의 걸작이라고 할 수 있다.

운 좋게 탄탄한 콜라겐을 소유한 사람은 피부에 주름이 잘 생기지 않을 뿐만 아니라 관절 및 혈액 순환의 위험을 피할 가능성이 높다. 몸을 지탱해 주는 콜라겐이 튼튼하지 않으면 인체 조직이 서서히 붕괴하는 댐이 될지도 모른다. 붕괴의 징후는 주름, 관절염으로 나타나며 심지어 혈액 순환 장애로 드러나기도 한다.

염증 유발 식품인 '당과 씨앗 기름'은 날마다 관절을 손상케 하는 연마재 역할을 한다. 수면 중에는 하루 종일 닳고 깨진 콜라겐을 회복해야 한다. 그런데 염증은 몸의 치유를 방해한다. 염증 유발 음식을 즐겨 먹는 사람은 아침에 눈을 뜰 때 개운한 기분 대신 관절이 쑤시는 느낌을 받는다.

콜라겐의 치유를 돕는 가장 좋은 방법은 당연히 좋은 음식을 먹는 것이다. 뼈와 함께 요리한 고기를 먹거나, 요리에 사골 육수를 사용하면 혈액 속에 글리코사미노글리칸이 풍부해진다. 이 성분은 콜라겐을 원하는 인체의 각 부분으로 긴급 배송하도록 돕는다. 몸 속 어디서든 콜라겐에 자연스럽게 들러붙어 건조한 피부를 촉촉하게 해주고, 힘줄과 인대의 탄력성을 유지하도록 도우며, 젊은 외모와 분위기를 만들어준다.

어린 시절부터 사골 육수를 먹으면 관절이 튼튼해지고 콜라겐이 강력해진다. 아울러 그 효과가 평생 동안 지속된다. 고기 육수와 진한 뼈 국물로 만든 전통 요리를 꾸준히 먹은 사람들은 뼈 조직과 연결 조직이 튼튼할 때 나타나는 모든 이익을 누린다. 피부는 한층 매끄럽고 모공이 촘촘하며 탄력을 유지한다. 몸이 튼튼하기 때문에 노후를 맘껏 즐길 수 있고, 원한다면 은퇴 연령이 지나서까지 일할 수 있다.

울퉁불퉁한 형태로 뭉쳐 있는 지방, 즉 셀룰라이트cellulite의 원인이 비만 때문이라고 생각하는 사람이 많다. 반은 맞고, 반은 틀렸다. 셀룰라이트는 매끈한 형태를 유지해 줄 적절한 연결 조직이 없는 부위에 형성된다. 나는 허벅지에 심각한 셀룰라이트가 생긴 연예인들의 사진을 보면 아마도 담당 영양사로부터 '건강한 동물성 지방을 피하라'는 조언을 들었을 거라고 짐작한다. 셀룰라이트를 없애려면 유익한 천연 동물성 지방과 콜라겐이 풍부한 육수를 많이 섭취하고 운동을 병행해야 한다. 그러면 몸은 울퉁불퉁한 지방을 매끄럽고 탄력 있는 곡선으로 자연스럽게 바꿀 것이다.

입에 넣지 못하는 것은 바르지 말라

'염증'炎症은 단어 자체에서 화끈거리는 느낌을 받는다. 피부에 염증이 생기면 화끈거리고 쓰리고 가렵다. 관절에 염증이 생기면 쑤시고, 머리에 염증이 나타나면 두통이 찾아온다. 소화관의 염증은 메스꺼움이나 위경련을 일으키고, 심장의 염증은 가슴을 짓누르는 통증을 부른다. 그리고 폐에 염증에 생기면 숨쉬기가 어렵고 기침을 한다.

통증이 몸의 이상 신호를 알려주듯이 염증도 좋은 면이 있다. 염증은 몸에 특별한 관리가 필요하다는 신호를 보낸다. 벌에 쏘였을 때 나타나는 증세는 염증 반응의 전형적인 사례다. 독을 희석하고 중화하느라 주변 혈관은 확장하고 피부가 붓는다. 발목을 삐면 당장은 심하게 붓지 않지만 자고 나면 크게 붓는다. 염증이 모세혈관에 치료하라는 신호를 보내는 것이다.

박테리아와 바이러스가 침입해서 농양이 형성될 경우 염증은 드라마틱한 업무를 수행한다. 염증은 강력한 효소를 생성해서 콜라겐을 분해하고, 농양에서 고름을 빼내며, 침입자를 물리치는 데 도움을 준다. 이 과정에서 생긴 흉터는 치명적인 패혈증을 막기 위한 작은 훈장이다.

나쁜 식습관은 선량한 세포를 화난 헐크로 변신시킬 수 있다. 나쁜 식사를 하고 있는데도 별다른 이상 증상이 없다면 몸이 아직 버틸 여력이 남아있는 것이다. 하지만 염증 유발 식사를 계속한다면 '시한폭탄의 시계'는 점점 폭발을 향해 치달을 것이다.

뺨을 찰싹 때리면 빨개진다. 왜 그럴까? 염증 반응이 일어나 피부의 혈관을 확장하기 때문이다. 산소, 백혈구, 영양소가 손상된 조직을 회복하도록 돕는다. 그런데 외부 충격이 없는데도 얼굴과 피부에 붉은 발진이 생기는 이유는 무엇일까? 나는 병원에서 날마다 발진 환자들을 만난다. 발진은 몸에 균열이 생겼을 때 나타나는 신호이다. 불균형이 심해지면 과민 반응이 나타난다. 이러한 반응은 지속해서 호전과 재발을 반복하는 경향이 있다.

알레르기 반응은 염증이 보내는 복잡한 신호들로 면역 시스템이 뒤엉켰을 때 나타난다. 혼란스러운 면역 체계는 정상적인 단백질을 이물질로 해석해 공격하기 시작한다. 이러한 사태를 수습하기 위해 몸은 호르몬을 분비해 혈류를 증가시키고 염증 주변에 혈청serum이 흘러가도록 한다. 모기에게 물렸을 때처럼 빨갛게 부풀어 오르는 현상이 피부에 나타난다. 코, 폐, 신장, 관절 주위의 혈관은 어디든 영향을 받을 수 있다. 면역 반응에 따라 콧물이 흐르거나 눈물이 나는 등 약한 증세에 그칠 수도 있고, 경우에 따라서는 생명이 위험해질 수도 있다.

면역 체계의 혼란은 스트레스, 감염, 수면, 식사에 따라 매일 달라지기 때문에 알레르기 반응이 언제 어떻게 나타날지 예측하기는 힘들다. 가장 흔한 발진이 바로 '습진'eczema이다. 습진에 걸리면 가렵고 몸 전체에 얼룩덜룩한 붉은 발진이 생긴다. 알레르기 질환과 마찬가지로 습진은 당장 증상을 치료한다 해도 계속해서 재발한다. 습진 환자는 몸속 다른 면역 체계가 균형을 잃어 알레르기 비염, 축농증, 천식을 일으킬 수 있다. 음식 알레르기, 만성 콧물, 천식의 근본 원인은 동일하다. 바로 염증 유발 식품이 일으키는 면역 체계의 불균형이다.

응급실로 향했던 아이 카일을 기억할 것이다. 응급실 담당 소아과 의사는 알레르기 검사를 지시했고, 카일의 엄마는 10개월밖에 되지 않은 아기가 우유, 조개류, 콩, 달걀의 단백질에 알레르기 반응을 일으킨다는 것을 알았다. 그중 일부는 카일이 한 번도 먹어보지 않은 식품이었다.

카일의 어머니가 미국 농무부가 제안하는 '식품 피라미드'Food Pyramid를 계속해서 따른다면 아기는 염증과 관련해 더 많은 문제를 경험할 것이다. 식품 피라미드는 지방을 제한하고 곡물과 씨앗 기름을 늘리라는 엉터리 가이드이기 때문이다.

외모에 관심이 많은 10대 사춘기 소년·소녀를 괴롭히는 녀석이 있다. 바로 '여드름'acne이다. 피부의 지방이 산화하면서 고름이 생기는 염증이다. 유해한 세균이 피부 바깥층의 세포에 침투하면 순찰하던 백혈구는 경고 사이렌을 울린다. 백혈구는 경찰 특공대처럼 문을 부수고 사건 현장에 진입해서 세균에게 활성 산소를 쏘고 콜라겐을 분해하는 효소collagenase를 발사한다.

여드름은 지방이 산화해서 나타나는 질환이다. 씨앗 기름을 먹으면 산화된 기름이 동맥, 신경계, 얼굴의 피부 할 것 없이 모든 곳으로 전파된다. 백혈구는 산화된 기름을 외부에서 침투한 세균과 같은 이물질로 인식한다. 혈액 도로를 순찰하던 백혈구는 현장으로 즉시 달려간다. 백혈구는 바로 진압을 시작하며 사건 현장은 붓고 빨개진다. 전투가 끝나면 사건 현장은 초토화된다. '낭포성-결절성 여드름'cystic-nodular acne 즉, 뽀루지가 빨갛게 솟아난다. 산화한 기름이 일으킨 염증의 예라고 할 수 있다.

10대 자녀가 여드름과 씨름하고 있다면 우선적으로 행동해야 할 것은 '씨앗 기름'을 식탁에서 치우는 것이다. 동시에 '당'도 끊어라. 당은 면역 체계를 압박하고 여드름 농양 속에 살고 있는 세균한테 먹이를 주기 때문이다. 얼굴에 여드름이 난 사람을 보면 당과 씨앗 기름이 가득한 염증 유발 식품을 먹어왔다는 걸 알 수 있다. 염증 유발 식품은 신진대사에 필요한 신호들을 강력하게 방해한다. 그래서 여드름이 심한 사람은 호르몬 불균형, 생식 기능 저하 등과 같은 다양한 문제에 봉착하기 쉽다.

오늘날 여드름은 청소년의 90%가 겪는 흔한 피부 질환이지만, 과거에는 흔하지 않았다. 그래서 많은 피부과 전문의는 여드름을 현대의 질병이라고 생각한다. 옛날 사람들이 여드름과 같은 피부 질환을 겪지 않았던 이유는 무엇일까? 고고학자들은 고대 이집트에서 최초로 화장품을 사용한 증거를 발견했다. 이집트인은 식물의 수액, 붉은색 황토 그리고 재를 지방과 섞어 화장품을 만들었다. 오늘날에도 세계 곳곳의 토착 원주민은 고유의 화장품을 만들기 위해 천연 재료에 많은 관심을 기울이고 있다.

예를 들어, 북아프리카 유목민 '힘바'Himba족은 염소젖으로 만든 버터에 고운 황토, 곱게 으깬 약초를 혼합한 천연 화장품을 사용하고 있다. 힘바족 여성의 아름답고 매끈한 적갈색 피부의 비밀이다. 하와이 원주민들은 축제를 대비해서 몇 주 동안 햇볕에 말린 코코넛 버터를 사용해 빛나는 피부를 가꾼다.

토착민들이 지방과 다른 천연 성분들을 혼합해 피부에 바르는 것은 목적이 있다. 지방은 피부의 수분을 보존해서 매끄럽고 부드러운 상태로 유지해 준다. 요즘 시중에서 판매하는 고품질 피부 관리 제품에도 코코아 버터, 아보카도, 올리브 오일, 심지어 달걀 노른자까지 들어 있다. 현대식 화장품은 단기간 효과가 좋을지 몰라도 토착민의 화장품 속 비밀 성분이 빠져 있다. 바로 '활생균'probiotics이다.

토착 원주민의 화장품에는 유익한 세균이 풍부하다. 원재료와 용기에 미생물이 대량 서식하고 있다. 유익한 세균이 들어 있는 크림을 바르면 피부에도 이롭다. 요구르트처럼 풍부한 활생균을 포함한 식품이 장에 좋은 것과 마찬가지다. 이런 화장품은 베인 상처가 세균에 감염되지 않도록 도와준다.

고품질의 미용 제품은 천연 포화 지방으로 만든다. 씨앗 기름은 쉽게 산화하고 끈적끈적해지며 피부를 자극하기 때문에 부적합하다. 만약 천연 지방 대신 이런 값싼 기름을 사용한다면 알레르기성 피부 발진과 여드름이 나타날 것이다. 아름다운 피부를 위해서는 다음 원칙을 기억하라!

'입에 넣지 못하는 것은 피부에 바르지 말라.'

엘라스틴, 동안童顔의 비밀

40대처럼 보이는 60세의 여성이 있다. 그녀는 정기적으로 하이킹을 하며 일주일에 사흘은 골프를 치러 나가고 있다. 그녀의 이름은 '헬렌'Helen이다. 사람들은 그녀에 대해 이구동성으로 말한다.

"어떻게 된 거야? 어떻게 피부가 저렇게 매끄러워 보이지?"

40대 동안의 비결은 햇빛이 아니라 염증을 피한 것이다. 그녀는 당과 인공 지방을 멀리하는 방법으로 염증을 피했다. 씨앗 기름 가득한 식탁의 유혹에 굴복하지 않았고, 당이 듬뿍 담긴 탄산음료를 가까이하지 않았다.

그래서 언제나 총명하고 원기 왕성했다. 그녀는 남편과 함께 사교댄스를 즐겼다. 수업이 끝난 뒤 집에 돌아오면 왈츠를 추며 침실로 향한다. 부부의 침실 사랑이 변함없는 것은 혈액 순환이 원활하기 때문이다.

그녀는 사골 육수와 발효 음식을 좋아하고 4대 기둥 음식을 즐겨 먹는다. 모두 염증을 낮춰주는 음식이다. 브런치를 함께 하는 친구들은 놀라울 정도로 매끄러운 그녀의 피부를 부러워한다. 친구들은 그녀보다 빨리 늙는 것처럼 보이고 실제로도 그렇다. 염증은 세포 분열을 가속해 노화 과정을 빠르게 진행하며 피부를 더 얇고 약하고 쉽게 멍들게 만든다.

모든 영양소는 산화 방지제 역할을 해서 콜라겐을 보호한다. 비타민A, 비타민C, 글루타치온, 글루코사민, 오메가3는 자외선에 의한 콜라겐 손상을 최고 80%까지 줄여주는 것으로 나타났다. 코르티손cortisone 호르몬은 주름 방지 효과가 있는 것으로 밝혀졌다. 이 호르몬은 부신에서 콜레스테롤로 합성한다. 부신副腎은 식사, 운동, 수면, 만성 스트레스에 따라 기능이 좌우된다. 불균형한 식사는 부신을 압박하며 코르티손 호르몬이 줄어들어 모든 콜라겐 조직을 일찍 노화시킨다. 피부가 가장 먼저 영향을 받는다.

그녀는 정기적으로 근력 운동도 한다. 하지만 탄탄한 근육만으로는 '늘어지는 피부'를 막을 수 없다. 중력이 피부를 가차 없이 아래로 끌어당기기 때문이다. 그녀의 몸속에는 반중력反重力 장치가 내장되어 있다. 즉, 체지방과 콜라겐이 탄탄하게 엮여 있다. 피하지방에 건강한 콜라겐이 충분하면 셀룰라이트를 막을 수 있다. 즉, 몸매를 탄력 있게 유지해 준다. 또한 턱살, 엉덩이, 팔뚝살이 늘어지지 않게 하며 코와 입가의 주름도 방지해준다.

중력과 맞서는 콜라겐의 힘은 무엇보다 콜라겐 가족의 일원인 '엘라스틴'elastin에 달려 있다. 엘라스틴은 피부, 동맥, 폐, 인대에 존재하며, 이 조직들이 고무처럼 늘어난 후에도 제자리로 돌아갈 수 있게끔 해준다. 그녀는 몸 전체에 상당한 양의 엘라스틴이 있다. 실제 연령보다 젊어 보이는 사람 모두 그러하다. 누군가 젊음의 샘물을 찾는다면 엘라스틴이 주인공일 것이다.

캘리포니아 대학교의 '찰스 플로퍼'Charles G. Plopper 박사는 "엘라스틴의 반감기는 종種의 일생과 함께하며 엘라스틴이 기대 수명을 결정하는 데 중요한 역할을 한다. 태아가 성장하는 자궁의 조건에 따라 엘라스틴 성장은 영향을 받을 수 있다."고 주장한다.

엘라스틴의 반감기는 '75년'이다. 이는 평생 유지된다는 뜻이다. 엘라스틴의 장점은 동시에 단점이기도 하다. 엘라스틴은 한번 생성되면 오래 유지되기 때문에 사춘기 이후에는 엘라스틴이 많이 생성되지 않는다. 엘라스틴은 주로 성장하는 시기에 만들어진다. 독특한 화학적 결합을 갖기에 인공적으로 생산하는 것은 극도로 어렵다.

헬렌의 어머니는 생리학적 지식은 많지 않았다. 하지만 아이의 성장은 영양에 의존한다는 것을 알고 있었다. 그녀는 응급실에서 만난 아기 카일과는 아주 다르게 컸다. 그녀의 어머니는 임신을 철저히 계획했고, 모유 수유를 했고, 음식을 손수 만들어 먹었다. 덕분에 그녀의 삶은 아름다운 건강을 물려받았다.

'헬렌'은 이 책의 주인공이다. 그녀의 어머니, 외할머니, 외할머니의 어머니도 마찬가지다. 주인공의 계보는 아름다움과 건강을 보장해 주는 식습관을 따랐던 먼 조상들까지 거슬러 올라간다. 그녀는 유전적 부의 꿈을 발현한 존재다. 그녀는 유전적 부를 망가뜨리지 않기 위해 노력할 것이다. 다음 세대에게 유전적 부를 물려줘야 한다는 것을 잘 알고 있기 때문이다. 조상들의 꿈은 다음 세대를 통해서 계속 실현될 것이다.

저지방 식단 vs 고지방 식단

나이가 60세로 동일한 두 남성을 보자. 백인 남성(왼쪽)은 미국의 저지방 식단을 이끌었던 '딘 오니쉬'Dean M. Ornish 박사다. 완전 채식을 강력하게 주창했던 사람이다. '스티브 잡스'Steve Jobs의 주치의이기도 했다. 그는 의사이며 비흡연자이다. 늘어진 턱살은 몸속의 콜라겐이 나빠졌다는 것을 보여준다. 목 아래에 있는 지방 수용체를 '알파 수용체'alpha receptor라고 하는데 에너지 과잉에 가장 먼저 반응한다. 오니쉬 박사의 늘어진 턱살의 원인은 지용성 비타민을 충분히 섭취하지 않았으며, 씨앗 기름으로 인해 염증 유발 지방을 섭취한 것으로 보인다.

반면에 전통 식단을 고수한 힘바족(오른쪽) 남성은 매끄럽고 단단한 피부를 보여주고 있다. 힘바족은 동물성 지방 섭취 비율이 50~80%에 이른다. 고탄수화물과 씨앗 기름은 우리의 콜라겐을 파괴하고 있다. 당신은 어떤 식단을 선택할 것인가?

우리는 조상으로부터 받은 유전적 부富를 후대에 물려줄 책임이 있다. 4대 기둥 음식을 먹고 전통적인 요리법을 따라야 한다. 우리의 책임은 아이들의 몸이 최상의 균형과 성장을 유지할 때 완수될 것이다. 완벽한 건강의 필요조건은 비밀에 싸여 있지 않다. 우리는 무엇이 건강을 유지해 주는지, 무엇이 병들게 하는지 알고 있다.

진짜 음식을 통해 몸과 자연을 연결하면, 자연은 몸의 DNA에게 직접 말한다. 이것이 '뿌리 깊은 영양'의 중심 원리다. 이 책에서 설명한 보편적 원칙들을 고수하면 오래지 않아 더 건강해지고 맑아질 것이다. 자녀들의 올바른 성장을 도울 것이며, 아직 태어나지 않은 다음 세대까지 혜택을 입을 것이다. 다음 세대의 아름다움과 건강은 바로 '당신'에게 달려 있다. 휴.바.식

◆ 웨스턴 프라이스 재단이 추천하는 전통 식단 가이드

· 최대한 가공되지 않은 전체 식품을 드십시오.

· 목초 먹은 방목한 쇠고기, 양고기, 돼지고기, 가금류, 달걀을 섭취하세요.

· 자연산 생선, 생선알, 조개류 등과 같은 해산물을 섭취하세요.

· 목초를 먹인 젖소에서 생산된 유제품을 섭취하세요.

　생우유, 전유 요거트, 버터, 치즈, 사워 크림 등

· 라드, 텔로, 크림, 버터와 같은 동물성 지방을 자유롭게 사용하십시오.

· 압착 올리브오일, 참기름, 아마유, 들기름, 코코넛오일, 팜유를 사용하세요.

· 매일 대구 간유를 드십시오.

· 신선한 유기농 과일과 채소를 즐기세요.

· 발아된 유기농 통곡물, 콩과 식물 및 견과류를 드십시오.

· 효소가 풍부한 발효 야채, 과일, 음료 및 조미료를 드세요.

· 요리할 때 유기농 동물 뼈로 만든 사골 육수를 자유롭게 사용하세요.

· 정제되지 않은 소금과 다양한 허브와 향신료를 사용하세요.

· 전통적인 감미료를 적정량 사용하세요.

· 저온 살균되지 않은 와인이나 맥주를 절제해서 드십시오.

· 스테인리스, 무쇠, 유리 또는 고품질 에나멜 주방 기구로 조리하세요.

· 천연 식품에 기반한 보충제를 드세요.

· 충분한 수면을 취하고 운동하고 자연광을 쬐세요.

◆ 웨스턴 프라이스 재단이 반대하는 식단 가이드

· 상업적으로 가공된 식품을 먹지 마십시오. 라벨을 읽으십시오!

· 설탕, 포도당, 액상 과당, 과일주스와 같은 정제 감미료를 모두 피하세요.

· 흰 밀가루와 흰 쌀과 같은 백색 곡물을 피하십시오.

· 가공 처리된, 수소화된 모든 지방과 오일을 피하세요.

· 콩, 옥수수, 홍화, 카놀라, 목화씨로 만든 씨앗 기름을 피하십시오.

· 씨앗 기름으로 조리하거나 튀긴 음식을 피하세요.

· 채식주의를 실천하지 마십시오. 동물성 식품은 반드시 필요합니다.

· 단백질 분말은 손상된 단백질을 함유하고 있으므로 피하십시오.

· 가공된 저온 살균 우유를 피하세요. 저지방 우유, 분유, 모조 유제품 등

· 가공된 소시지와 같은 가공육을 피하십시오.

· 시리얼의 견과류 및 곡물은 미네랄 흡수를 방해합니다.

· 통조림, 스프레이, 방사선 처리된 과일과 야채를 피하세요.

· 유전자 변형 식품, 즉 콩, 카놀라, 옥수수 제품을 피하세요.

· 인공 식품 첨가물, 특히 MSG, 가수분해 단백질, 아스파탐을 피하세요.

· 커피, 차, 초콜릿에 함유된 카페인을 피하세요.

· 상업용 소금, 베이킹 파우더, 제산제 등 알루미늄 함유 식품을 피하세요.

· 알루미늄 조리 기구나 알루미늄이 함유된 탈취제를 사용하지 마세요.

· 불소화된 물을 마시지 마십시오.

  ※ 한국은 2018년부터 수돗물에 불소화 작업을 하지 않고 있습니다.

· 합성 비타민과 이를 함유한 제품을 피하세요.

· 전자레인지를 사용하지 마세요.

11장
자주 묻는 질문
37가지

사랑하는 아이의
식단을 변화시키기 위해서는
새로운 대안이 필요하다.
아이가 정말 배가 고플 때
전통 음식을 제공하라.
강제로 먹게 해서는 안된다.
아이의 인내심과 엄마의 단호함,
모두가 필요하다.

Q. 탄수화물을 줄이면 부작용은 없나?

A. 있을 수 있다. 갑자기 탄수화물을 줄이면 몸은 변화된 대사 환경에 적응해야 한다. 가장 흔한 문제는 수분, 소금, 칼슘, 칼륨 그리고 마그네슘 결핍에서 발생한다. 저탄수화물 식단을 시작하면 물을 충분히 마시고 소금을 충분히 섭취하길 바란다. 미네랄 결핍을 해결하기 위한 좋은 음식은 바로 '사골 국물'이다. 경우에 따라서는 영양 보충제를 고려할 필요도 있다.

Q. 식단이 지루해졌다. 어떻게 해야 하나?

A. 지루함을 느끼는 첫 번째 이유는 다양성이 부족하기 때문이다. 해결책은 식재료의 종류를 늘리거나 요리의 레시피를 확장할 필요가 있다. 두 번째 이유는 실제로 공복감을 별로 느끼지 않기 때문이다. 정말 배가 고프다면 음식이 더 매력적으로 보일 것이다. 배가 고프지 않다면 습관적으로 먹지 말자!

Q. 체중이 줄지 않는다. 어떻게 해야 하나?

A. 식단의 성공 여부는 무엇보다 공복감 여부에 달려 있다. 공복감을 잘 느끼지 않는데 체중이 잘 줄어들지 않는다면 해답은 하나다. 바로 '적게 먹는 것'이다. 간헐적 단식을 시도하거나 배고프지 않을 때는 식사를 거르는 것이다.

Q. 식단에 내장육을 추가하기가 어렵다. 어떻게 시작하는 것이 좋은가?

A. 요리사 루크가 사용하는 요령은 간장과 같은 향신료를 사용해 요리하는 것이다. 간장을 사용하면 소간의 맛을 놀랍도록 좋게 만들 수 있다. 간 파테는 크래커에 머스타드 또는 발효 고추냉이를 뿌려서 먹으면 더 맛있다. 고급스러움을 원한다면 올리브나 치즈로 장식할 수 있다. 좋아하는 인도 향신료를 섞어 닭간을 땅콩 기름에 볶아 먹어도 좋다.

내장육에 대한 레시피는 더 많은 연구가 필요하다. 자신만의 레시피를 만들어 보기 바란다. 베트남 또는 필리핀 식당을 찾아가 보는 것도 좋다. 내장육을 먹기 힘들다면 간과 영양 성분이 비슷한 음식이 있다. 바로 '달걀'이다. 달걀을 많이 먹는다면 부족한 영양소를 충분히 보충할 수 있다.

Q. 육수를 만들 때 어떤 종류의 동물 뼈를 사용해야 하나?

A. 동물의 종류는 중요하지 않다. 가능하면 유기농 동물 뼈를 구입하길 바란다. 방목하거나 풀을 먹인 것이 가장 좋다. 관절에 가장 도움이 되는 성분은 연골이 풍부한 관절 재료이다.

Q. 사골 국물로 무엇을 할 수 있나?

A. 육수는 모든 요리에 사용할 수 있다. 맛을 깊게 하며 감칠맛을 높인다. 멋진 육수가 준비되어 있다면 다른 문화권의 요리에도 과감하게 도전할 수 있다.

Q. 사골 육수를 얼마나 자주 마셔야 하나?

A. 원한다면 매일 식사와 함께 먹어도 좋고, 육수만 따로 먹어도 좋다. 결론은 자주 먹어라!

Q. 사골 육수를 그냥 마셔도 되나?

A. 물론이다! 전 세계적인 관행이다. 예를 들어 한국인들은 뼈와 함께 부추, 무, 양파, 마늘을 추가해서 뭉근한 불에 육수를 우려 낸다. 이 육수는 모든 요리의 맛과 풍미를 높이는 데 사용되고 있다.

Q. 생우유는 정말 안전한가?

A. 생우유를 먹는 940만 명 중 연평균 28명이 질병이 걸리고, 저온 살균 우유를 먹는 1억 5천만 명 중 2.3명이 질병에 걸린다는 역학 통계가 있다. 이 통계 수치를 액면 그대로 받아들인다면 저온 살균 우유가 훨씬 더 안전한 선택이라고 결론지을 수 있다. 문제는 생우유와 질병 통계가 현실을 제대로 반영하고 있지 않다는 데 있다. 실제로 한 여성은 생우유를 먹는 3살짜리 아이가 식중독으로 인해 병원에 입원했는데, 담당 의사는 생우유로 인한 감염이라고 진단했다. 그런데 생우유를 함께 먹은 다른 가족은 아무도 아프지 않았다. 나중에 밝혀진 사실은 아이가 아팠던 이유가 쓰레기통을 뒤져서 상한 닭 튀김을 먹은 것이 문제였다. 의사가 아픈 아이를 진료할 때 생우유를 섭취했다는 말을 들으

면 질병의 원인으로 생우유를 탓할 가능성이 높다. 부모가 아이의 질병 원인에 대해 다른 음식을 의심하고 있더라도 의사는 보통 자신의 편견을 버리지 않는다. 생우유에 대해서는 잘못된 판단이 빈번하게 발생하고 있다.

식품으로 인한 질병의 위험을 피하는 가장 좋은 방법은 '직접 요리하는 것'이다. 〈미국 질병 통제 예방 센터〉CDC에 따르면, 1998년부터 2004년까지 발생한 모든 식품 매개 질병의 52%가 식당, 호텔과 같은 외식을 통해 발생했다. 기타 발생 원인 22%를 합하면 7,700만 건의 식품 매개 질병 중 78%가 집 밖에서 발생했다. 외식은 질병에 걸릴 위험을 5~10배까지 증가시킨다고 추정된다. 다음은 식품으로 인한 질병 보고 사례다.

1. 잎 채소 : 13,568건

2. 감자 : 3,659건

3. 굴 : 3,409건

4. 토마토 : 3,292건

5. 베리류 : 3,397건

6. 치즈 : 2,761건

7. 아이스크림 : 2,594건

8. 참치 : 2,341건

9. 새싹 : 2,022건

10. 계란 : 163건

위 통계 자료를 보고 어떤 생각이 드는가? 가장 많은 질병을 일으키는 '잎 채소'를 먹지 않는 것이 현명한 판단일까? 통계 자료에 의하면 우리가 마음 편하게 먹을 수 있는 진짜 음식은 없다. 난 매일 생우유를 마시고 있지만 아무런 문제가 없다. 하지만 걱정이 된다면 생우유를 마시지 말라.

Q. 유제품의 효능을 누리려면 생우유를 마셔야 하나?

A. 유제품의 효능을 얻기 위해 생우유를 반드시 마실 필요는 없다. 우유를 발효 치즈로 만들면 영양가가 훨씬 더 높아진다. 발효는 미생물이 당을 먹기 때문에, 당 함량을 거의 0에 가깝게 낮추는 동시에 아미노산, 필수 지방, 비타민K2 및 B12와 같은 다양한 영양소를 생성한다. 치즈가 장기간 발효하면 영양이 증가하고 저온 살균으로 인한 영양 손상을 어느 정도 회복할 수 있다.

Q. 우유는 산성 식품이라 뼈에서 칼슘을 빠져나가게 한다는데?

A. 진실이 아니다. 이러한 논리는 우유와 같은 산성 식품이 혈액을 산성으로 만든다는 것이다. 몸이 pH를 중화하기 위해 뼈에서 칼슘을 빼앗아 간다고 설명한다. 우유는 칼슘이 풍부하지만 도리어 칼슘을 고갈시킨다는 역설이다. 이 역설은 진실일까? 거짓이다. 그 이유는 다음과 같다.

첫째, 섭취하는 음식이 몸의 pH 균형을 변화시킬 수 있다는 논리는 생리학을 정면으로 위배한다. 신장의 주요 기능은 우리 몸이 pH 7.4~7.44의 매우 좁은 수치, 즉 'pH의 적정상태'goldilocks를 유지한다. 몸은 기아 상태에 있지 않는 한 신체의 조직에서 어떤 영양소도 뺏지 않는다.

둘째, 우유의 pH는 6.5~6.7로 강산이 아니다. 증류수 7.0보다도 약간 낮다. 참고로 pH 7 미만은 산성, 7 이상은 알칼리성으로 분류한다. 오렌지 주스의 pH는 3.3~4.1, 바나나는 4.5~5.2, 식초는 2~3이다. 신장이 건강하다면 피클 한 병을 통째로 먹어도 몸의 pH는 변하지 않는다. 우유, 마음 편하게 먹어도 된다.

Q. 왜 많은 사람이 유당 불내증을 앓고 있는가?

A. 유당은 우유의 주요 당이다. 유당은 포도당과 갈락토스가 서로 결합한 형태다. 유당이 체내로 들어가기 위해서는 락타아제라는 효소에 의해 분해되어야 한다. 우리는 태어날 때 장 내벽에 락타아제 효소가 풍부하게 존재했다. 그러나 우유 섭취를 중단하면 장에서 락타아제 생산이 중단된다. 따라서 유당 불내증은 우유 알레르기로 인한 것이 아니라 유당을 소화하는 락타아제 효소를 자주 사용하지 않으면서 능력을 잃어버렸기 때문이다. 하지만 유제품을 천천히 다시 섭취하면 장내 효소를 재부팅하여 유당 소화 능력은 다시 회복될 수 있다.

Q. 유당 불내증이 있는데 유제품을 식단에 포함해도 되나?

A. 물론이다. 유제품 전체가 아니라 유당만 피하면 된다. 버터와 기버터에는 유당이 거의 없다. 유당 불내증이 있는 사람도 즐길

수 있다. 크림도 유당이 거의 없다. 미생물은 발효 과정에서 유당을 소화하여 단백질과 기타 영양소로 전환한다. 치즈는 내가 좋아하는 음식 중 하나다. 유당 불내증이 있는 사람은 파마산, 체다, 스위스산과 같이 발효된 단단한 치즈를 먹을 수 있다. 유당 불내증이 약한 사람은 코티지 치즈와같이 부드러운 치즈가 좋다. 모짜렐라는 발효되지 않았으므로 유당 불내증이 있는 사람은 피하길 바란다.

Q. 글루텐은 나쁜가?

A. 결론부터 말하면 모든 사람에게 나쁘다고 생각하지 않는다. 사실 글루텐은 수백 년 동안 중국, 일본 및 기타 아시아 요리의 재료로 사용되어 왔다. 문제의 근원은 글루텐 자체가 아니라 정크 푸드에 포함되어 있는 글루텐이라고 생각한다.

글루텐은 밀이 발아하는 것을 돕는 단백질이다. 우리 몸에서 항체를 형성할 수 있으며, 우유 단백질이 알레르기를 일으키는 것과 같은 방식으로 증상을 유발할 수 있다. 밀 단백질은 유연한 반죽을 가능하게 한다. 이 반죽은 공기를 가두는 독특한 능력 덕분에 매우 다양한 식품을 만들 수 있다. 글루텐은 바삭하고 부드러운 모양을 만들 수 있다.

문제는 글루텐이 씨앗 기름과 당이 풍부한 정크 푸드에 함께 혼합된다는 것이다. 당연히 가공식품은 우리 몸에 산화 스트레스와 염증을 유발한다. 몸이 장을 보호하기 위해 글루텐 단백질에 대한 항체가 형성할 수 있다. 이 항체가 자가 면역 반응과 같은 다양한 증상을 일으킬 수 있다. 핵심은 글루텐 단백질이 문제의 주범이 아니라, 글루텐과 함께 섭취하는 씨앗 기름과 당이 문제라고 판단된다.

Q. 간은 해독 기관인데 동물의 간에는 해로운 독소가 포함되어 있지 않은가?

A. 독소만 저장하는 기관은 없다. 근육을 포함한 모든 장기는 독소를 축적할 수 있다. 특히 간은 체내에서 노폐물을 제거하는 역할을 한다. 하지만 독소가 없어지면 간에서도 사라진다. 비슷한 역할을 수행하는 신장도 마찬가지다.

Q. 자폐아에게 얼마나 많은 개선 효과를 기대할 수 있나?

A. 자폐증은 여러 복합적인 원인의 결과다. 하지만 건강한 식단이 감정, 사회성, 학습 능력에 상당한 변화를 가져올 수 있다. 가공식품을 줄이면 자폐아에게 도움이 된다. 많은 자폐아의 뇌는 지속적인 자가 면역 공격에 시달리고 있다. 식이요법을 통해 염증을 가라앉힐 수 있다면 이 공격을 조절할 수 있다. 우리가 희망을 품어야 하는 이유는 '뇌가 변한다'는 사실이다. '뇌 가소성' 개념을 믿자. 하지만 자폐아들은 음식에 대해 까다롭기 때문에 식단 변화에 대해 저항할 가능성이 높다. 절대 포기하지 말자!

Q. 식탁에서 씨앗 기름과 설탕을 없애려고 한다. 하지만 아이들에게 가공식품을 끊도록 하기는 어렵다. 어떻게 해야 하는가?

A. 아이들이 가공식품을 끊는 가장 좋은 방법은 새로운 음식을 좋아하도록 하는 것이다. 습관을 변화시키는 좋은 방법은 기존 습관을 대체할 수 있는 대안이 필요하다. 아이가 정말 배가 고플 때 새로운 음식을 제공하라. 물론 강제로 먹게 해서는 안 된다. 아이의 인내심과 엄마의 단호함, 모두가 필요하다. 그 시간이 길지는 않을 것이다.

Q. 탄수화물을 줄였는데 변비가 생겼다. 해결책은?

A. 하루에 물 2L를 충분히 섭취하라. 섬유질이 풍부하고 김치와 같이 발효된 채소를 많이 먹기를 바란다. 견과류도 좋다. 또 다른 방법은 올리브 오일, 들기름을 샐러드에 뿌려 먹는 것이다.

Q. 현재 모유 수유 중이다. 탄수화물을 많이 줄이면 모유가 줄어드는 것 같다. 모유를 늘리기 위해서는 어떻게 해야 하나?

A. 모유에는 100ml당 7g의 당이 함유되어 있다. 따라서 매일 1리터의 모유가 필요하다면 70g의 당이 필요하다. 간에서 포도당 신생 합성으로 추가적인 포도당을 만들 수 있지만, 이는 좋은 단백질이 낭비될 수 있다. 통곡물, 뿌리 채소, 콩, 과일 등을 통해 필요한 탄수화물을 섭취하는 것이 좋다. 산모들은 신생아 육아로 수면이 부족하고 스트레스가 심한 경우가 대부분이다. 스

트레스와 수면 부족은 몸의 당 수요를 증가시킨다. 충분한 수면을 취할 수 있도록 가족에게 도움을 요청하자!

Q. 임신 중 탄수화물 섭취량을 적게 유지하는 것은 위험하지 않나?

A. 걱정은 이해한다. 이러한 두려움은 고탄수화물 식단으로 인한 왜곡된 정보다. 현재 임산부의 18%가 임신성 당뇨병 진단을 받고 있다. 임신성 당뇨병의 1차 치료법은 저탄수화물 식단이다.

Q. '뿌리 깊은 영양'을 통해 체중이 감량되어 행복하다. 하지만 하루 중 특정 시간대가 되면 피곤하고 머리가 멍하고 무기력한 느낌이 든다. 왜 그런가?

A. 포도당을 태우는 대사에서 지방을 태우는 대사로 전환하고 있는 과정이다. 에너지 전환 과정에 발생하는 부작용 중 하나다. 오래지 않아 대사가 정상화되어 에너지가 개선될 것이다. 소금, 칼슘, 마그네슘 그리고 아연을 충분히 섭취하기 바란다. 특히 저탄수화물 식단에서 가장 중요한 것은 '소금' 섭취를 늘리는 것이다. 혈당약을 복용하는 경우는 담당 의사와 상의하길 바란다.

Q. 술, 와인, 맥주와 같은 술은 당으로 분해되는 것 아닌가?

A. 알코올이 당으로 분해된다는 것은 일반적인 오해다. 알코올은 대사되어 아세트산으로 분해되며 아세트산은 중성 지방의 전구체다. 알코올에 단맛이 난다면 설탕과 유사한 인공 감미료가

들어갔을 것이다. 맥주는 탄수화물 함량이 상당히 높은 반면, 위스키, 보드카, 소주와 같은 술은 탄수화물 함량이 거의 없다.

Q. 술을 얼마나 마실 수 있나?

A. 연구에 따르면 하루 4잔 이상의 음주는 건강에 좋지 않은 것으로 나왔다. 술을 마시는 여성은 술을 마시지 않는 여성에 비해 유방암에 걸릴 위험이 높다. 가족력이 좋지 않다면 술을 마시지 않는 것이 좋다. 내가 권장하는 술은 콤부차를 섞은 와인 1~2잔 이다.

Q. 나이가 들면서 머리카락이 점점 빠지고 있다. 좋은 식단이 있을까?

A. 일주일에 5일 이상 사골 국물을 마시는 경험자들에 의하면 모발, 피부, 손톱에 도움이 된다고 말한다. 탄수화물을 줄이고 씨앗 기름을 제거하는 것은 몸이 사골 국물의 콜라겐 효과에 반응하게 하는 열쇠다. 모발 성장을 돕는 비타민B 복합체 비오틴 biotin과 비타민이 풍부한 간을 섭취하는 것도 좋다. 자가 면역 질환과 갑상선 질환은 탈모를 유발할 수 있으므로 의사의 진찰을 권유한다.

Q. 유기농 육포도 날고기를 섭취하는 좋은 방법인가?

A. 건조는 분자를 변화시켜 생체 활성을 떨어뜨린다. 그럼에도 육포는 훌륭한 간식이다.

Q. 호두 오일과 마카다미아 오일은 건강에 좋은가?

A. 호두 오일은 오메가3 함량이 높아 샐러드에는 좋지만, 요리에는 적합하지 않다. 반면에 마카다미아 오일은 포화 지방 함량이 높아 2가지 모두에 좋다.

Q. 영양 보충제를 섭취했을 때 문제는 없나?

A. 자연이 주는 비타민은 독성이 거의 없다. 그러나 합성 비타민은 다르다. 합성 비타민은 몸이 필요로 하는 분자 수용체에 결합할 수 있는 유사 분자의 형태다. 이 인공 분자는 실제 비타민의 흡수에 좋지 못한 영향을 미칠 수 있다. 장기적으로 섭취할 경우, 합성 비타민의 일일 권장량 이하로 보충할 것을 권장한다.

Q. 웨스턴 프라이스 박사는 온전히 관찰에 의한 기록만을 했다. 가치가 있을까?

A. 프라이스 박사가 인간 집단을 대상으로 진행한 관찰 조사는 귀중한 연구 도구이다. 유명한 프레이밍햄Framingham 연구도 대부분 관찰 조사다. 그는 광범위한 실험실 연구도 함께 수행했다. 프라이스 박사의 역작인 〈영양과 신체적 퇴화〉Nutrition and Physical Degeneration를 통해 가치를 확인해 보기 바란다.

Q. 장기간 단식에 대해서는 어떻게 생각하는가?

A. 현대인의 식단은 영양소 함량이 낮고 염증 유발 물질이 많다.

단식은 몸을 리셋하고 치유하는 좋은 방법이다. 단, 장기간 단식보다는 3~4일의 단식을 권장하고 싶다.

Q. 샐러드 드레싱으로 올리브 오일을 대체할 수 있는 오일은?

A. 샐러드의 풍미에 어울리는 오일을 사용하라. 예를 들어 아시아 샐러드에는 땅콩, 참깨, 들깨를, 지중해 샐러드에는 호두를, 오렌지 풍미를 더하고 싶다면 아보카도 오일을 사용하는 것이 좋다. 발사믹 식초도 잊지 마라.

Q. 카페인은 해롭나?

A. 카페인으로 인해 몸의 느낌이 좋지 않다면 당연히 피해야 한다. 하지만 모두의 문제라고 생각하지는 않는다. 아버지는 평생 하루 1~2리터의 커피를 마셨지만, 여전히 건강하다! 카페인은 좋은 점과 나쁜 점을 함께 갖고 있다.

Q. 아시아인은 유전적으로 탄수화물을 많이 섭취하도록 적응되었나?

A. 고탄수화물은 인종에 상관없이 신진대사를 방해한다. 하와이에서 진료하는 동안 태국, 중국, 한국, 일본, 필리핀 등 탄수화물을 자주 먹는 아시아인들은 백인, 히스패닉, 아프리카계 인종과 마찬가지로 당뇨병에 자주 걸렸다.

Q. 채소 주스에 대해서는 어떻게 생각하나?

A. 채소 주스를 만들면 채소의 상당 부분이 낭비되고 결국 당糖만 많이 섭취하게 된다. 스무디로 갈아 마시면 훨씬 더 영양가가 높다.

Q. 스테비아, 뉴트라스위트, 스플렌다와 같은 감미료는 어떤가?

A. 장腸의 단맛 수용체는 설탕, 스테비아, 인공 감미료 등 모든 단맛에 동일한 방식으로 반응한다. 인슐린을 생산하여 지방 생성을 촉진할 수 있다. 인공 감미료가 비교적 안전하다고 해도 진짜 식품을 먹어라.

Q. 소금 섭취는 줄이는 것이 좋은가?

A. 아니다. 소금 섭취를 조심해야 한다는 생각은 잘못된 상식이다. 저염식 권장 메시지는 소금이 적이라고 생각하도록 만들었다. 소금을 너무 많이 먹어서 문제가 생기는 경우보다, 소금을 충분히 먹지 않아서 문제가 생기는 경우가 더 많다.

Q. 오메가3를 보충제로 섭취해야 하나?

A. 오메가3는 추출하는 과정에서 쉽게 파괴되고 보관 중에 매우 빨리 분해되기 때문에 음식으로 오메가3를 섭취하기를 권장한다. 유제품이나 생선을 먹지 않더라도 견과류, 아마씨, 들기름을 통해 오메가3를 충분히 섭취할 수 있다.

Q. '뿌리 깊은 영양'을 간단하게 할 수 방법이 없는가?

A. '최소한의 원칙'은 다음과 같다.

1. 매일 신선한 샐러드를 즐겨라. 일주일에 4일은 올리브 오일, 아마씨 오일, 들기름 그리고 발사믹 식초를 곁들인 샐러드를 먹는다. 최소 4가지 이상의 채소로 만든 샐러드를 4컵 이상 섭취하라.

2. 매일 풀을 먹여 키운 유제품의 지방을 섭취하라. 치즈, 크림, 버터 그리고 요구르트가 좋다.

3. 매일 사골 육수를 즐겨라. 사골 육수는 건강에 좋을 뿐만 아니라 간단한 식사 대용으로도 좋다. 좋은 식품을 할인된 가격에 구입할 수 있는 가까운 할인점을 방문하라. 인터넷을 통해 좋은 사골 육수를 주문하는 것도 좋은 방법이다.

4. 일주일에 한 번은 내장육을 섭취하라. 간 파테와 간 소시지를 추천한다. 생선회, 굴, 청어 절임 그리고 해산물 회세비체 등도 좋다. 해산물과 생선을 싫어하거나 알레르기가 있는 경우, 목초 사육 달걀을 일주일에 세 번 이상 섭취하라.

5. 매일 활생균이 풍부한 식품을 섭취하라. 플레인 요거트를 구입하여 직접 맛을 내서 먹어도 좋다. 피클, 사우어크라우트 그리고 김치도 소화를 촉진하는 훌륭한 공급원이다.

에필로그

당신이 자각하는 순간, 건강이 시작된다

'레이 모이니헌'Ray Moynihan은 〈질병 판매학〉Selling Sickness에
서 지금의 제약 회사와 의료 현실을 다음과 같이 개탄하고 있다.

"제약 회사 머크의 CEO '헨리 개즈던'Henry Gadsden은 자신의
회사를 리글리Wrigley같은 추잉 껌 회사로 만들고 싶어 했다. 그는
건강한 사람들에게 약을 판매하는 것이 오랜 소원이었다. 결국 머
크는 '건강한 사람들에게 건강하지 않다'고 말해서 어마어마한 돈
을 벌어들였다."

의료 산업은 진정 우리의 건강을 향상하는 존재일까? 이 예민한
주제에 관해서 하버드 대학과 〈뉴잉글랜드 의학 저널〉NEJM같은 의
학 전문 기관에서 활발한 논쟁이 이루어져 왔다. 나 또한 의료 산업
의 만연한 폐단을 고발하고 의료인들이 본연의 의무를 다하고 있
지 않다고 비판해 왔다. 의료는 매력적인 비즈니스가 되었다. 의료
의 상업화는 의사들을 서서히 감염시켰다. 필자가 병원에서 실무
경험을 쌓고 있을 때 상사는 다음과 같이 조언했다.

"성공하려면 더 많은 만성 질환 환자 명부가 필요하네. 의료의
핵심은 환자들의 혈압을 재고, 약물을 처방하고 , 정기적으로 관찰
하는 거야."

요컨대 약물 없는 의료는 사업적으로 이롭지 못하다는 것이다. 이러한 상업적 마인드는 오늘날의 의료 모델에 고착화되었다. 나는 얄팍한 방법을 동원해서라도 약을 파는 행태가 의료현장에 만연해 있음을 깨달았다.

대형 의료법인의 가정의학과 과장과 면담을 했을 때의 일이다. 그는 자신이 제약 회사로부터 현금 보조금을 받고 있기 때문에 상당한 급여를 받는다고 말했다. 결국 돈이 전부이며 돈으로 모든 것이 돌아간다. 약물 공화국이 세상을 지배하고 있다. 약을 많이 처방하는 의사는 두둑한 보너스를 받는다. 반면 약을 적게 처방하는 의사는 보따리를 싸야 한다. 의료계에서 벌어지는 일상이다. 만성 질환 환자는 병원의 최우수 고객이다. 제약 회사 머크 CEO의 꿈이 실현되고 있다. 건강한 사람들에게 불필요한 약이 관성적으로 처방되고 있다.

영양에 관한 정보도 마찬가지다. 가짜 음식은 사람들의 건강을 망쳐서 식품 기업과 병원의 주머니를 두둑이 채워주고 있다. 더욱이 우리는 조상들의 전통 음식을 멀리함으로써 유전자를 점점 더 망치고 있다. 식품 기업과 의료 산업의 절대 권력은 나날이 강해지고 있다. 하지만 그들이 간과하고 있는 것이 하나 있다. 음식은 스스로 맞서 싸울 수 없지만, 우리는 할 수 있다는 사실이다. 당신이 자각하는 순간, 진정한 건강이 시작된다.

저자 캐서린 섀너핸

옮긴이의 글
지식의 격차가 건강의 격차

> **"고지방식, 비만과 정신질환을 유발한다!"**
> 한국 G기술원 OO교수 공동 연구팀은 "쥐 실험을 통해 한 달 이상
> 고지방(60% 이상 지방 함량) 섭취가 뇌의 도파민 시스템의 기능
> 이상을 초래하여 수면 장애와 과잉 행동 장애(ADHD) 등 정신
> 질환을 유발할 수 있는 가능성을 확인했다."고 밝혔다. 고지방
> 식이는 대사 질환, 비만, 뇌혈관 질환 등 다양한 신체 질환과
> 연관성이 있는 것으로 알려져 있다.

이른 아침, 친한 후배가 위 기사의 링크를 온라인 메신저로 보내
왔습니다. '아직 아이들이 어린데, 좋아하는 고기를 계속 먹게 하
는 것이 고민입니다….'라는 메모와 함께. 언론 보도의 핵심은 '고
지방 식단은 심각한 질병을 유발한다!'는 것입니다. 수많은 언론사
는 기다렸다는 듯이 위 논문 결과를 앞다투어 보도했습니다. 더욱
놀라운 사실은 '고기를 비롯한 고지방식은 사랑하는 아이들에게
ADHD를 유발한다'고 합니다.

이 기사의 출처는 국제 학술지 〈정신 의학 연구〉Psychiatry Re-
search 23년 9월 온라인판에 게재된 실험입니다. 상기 연구팀은 인
터뷰에서 다음과 같이 주장했습니다.

"이 연구는 고지방 식단과 주의력 결핍 과잉 행동 장애 간의 잠

재적인 연관성을 발견한 것이며, 고지방 섭취는 성인뿐만 아니라 소아 청소년기의 발달 과정에서 주의력 결핍 장애 및 수면 장애를 악화시킬 수 있다.”

논문의 정확한 제목은 〈고지방식으로 유발된 도파민 조절 장애는 REM 수면 방해 및 ADHD 유사 행동을 유도한다〉High-fat diet-induced dopaminergic dysregulation induces REM sleep fragmentation and ADHD-like behaviors입니다.

위 기사를 읽는 순간 어떤 생각이 드십니까? 당연히 '고기에 대한 공포감'이 들 것입니다. 이 기사의 핵심은 비만과 질병 그리고 ADHD의 범인은 바로 '지방'fat이라는 것입니다. 정확히 말하면 전체 칼로리에서 지방이 60%를 차지하는 식단입니다. 한국의 저명한 연구자들이 실험을 통해서 '고지방 식단을 하지 말라'고 조언하고 있습니다.

특히 '고지방 음식은 성장기 어린아이들에게 과잉 행동 장애를 유발할 수 있다'는 것은 가히 충격적입니다. 당연히 이 기사를 본 엄마들은 당장 냉장고에 있는 고기를 쓰레기통에 처넣었을 것 같습니다. 당신은 어떤 생각이 드십니까? 결론부터 말씀드리면, 이 논문은 진실을 심각하게 왜곡하고 있습니다. 제가 우려하는 것은 이런 류의 기사가 잊을 만하면 유령처럼 출몰한다는 것입니다.

그럼, 이 신문 기사에서 인용한 연구 사례를 자세히 살펴보도록 하겠습니다. 연구는 2가지 식단을 비교했고 실험 기간은 2개월간 진행되었습니다. 영양소의 섭취 칼로리 비율은 다음과 같습니다.

A그룹) 탄수화물 : 단백질 : 지방 = 20% : 20% : 60%

B그룹) 탄수화물 : 단백질 : 지방 = 68% : 22% : 10% [대조군]

연구자들이 발표한 논란의 식단은 60% 이상 지방을 섭취한 A그룹입니다. A그룹의 실험 쥐는 고지방식 섭취때문에 수면 방해를 경험했으며 과잉 행동 장애와 같은 정신 질환이 나타났다고 합니다.

여기서 중요한 질문을 던지겠습니다. 연구팀은 실험 쥐에게 어떤 지방을 먹였던 걸까요? 이 연구 사례를 앞다투어 보도한 언론사들 중 단 한 군데도 이 질문을 던지지 않았습니다. 지방에는 나쁜 지방과 좋은 지방이 있습니다. 연구자들은 실험 쥐에게 'R 다이어트'라는 회사의 동물 사료를 먹였습니다. 이 동물 사료의 주성분은 대형 마트에서 흔히 판매되고 있는 불포화 지방 즉, '식용유'cooking oil입니다. 콩기름, 옥수수기름, 홍화씨유, 카놀라유와 같은 씨앗으로 만든 기름을 말합니다.

이 책에서는 우리를 병들게 하는 최악의 음식이 바로 '씨앗 기름'이라고 시종일관 지적했습니다. 그런데 상기 연구는 실험 쥐에게 최악의 음식인 씨앗 기름을 먹이고 실험을 진행했습니다. 그리고 고지방 식단이 질병을 유발하며 아이들의 뇌를 파괴한다고 발표했습니다. 이러한 연구는 진실을 완전히 왜곡하고 있습니다. 잘못된 정보는 편견을 낳고 건강을 망칩니다.

중세 시대 무고한 사람을 화형 시켰던 마녀사냥처럼, 2차 세계대전 유태인을 살육했던 광신도 나치처럼, 고지방 식단에 대한 편견은 좀비처럼 꿈틀대고 있습니다. 지금 주류 의학은 쓰레기처럼 지독한 악취를 풍기고 있습니다.

　과거 주류 의학은 어떠했을까요? 멀리 갈 필요도 없습니다. 19세기, 외과 의사들의 수술실 침상은 혈액과 고름의 흔적이 깊게 새겨져 있었습니다. 핏자국이 선명한 수술복은 유능한 의사의 상징이었습니다. 의사들은 수술용 장갑도 착용하지 않았고 손도 잘 씻지 않았습니다. 불결한 병원 환경과 의사들의 무지無知로 인해 임산부 100명 중 30명 이상이 '산욕열'産褥熱로 목숨을 잃었습니다. 이와 대조적으로 산파의 도움을 받은 임산부의 사망률은 3%가 채되지 않았습니다. 산파들은 청결의 중요성을 이미 잘 알고 있었던 것입니다.

　당시 대부분의 의사는 '소독과 청결'이라는 개념을 비웃었습니다. 그들에게 루이 파스퇴르의 병균 이론은 허무맹랑한 주장과 다를 바가 없었습니다. 에든버러 의과 대학 교수는 "그 작은 짐승들세균이 어디에 있는지… 한 번이라도 본 사람 있나?"라며 코웃음을 쳤습니다. 파스퇴르의 병균 이론이 받아들여지는 데는 오랜 시간과 인내심이 필요했습니다. 이 엉터리 의사들의 모습이 당시 주류 의학을 채우는 풍경이었습니다.

　그렇다면 지금 우리는 소위 돌팔이 의학과 완전히 결별했을까요? 저는 전혀 그렇지 않다고 생각합니다. 주류 의학이 만성 질환을 치료하는 방법은 철저히 '대증요법'對症療法에 근거하고 있습니다. 원인을 치료하지 않고 증상을 치료하고 있습니다. 원인이 치료되지 않으니 질병은 깊어지고 길어져만 갑니다. 주류 의학은 평생 약을 복용해야 한다고 안내합니다. 늘어나는 것은 복용하는 약의 숫자뿐입니다.

물론 주류 의학의 공헌을 모두 부정하는 것은 아닙니다. 주류 의학은 감염병, 응급 치료 그리고 수술에 있어서 눈부신 발전과 기여를 했습니다. 긴급한 환자의 생명을 무수히 구했습니다. 눈부신 의학 발전과 분투하는 의사들의 공헌에 박수를 보냅니다.

하지만 성인 질병의 90%를 차지하고 있는 '만성 질환' 치료에 대한 주류 의학의 태도는 문제가 심각합니다. 주류 의학은 만성 질환 치료와 예방에서 올바른 해법을 제시하지 못하고 있습니다. 약물의, 약물을 위한, 약물에 의한 치료가 과도하게 범람하고 있습니다. 약물 공화국의 성벽은 견고해지고 높아만 가고 있습니다. 만성 질환의 진정한 치유는, 약물에 의해서가 아니라 라이프 스타일의 변화로만 가능합니다. 이제 돌팔이 의학과 헤어질 결심이 필요합니다. 지식의 격차가 건강의 격차가 되고 있습니다. 자신의 건강은 자신이 지켜야 합니다!

역자 박중환

참고문헌

Chapter 1

1. Dr. Michael Dexter, Wellcome Trust.

2. Transposable elements: targets for early nutritional effects on epigenetic gene regulation, Waterland RA, Molecular and Cellular Biology, August 2003, vol. 23, no. 15, pp. 5293 – 5300.

3. Nutrition and Physical Degeneration, Price W, Price-Pottenger Foundation, 1945, p. 75.

4. Lifetime risk for diabetes mellitus in the United States, Venkat Narayan KM, JAMA, 2003, 290:1884-1890.

5. Guts and grease: the diet of native americans, Fallon S, Wise Traditions.

6. A mechanistic link between chick diet and December in seabirds? Proceedings of the Royal Society of Biological Sciences, vol. 273, no. 1585, February 22, 2006, pp. 445 – 550.

7. Maternal vitamin D status during pregnancy and childhood bone mass at age nine years: a longitudinal study, Javaid MK, Obstetrical and Gynecological Survey, 61(5):305-307, May 2006.

8. Epigenetic epidemiology of the developmental origins hypothesis, Waterland RA, Annual Review of Nutrition, vol. 27, August 2007, pp. 363-388.

9. The Paleo Diet: Lose Weight and Get Healthy By Eating the Food You Were Designed to Eat, Loren Cordain, Wiley, 2002, p. 39.

10. In Defense of Food: An Eater's Manifesto, Michael Pollan, Penguin, 2008.

11. We have between 10 and 100 trillion cells in our body, and each cell has two to three meters of DNA, totaling between 20 and 300 trillion meters. It's only 3,844,000,000 meters to the moon.

12. Pluripotency of mesenchymal stem cells derived from adult marrow, Jiang Y, Nature, July 2002, 4;418(6893):41-9, epub Jun 20, 2002.

13. Epigenetics, the science of change, Environ Health Perspect, March 2006, 114(3): A160 – A167.

14. Environmental Health Perspectives, vol. 114, no. 3, March 2006.

15. Toxic optic neuropathy, Indian J Ophthalmol, Mar-Apr 2011, 59(2): 137 – 141.

16. Epigenetic differences arise during the lifetime of monozygotic twins, Fraga MF, PNAS, July 26, 2005, vol. 102, no. 30, pp. 10604 – 9.

17. Epigenetics: a new bridge between nutrition and health, Adv Nutr, November 2010, vol. 1: 8-16, 2010.

18. Osteoporosis: Diagnostic and Therapeutic Principles, Clifford J. Rosen, Humana Press, 1996, p. 51.

19. Genetics of osteoporosis, Peacock M, Endocrine Reviews 23 (3): 303-326.

20. The ghost in your genes, NOVA partial transcript accessed online at http://www.bbc.co.uk/sn/tvradio/programmes/horizon/ghostgenes.shtml

21. Accuracy of DNA methylation pattern preservation by the Dnmt1 methyltransferase, Rachna Goyal, Richard Reinhardt and Albert Jeltsch, Nucl Acids Res, 2006, 34 (4): 1182-1188 doi 10.1093/nar/gkl002.

22. Age-associated sperm DNA methylation alterations: possible implications in offspring disease susceptibility, Jenkins TG, Aston KI, Pflueger C, Cairns BR, Carrell DT, 2014, PLoS Genet, 10(7).

23. Effects of an increased paternal age on sperm quality, reproductive outcome and associated epigenetic risk to offspring, Rakesh Sharma et al, Reproductive Biology and Endocrinology, 2015, 13:35.

24. Age-associated sperm DNA methylation alterations: possible implications in offspring disease sus-

ceptibility, Jenkins TG, Aston KI, Pflueger C, Cairns BR, Carrell DT, 2014, PLoS Genet, 10(7).

25. Epigenetic programming by maternal nutrition: shaping future generations, Epigenomics, August 2010, 2(4):539–49.

26. Transposable elements: targets for early nutritional effects on epigenetic gene regulation, Waterland RA, Molecular and Cellular Biology, August 2003, pp. 5293-5300, vol. 23, no. 15.

27. Decreased birthweights in infants after maternal in utero exposure to the Dutch famine of 1944–1945, LH Lumey, Paediatr Perinat Ep, 6:240-53, 1992.

28. Pregnant smokers increases grandkids' asthma risk, Vince G, NewScientist.com news service, 22:00, April 11, 2005.

29. Rethinking the origin of chronic diseases, Mohammadali Shoja et al, BioScience, 62,5 (2012): 470 – 478.

30. Epigenetics: genome, meet your environment, Pray L, vol. 18, issue 13, 14, July 5, 2004.

31. Article accessed at www.bioinfo.mbb.yale.edu/mbb452a/projects/Dov-S-Greenbaum.html#_edn42

32. Influence of S-adenosylmethionine pool size on spontaneous mutation, dam methylation, and cell growth of escherichia coli, Posnick, LM, Journal of Bacteriology, November 1999, pp. 6756 – 6762, vol. 181, no. 21.

33. A unified genetic theory for sporadic and inherited autism, Proc Natl Acad Sci USA, July 31, 2007, 104(31): 12831 – 12836.

34. Whole-genome sequencing in autism identifies hot spots for de novo germline mutation, Jacob Michaelson et al, Cell, 151,7 (2012): 1431-1442.

35. Feature co-localization landscape of the human genome, Sci Rep, 2016, 6: 20650.

36. The effects of chromatin organization on variation in mutation rates in the genome, Nat Rev Genet, April 16, 2015, (4): 213 – 223.

37. Zipf 's law states that, if one were to create a histogram containing the total amount of words in a language and their occurrence, the arrangement in rank order would be linear on a double logarithmic scale with a slope of -z. This is the case for all natural languages.

38. Hints of a language in junk DNA, Flam F, Science, 266:1320, 1994.

39. Power spectra of DNA sequences in phage and tumor suppressor genes (TSG), Eisei Takushi, Genome Informatics, 13: 412 – 413 (2002).

40. Mantegna RN et al, Physics Review Letters 73, 3169 (1994).

41. The relation of maternal vitamin A deficiency to microopthalmia in pigs, Hale F, Texas S J Med 33:228, 1937.

42. The modulation of DNA content: proximate causes and ultimate consequences, Gregory TR, Genome Research, vol. 9, issue 4, pp. 317-324, April 1999.

Chapter 2

1. Ancient precision stone cutting, Lee L, Ancient American: Archaeology of the Americas Before Columbus, February 1997.

2. Nutrition and Physical Degeneration, Weston A Price, Price-Pottenger Foundation, 1970, p. 279.

3. This argument will be flushed out and supported with statistics in the next chapter.

4. Management of genetic syndromes, Suzanne B. Cassidy, Judith E. Allanson, Wiley, March 22, 2010.

5. Nutrition and Physical Degeneration, Price Pottenger Foundation, 1970, p. 12.

6. Effects of malocclusions and orthodontics on periodontal health: evidence from a systematic review, Journal of Dental Education, August 1, 2008, vol. 72, no. 8912-918.

7. Nutrition and Physical Degeneration, Weston A Price, Price Pottenger Foundation, 1945, p. 275.

8. Influence of vitamin B6 intake on the content of the vitamin in human milk, West KD, Am J Clin Nutr, September 29, 1976, (9):961-9.

9. Nutrition and Physical Degeneration, Weston A Price, Price Pottenger Foundation, 1945, p. 110.

10. Wise Traditions, vol. 8, no. 4, p. 24.

11. Nutrition and Physical Degeneration, Weston A Price, Price Pottenger Foundation, 1945, p. 402.

12. The Ways of My Grandmothers, Beverly Hungry Wolf, Quill, 1982, p. 186.

13. Nutrition and Physical Degeneration, Weston A Price, Price Pottenger Foundation, 1945, pp. 402 − 03.

14. Vitamins for fetal development: conception to birth, Masterjohn C, Wise Traditions, vol.8, no. 4, winter 2007.

15. Nutrition and Physical Degeneration, Weston A Price, Price Pottenger Foundation, 1945, p. 401.

16. Hiraoka, M, Nutritional status of vitamin A, E, C, B1, B2, B6, nicotinic acid, B12, folate, and beta-carotene in young women, J Nutr Sci Vitaminol, February 2001, 47(1):20-27.

17. Serum vitamin A concentrations in asthmatic children in Japan, Mizuno Y, Pediatrics International, vol. 48, issue 3, pp. 261 − 4.

18. Vitamin D inadequacy has been reported in up to 36 percent of otherwise healthy young adults, and up to 57 percent of general medicine inpatients in the United States, from High prevalence of vitamin D inadequacy and implications for health, Mayo Clin Proc, March 2006, 81(3):297-9.

19. Nutrient intakes of infants and toddlers, Devaney B, Journal of the American Dietetic Association, 104 (1), suppl 1, S14 − S21 (2004).

20. Less than adequate vitamin E status observed in a group of preschool boys and girls living in the United States, J Nutr Biochem, February 2006, 17(2):132-8.

21. Vitamin K status of lactating mothers and their infants, Greer FR, Acta Paediatr Suppl, August 1999, 88(430):95-103.

22. Nutritional status of vitamin A, E, C, B1, B2, B6, nicotinic acid, B12, folate, and beta-carotene in young women, Hiraoka, M. J Nutr Sci Vitaminol, February 2001, 47(1):20-27.

23. Consumption of calcium among African American adolescent girls, Goolsby SL, Ethn Dis, spring 2006, 16(2):476-82.

Chapter 3

1. The body beautiful: the classical ideal in ancient greek art, New York Times Art and Design section, May 17, 2015, Alastair Macaulay.

2. The history of fitness, Lance C. Dalleck and Len Kravitz at www.unm.edu/~lkravitz/Articlepercent-20folder/ history

3. The Spirit of Vitalism: Health, Beauty and Strength in Danish Art, 1890 − 1940, Gertrud Hvidberg-Hansen(editor), Gertrud Oelsner (editor), James Manley (translator), Museum Tusculanum Press, February 28, 2011.

4. National Ambulatory Medical Care Survey: 2012 State and National Summary Tables, table 16, accessed online on March 22, 2016 at: www.cdc.gov/nchs/data/ahcd/namcs_summary/2012_namcs_web_tables.pdf

5. Effects of pelvic skeletal asymmetry on trunk movement: three-dimensional analysis in healthy individuals versus patients with mechanical low back pain, spine, vol. 31(3), February 1,

2006.443Notesture Obesity, vol. 28(6), June 2004, pp. 741 – 747.

6. Waist circumference and body composition in relation to all-cause mortality in middle-aged men and women, Bigaard J, Int J Obes (London), July 2005, 29(7):778-84.

7. The shape of things to wear: scientists identify how women's figures have changed in fifty years, Helen McCormack, Independent UK, November 21, 2005.

8. Survival of the Prettiest: The Science of Beauty, Nancy Etcoff, Anchor, reprint edition July 2000, p. 12.

9. Anthropometric and biochemical characteristics of polycystic ovarian syndrome in South Indian women using aes-2006 criteria, Sujatha Thathapudi et al, Int J Endocrinol Metab, 5, 12(1), epub January 2014, 5.

10. Abdominal obesity and hip fracture: results from the Nurses' Health Study and the Health Professionals Follow-up Study, Haakon Meyer et al, Osteoporosis Intl, 27, 6 (2016):2127-36.

11. Comparison of anthropometric measures as predictors of cancer incidence: a pooled collaborative analysis of eleven Australian cohorts, Jessica Harding et al, Int J Cancer, 137, 7(2013), pp. 1699 – 708.

12. Apolipoprotein epsilon 4 allele modifies waist-to-hip ratio effects on cognition and brain structure, Daid Zade et al, J Stroke, Cerebrovasc Dis. 22, 2 (2013): 119-125.

13. Adiposity assessed by anthropometric measures has a similar or greater predictive ability than dual-energy X-ray absorptiometry measures for abdominal aortic calcification in community-dwelling older adults, Xianwen Shang et al, Int J Cardiovasc Imaging (2016), doi 10.1007/s10554-016-0920-2.

14. Waist circumference and body composition in relation to all-cause mortality in middle-aged men and women, Bigaard J, Int J Obes (London)., July 2005, 29(7):778-84.

15. The impact of parity on course of labor in a contemporary population, Vahratian A, Hoffman MK, Troendle JF et al, Birth, March 2006, 33(1):12-7.

16. Nutritional supplements in pregnancy: commercial push or evidence based? Glennville M Curr, Opin Obstet Gynecol, Decemberember 2006, 18(6):642-7.

17. The Contribution of Nutrition to Human and Animal Health, Widdowson (editor), Cambridge University Press, p. 263.

18. Reduced brain DHA content after a single reproductive cycle in female rats fed a diet deficient in N-3 polyunsaturated fatty acids, Levant B, Biol Psychiatry, November 1, 2006, 60(9):987-90.

19. Maternal parity and diet (n-3) polyunsaturated fatty acid concentration influence accretion of brain phospholipid docosahexaenoic acid in developing rats, Levant B, J Nutr, January 2007, 137(1):125-9.

20. Change in brain size during and after pregnancy: study in healthy women and women with preeclampsia, American Journal of Neuroradiology, vol. 37, issue 3, pp. 19-26.

21. As we will learn in the coming chapters, vegetable oils and excess dietary sugar are major contributors to a state of metabolic imbalance called oxidative stress. Oxidative stress, in turn, impairs cell signaling function by disrupting the transmission of short-lived signaling molecules like nitric oxide and depleting the cell of antioxidants necessary for normal function, as well as direct free-radical mediated damage.

22. Effects of oxidative stress on embryonic development, Birth Defects, Res C Embryo Today, September 2007, 81(3):155-62.

23. Diabetes mellitus and birth defects, Correa A, Am J Obstet Gynecol, September 2008, 199(3):237.

24. Epigenetic regulation of metabolism in children born small for gestational age (review), Holness MJ, Curr Opin Clin Nutr Metab Care, July 2006, 9(4):4 82-8

25. Early-life family structure and microbially induced cancer risk, Blaser MJ, PLoS Med, January 2007, 4(1):e7.

26. The effect of birth order and parental age on the risk of type 1 and 2 diabetes among young adults, Lammi N, Diabetologia, Decemberember 2007, 50(12):2433-8, epub October 2007.

27. Associations of birth defects with adult intellectual performance, disability and mortality: population-based cohort study, Eide MG, Pediatr Res, June 2006, 59(6):848-53, epub April 2006.

28. Nutritional factors affecting the development of a functional ruminant—a historical perspective, Warner RG, pp. 1 – 12 in Proc Cornell Nutr Conf Feed Manuf, Syracuse, NY, Cornell University, Ithaca, NY, 1991.

29. The many faces and factors of orofacial clefts, Schutte B, Human Molecular Genetics, 1999, vol. 8, no. 10, pp. 1853 – 1859.

30. The effect of birth spacing on child and maternal health, Beverly Winikoff, Studies in Family Planning, vol 14, no 10, October 1983, pp. 231 – 245.

31. Does birth spacing affect maternal or child nutritional status? Matern Child Nutr, July 2007, 3(3):151-73, a systematic literature review.

32. Association between birth interval and cardiovascular outcomes at thirty years of age: a prospective cohort study from Brazil, Devakumar D et al, PLoS One, 2016; 11(2).

33. Developmental dysplasia of the hip, Am Fam Physician, October 15, 2006, 74(8):1310-1316, Stephen K. 445

34. Nutritional supplements in pregnancy: commercial push or evidence based? Glenville M, Current Opinion in Obstetrics and Gynecology, 2006, 18:642-647.

35. Traditional methods of birth control in Zaire, Waife RS, Pathfinder Papers No. 4, Chestnut Hill, MA, 1978.

36. "Le bebe en brousse": European women, African birth spacing and colonial intervention in the Belgian Congo, Hunt NR, International Journal of African Historical Studies, 21, 3 (1988), pp. 401 – 32.

37. Intimate colonialism: the imperial production of reproduction in Uganda, 1907-1925, Carol Summers, Signs, vol. 16, no. 4, Women, Family, State, and Economy in Africa, Summer 1991, pp. 787 – 807.

38. Nutrition and Physical Degeneration, Weston A Price, Price Pottenger Foundation, 1945, p. 398.

39. Mahatma Gandhi, quoted in Richard Frazer, Live as though you might die tomorrow and farm as though you might live forever, Christian faith and the welfare of the city, Johnston R. McKay (editor), Edinburgh: CTPI, 2008, p. 48.

40. Letter to all state governors on a uniform soil conservation law, February 26, 1937, Franklin D Roosevelt, pp. 1933 – 945.

41. Nutritional supplements in pregnancy: commercial push or evidence based? Glenville M, Current Opinion in Obstetrics and Gynecology, 2006, 18:642-647.

42. Changes in USDA food composition data for forty-three garden crops, 1950 to 1999, Donald R Davis, P. Journal of the American College of Nutrition, vol. 23, no. 6, 2004, pp. 669 – 682.

43. Comparison of tables in McCance and Widdowson, The chemical composition of foods versions from 1940 and 2002, published by His Majesty's Stationery Office, London.

44. Nutritional supplements in pregnancy: commercial push or evidence based? Glenville M, Current

Opinion in Obstetrics and Gynecology, 2006, 18:642-647.

45. Lifetime risk for diabetes mellitus in the United States, Venkat Narayan, KM, JAMA, 2003, 290:1884-1890.

46. America's children in brief: key national indicators of well-being, 2008, Federal Interagency Forum on Child and Family Statistics.

47. Dairy products and physical stature: a systematic review and meta-analysis of controlled trials, Hans de Beer, Economics and Human Biology, 10,3 (2012), pp. 229 – 309.

48. Do variations in normal nutrition play a role in the development of myopia? Marion Edwards et al, Optometry and Vision Science, 73, 10 (1996), pp. 638 – 643.

49. There are several but one example is K Chen et al, Antioxidant vitamin status during pregnancy in relation to cognitive development in the first two years of life, Early Hum Dev, 85,7, 2009, pp. 421 – 27.

50. Maternal fatty acids in pregnancy, FADS polymorphisms, and child intelligence quotient at eight years of age, Colin Steer et al, Am J Clin Nutr, 98, 6, 2013, pp. 1575 – 582.

51. Dietary patterns in early childhood and child cognitive and psychomotor development: the Rhea mother-child cohort study in Crete, Vasiliki Levantakou et al, British Journal of Nutrition, 1, 8, 2016, pp. 1 – 7.

52. Recognition of a sequence: more growth before birth, longer telomeres at birth, more lean mass after birth, F de Zegher et al, Pediatric Obesity, doi 10.1111/ijpo.12137.

53. Muscularity and fatness of infants and young children born small- or large-for-gestational-age, Mary Hediger et al, Pediatrics, 102,5, 1998, E60.

54. The Potential Impact of Nutritional Factors on Immunological Responsiveness, in Nutrition and Immunity, M Eric Gershwin.

55. Early development of the gut microbiota and immune health, M. Pilar Franciino, Pathogens, 3,3, 2014, pp. 769 – 90.

56. Is dirt good for kids? Are parents keeping things too clean for their kids' good? Zamosky, Lisa, Medscape, www.webmd.com/parenting/d2n-stopping-germs-12/kids-and-dirt-germs

57. Early puberty: causes and effects, Maron, Dina Fine, Scientific American, Health, May 2, 2015, http://www.scientificamerican.com/article/early-puberty-causes-and-effects/

58. The regulation of reproductive neuroendocrine function by insulin and insulin-like growth factor-1 (IGF-1), Andrew Wolfe et al, Front Neuroendocrinol, 35,4(2014), pp. 558 – 72.

59. Anna Stainer-Knittel: portrait of a femme vitale, Kain E, Women's Art Journal, vol. 20, no. 2, pp. 13-71.

60. Mirror, Mirror . . . The Importance of Looks in Everyday Life, Hatfield E, SUNY Press, 1986.

61. Stature of early Europeans, Hormones, Hermanussen M, Athens, July-September 2003, 2(3):175-8.

62. New light on the "dark ages": the remarkably tall stature of Northern European men during the Medieval era, Steckel RH, Social Science History, 2004, 28(2), pp. 211 – 229.

63. The Cambridge World History of Food, Cambridge University Press, 2000.

64. Fighting the Food Giants, Paul A Stitt, Natural Press, 1981, pp. 61 – 66.

Chapter 4

1. Accessed online on July 27, 2008, at www.lostgirlsworld.blogspot.com/2006/12/becoming-maasai. html

2. Accessed online on September 4, 2008 at www.bluegecko.org/kenya/tribes/maasai/beliefs.htm

3. The emergence of Orwellian newspeak and the death of free speech, John W Whitehead, Commentary from the Rutherford Institute, June 29, 2015, accessed online on April 1, 2016, at www.rutherford.org/publications_resources/john_whiteheads_commentary/the_emergence_of_orwellian_newspeak_and_the_death_ of_free_speech

4. Nutrition and Physical Degeneration, Weston A Price, Price WA, Price-Pottenger Foundation, 1945, p. 226.

5. Archaeological Amerindian and Eskimo cranioskeletal size variation along coastal Western North America: relation to climate, the reconstructed diet high in marine animal foods, and demographic stress, Ivanhoe F, International Journal of Osteoarchaeology, vol. 8, issue 3, pp. 135 – 179.

6. Craniofacial variation and population continuity during the South African Holocene, Stynder DD, American Journal of Physical Anthropology, published online.

7. Craniofacial morphology in the Argentine center-West: consequences of the transition to food production, Marina L Sardi, American Journal of Physical Anthropology, vol. 130, issue 3, pp. 333 – 343.

8. The Cambridge World History of Food, Cambridge University Press, 2000, p. 1704.

9. Stone age economics, Sahlins M Aldine, Transaction, 1972, pp. 1 – 40.

10. The question of robusticity and the relationship between cranial size and shape in Homo sapiens, Lahr MM, Journal of Human Evolution, 1996, 31, pp. 157 – 191.

11. Dental caries in prehistoric South Africans, Dryer TF, Nature, 136:302, 1935, "The indication from this area . . . bears out the experience of European anthropologists that caries is a comparatively modern disease and that no skull showing this condition can be regarded as ancient."

12. Dental anthropology, Scott GR, Annual Review of Anthropology, vol. 17:99-126, October 1988, "Pronounced forms of malocclusion are a relatively recent development."

13. Bioarchaeology of Southeast Asia, Oxenham M, Cambridge University Press, 2006.

14. Fannie Farmer 1896 Boston Cookbook, Fannie Merritt Farmer, Boston Cooking School, Ottenheimer, commemorative edition, 1996, pp. 1 – 2.

15. Nutrition and Physical Degeneration, Price WA, Price-Pottenger Foundation, 1945, p. 279.

16. January 20, 2001, inaugural luncheon menu served at the U.S. State Capitol, accessed online on October 31, 2007, at: www.gwu.edu/percent7Eaction/inaulu.html

17. The content of bioactive compounds in rat experimental diets based on organic, low-input, and conventional plant materials, Leifert C, 3rd QLIF Congress, Honeheim, Germany, March 20-23, 2007, archived at www.orgprints.org/view/projects/int_conf_qlif2007.html

18. Nutritional comparison of fresh, frozen, and canned fruits and vegetables, vitamin A and carotenoids, vitamin E, minerals and fiber, Joy C Rickman, J Sci Food Agric.

19. The vitamin A, B, and C content of artificially versus naturally ripened tomatoes, House MC, Journal of Biological Chemistry, vol. LXXXI, no. 3, received for publication December 13, 1928.

20. Nutritional comparison of fresh, frozen and canned fruits and vegetables, Part 1, Vitamins C and B and phenolic compounds, Joy C Rickman, J Sci Food Agric, 87:930 – 944 (2007).

Chapter 5

1. Types of dietary fat and risk of coronary heart disease: a critical review, HU F, Journal of the American College of Nutrition, vol. 2, 1, 5-19, 2001.

2. In Defense of Food: An Eater's Manifesto, Michael Pollan, Penguin, 2009, p. 43.

3. Eat Fat, Get Thin: Why the Fat We Eat Is the Key to Sustained Weight Loss and Vibrant Health, Mark

Hyman, Little, Brown, 2016.

4. The Big Fat Surprise: Why Butter, Meat and Cheese Belong in a Healthy Diet, Nina Teicholz, Simon and 447 Notes Schuster, reprint, 2015.

5. In food choices and coronary heart disease: a population based cohort study of rural Swedish men with twelve years of follow-up, Int J Environ Res Public Health 2009, 6, 2626-2638.

6. The Search archive of the 1953 episode featuring Keys is available from University of Minnesota's www.epi. umn.edu/cvdepi/video/the-search-1953/

7. Health revolutionary: the life and work of Ancel Keys

8. Hydrogenated fats in the diet and lipids in the serum of man, Anderson JT, J Nutr, 75 (4):338, p. 1961.

9. Health revolutionary: the life and work of Ancel Keys, accessed online at www.209.85.141.104/search?q=cache:PVHCLllMKzQ

10. Tracing citations in consensus articles and other policy setting research statements leads us back to Keys and his junk science. Case in point, the 2004 National Cholesterol Education Program (NCEP) coordinating committee issued an update to the third Adult Treatment Panel (ATP III) Consensus panel statement.

11. Time magazine, March 26, 1984.

12. Time magazine, Jun 12, 2014.

13. Oxidation of linoleic acid in low-density lipoprotein: an important event in atherogenesis, Spiteller G, Angew Chem Int Ed Engl, February 2000, 39(3):585-589.

14. Know Your Fats: The Complete Primer for Understanding the Nutrition of Fats, Oils, and Cholesterol, Mary G Enig, Bethesda Press, 2000, p. 94.

15. The Cholesterol Myths, Uffe Ravnskov, New Trends Publishing, 2000, p. 30.

16. Myths and truths about beef, Fallon S, Wise Traditions in Food, Farming and the Healing Arts, Spring 2000.

17. Trans fatty acids in the food supply: a comprehensive report covering sixty years of research, second edition, Enig Mary G, Enig Associates, Silver Spring, MD, 1995, pp. 4-8.

18. Heart disease and stroke statistics, 2003 update, American Heart Association.

19. The rise and fall of ischemic heart disease, Stallones RA, Sci Am, Nov 1980, 243(5):53-9.

20. Sex matters: secular and geographical trends in sex differences in coronary heart disease mortality, Lawlor DA, BMJ, September 8, 2001, 323:541-545.

21. The lowdown on oleo, Kapica C, Chicago Wellness Magazine, September-October 2007.

22. The ABCs of vitamin E and ß-carotene absorption, Traber MG, American Journal of Clinical Nutrition, vol. 80, no. 1, July 3 – 4, 2004.

23. Absorption, metabolism, and transport of carotenoids, Parker RS, FASEB J, April 1996, 10(5):542-51.

24. Human plasma transport of vitamin D after its endogenous synthesis, Haddad JG, Matsuoka LY, Hollis BW, Hu YZ, Wortsman J.

25. Physicochemical and physiological mechanisms for the effects of food on drug absorption: the role of lipids and pH, Journal of Pharmaceutical Sciences, vol. 86, issue 3, pp. 269 – 282.

26. Plasma lipoproteins as carriers of phylloquinone (vitamin K1) in humans, Am J Clin Nutr, June 1998, 67(6):1226-31.

27. Vitamin E: absorption, plasma transport and cell uptake, Hacquebard M, Carpentier YA, Curr Opin Clin Nutr Metab Care, March 2005, 8(2):133-8.

28. PUFAs reduce the formation of post-prandial triglycerides that carry lipid soluble nutrients from your last meal.449 Notes Calvo C, Biochem Biophys Res Commun, June 3, 1988, 153(3):1060-7.

29. Stone NJ, et al, 2013 ACC/AHA blood cholesterol guideline, p. 1, 2013, ACC/AHA guideline on the treatment of blood cholesterol to reduce atherosclerotic cardiovascular risk in adults, a report of the American College of Cardiology/American Heart Association Task Force on Practice Guidelines.

30. Cholesterol and cancer: answers and new questions, Eric J Jacobs, Cancer Epidemiol Biomarkers Prev, November 2009, 18; 2805.

31. U. Ravnskov, High cholesterol may protect against infections and atherosclerosis, Q J Med, 2003, 96: 927-934.

32. Cholesterol quandaries relationship to depression and the suicidal experience, Randy A Sansone, Psychiatry (Edgmont), March 2008; 5(3): 22 – 34.

33. Editorial serum cholesterol concentration, depression, and anxiety, Mehmed YüÈcel AgͯarguÈn, Acta Psychiatr Scand, 2002: 105: 81+83.

34. Low cholesterol as a risk factor for primary intracerebral hemorrhage: a case-control study, Ashraf V.

Valappil, Ann Indian Acad Neurol, January-March 2012; 15(1): 19 – 22.

35. Chronic kidney disease and its complications, Robert Thomas, Prim Care, Jun 2008, 35(2): 329 – vii.

36. High density lipoprotein as a protective factor against coronary heart disease, Tavia Gordon et al, The Framingham Study, American Journal of Medicine, May 1977, vol. 62, pp. 707-714.

37. Accessible at: www.cvriskcalculator.com/

38. Oxidation of linoleic acid in low-density lipoprotein: an important event in atherogenesis, Spiteller D, Spiteller G. Angew, Chem Int Ed Engl, February 2000, 39(3):585-589.

39. Lipoprotein lipase mediates the uptake of glycated LDL in fibroblasts, endothelial cells, and macrophages, Robert Zimmermann.

40. Glycation of very low density lipoprotein from rat plasma impairs its catabolism, Mamo JC, Diabetologia, June 1990, 33(6):339-45.

41. Modification of low density lipoprotein by advanced glycation end products contributes to the dyslipidemia of diabetes and renal insufficiency, Bucala R, Proc Natl Acad Sci USA, September 27, 1994, 91(20):9441-5.

42. Glycation of very low density lipoprotein from rat plasma impairs its catabolism, Mamo JC, Diabetologia, June 1990, 33(6):339-45. The study concludes: "Glycation [sugar sticking to stuff] of VLDL appears to interfere with the lipolysis [the unloading] of its triglyceride. This may explain the delayed clearance of glycated VLDL triglyceride in vivo."

43. Thermally oxidized dietary fats increase the susceptibility of rat LDL to lipid peroxidation but not their uptake by macrophages, Eder K, J Nutr, September 2003, 133(9):2830-7.

44. Myeloperoxidase and plaque vulnerability, Hazen SL, Arteriosclerosis, Thrombosis, and Vascular Biology, 2004, 24:1143.

45. Oxidation-reduction controls fetal hypoplastic lung growth, Fisher JC, J Surg Res, August 2002, 106(2):287-91.

46. Intake of high levels of vitamin A and polyunsaturated fatty acids during different developmental periods modifies the expression of morphogenesis genes in European sea bass (Dicentrarchus labrax), Villeneuve LA, Br J Nutr, April 2006, 95(4):677-87.

47. Neural tube defects and maternal biomarkers of folate, homocysteine, and glutathione metabolism,

Zhao W, Birth Defects Res A Clin Mol Teratol, April 2006, 76(4):230-6.

48. Congenital heart defects and maternal biomarkers of oxidative stress, Hobbs CA, Am J Clin Nutr, September 2005, 82(3):598-604.

49. A reduction state potentiates the glucocorticoid response through receptor protein stabilization, Kitugawa H, Genes Cells, November 2007, 12(11):1281-7.

50. Trends in serum lipids and lipoproteins of adults, 1960-2002, Carrol MD, vol. 294, no. 14, October 12, 2005.

51. Application of new cholesterol guidelines to a population-based sample, Pencina MJ1, N Engl J Med, April 10, 2014, 370(15):1422-31, doi: 10.1056/NEJMoa1315665, epub March 2014.

52. On the Take: How Medicine's Complicity with Big Business Can Endanger Your Health, Jerome P. Kassirer, Oxford University Press, 2005.

53. Overdosed America: The Broken Promise of American Medicine, John Abramson, Harper Collins, 2004.

54. Adverse birth outcomes among mothers with low serum cholesterol, Edison RJ, Pediatrics, vol. 120, no. 4, October 2007, pp. 723 – 733.

Chapter 6

1. The stomach as a bioreactor: dietary lipid peroxidation in the gastric fluid and the effects of plant-derived antioxidants, Free Radical Biology and Medicine, vol. 31, issue 11, December 1, 2001, pp. 1388 – 1395.

2. Protective effect of oleic acid against acute gastric mucosal lesions induced by ischemia-reperfusion in rat, Saudi Journal of Gastroenterology, 2007, vol. 13, issue 1, p. 17.

3. Lipid peroxidation by "free" iron ions and myoglobin as affected by dietary antioxidants in simulated gastric fluids, J Agric Food Chem, May 4, 2005, 53(9):3383-90, www.ncbi.nlm.nih.gov/pubmed/15853376

4. Linoleic acid, a dietary n-6 polyunsaturated fatty acid, and the aetiology of ulcerative colitis: a nested case-control study within a European prospective cohort study, Gut, December 2009, 58(12):1606-11, doi 10.1136/gut.2008.169078, epub July 2009.

5. "Owing to the fact that DHA has a higher number of double bonds compared with AA, DHA is more susceptible to free radical-mediated oxidation," from page 34 of Omega-3 Fatty Acids in Brain and Neurological Health, edited by Ronald Ross Watson, Fabien De Meester, Academic Press, 2014, Elsevier.

6. Oxidation of marine omega-3 supplements and human health, Benjamin B Albert, 1, David Cameron-Smith, 1, Paul L Hofman, 1, 2, and Wayne S Cutfield, 1,2, BioMed Research International, vol. 2013, 2013, article ID 464921, 8 pages, www.dx.doi.org/10.1155/2013/464921

7. Formation of malondialdehyde (MDA), 4-hydroxy-2-hexenal (HHE) and 4-hydroxy-2-nonenal (HNE) in fish and fish oil during dynamic gastrointestinal in vitro digestion, Food Funct, February 17, 2016, 7(2):1176-87.

8. Association of proton pump inhibitors with risk of dementia, JAMA Neurol, published online February 15, 2016.

9. Brain Maker: The Power of Gut Microbes to Heal and Protect Your Brain – For Life, David Perlmutter, Little, Brown, April 28, 2015, from Gut: The Inside Story of Our Body's Most Underrated Organ, Greystone Books.

10. Obese-type gut microbiota induce neurobehavioral changes in the absence of obesity, Bruce-

Keller AJ, Biol Psychiatry, April 1, 2015, 77(7):607-15.

11. Effect of intestinal microbial ecology on the developing brain, Douglas-Escobar M, JAMA Pediatr, April 2013, 167(4):374-9.

12. Aust N Z J Psychiatry, December 2011, 45(12):1023-5, Probiotics in the treatment of depression: science or science fiction? Dinan TG.

13. Intestinal microbiota, probiotics and mental health, from Metchnikoff to modern advances, part III, Convergence toward clinical trials, Alison C Bested, Gut Pathog, 2013, 5: 4.

14. The role of gut microbiota in the gut-brain axis: current challenges and perspectives, Chen X, Protein Cell, June 2013, 4(6):403-14.

15. Obese-type gut microbiota induce neurobehavioral changes in the absence of obesity, Bruce-Keller AJ, Biol Psychiatry, April 1, 2015, 77(7):607-15.

16. High Fat Diet Ingredients.pdf.

17. Oxidation stability and fatty acid composition of selected storage and structural lipids: influence of different high fat diet compositions. The combination of sunflower oil and lard resulted in the highest amount of oxidation, compared to butter, lard, and partially hydrogenated oil, Nahrung, 1988, 32(4):365-74.

18. Mitochondrial formation of reactive oxygen species, Julyio F Turrens, Journal of Physiology, October 2003.

19. Chronic n-3 polyunsaturated fatty acid deficiency alters dopamine vesicle density in the rat frontal cortex, Luc Zimmer, Neuroscience Letters 284,1-2 (2000): 25-28.

20. Curr Neuropharmacol, March 2014, 12(2): 140 – 147, Oxidative stress and psychological disorders: "The brain with its extensive capacity to consume large amounts of oxygen and production of free radicals, is considered especially sensitive to oxidative stress." www.ncbi.nlm.nih.gov/pmc/articles/PMC3964745/

21. Curr Neuropharmacol, March 2009, 7(1): 65 – 74, Oxidative stress and neurodegenerative diseases: a review of upstream and downstream antioxidant therapeutic options.

22. Curr Neuropharmacol, March 2014, 12(2): 140 – 147, Oxidative stress and psychological disorders.

23. Toxicity of oxidized fats II: tissue levels of lipid peroxides in rats fed a thermally oxidized corn oil diet. Brain contains higher levels of lipid peroxides after a meal of repeatedly thermally oxidized oil.

24. Peroxyl radicals: inductors of neurodegenerative and other inflammatory diseases, their origin and how they transform cholesterol, phospholipids, plasmalogens, polyunsaturated fatty acids, sugars, and proteins into deleterious products, Spiteller G, Free Radic Biol Med, August 1, 2006, 41(3):362-87.

25. Triacylglycerol oxidation in pig lipoproteins after a diet rich in oxidized sunflower seed oil, Lipids, 40, 437 – 444, May 2005

26. Effect of dietary oils on lipid peroxidation and on antioxidant parameters of rat plasma and lipoprotein fractions, C Scaccini, l. M. Nardini,' M. D'Aquino, V. Gentili, M. Di Felice, and G. Tomassit, Istituto Nazionale della Nutrizione, Rome, Italy, and Universith della Tuscia, Viterbo, Italy, Journal of Lipid Research, vol. 33, 1992, 627-633

27. Lipidomics and H218O labeling techniques reveal increased remodeling of DHA-containing membrane phospholipids associated with abnormal locomotor responses in α-tocopherol deficient zebrafish (danio rerio) embryos, Redox Biology, vol. 8, August 2016, pp. 165 – 174.

28. Associations between the antioxidant network and emotional intelligence: a preliminary study,

Pesce, Mirko et al, Vladimir N Uversky (editor), PLoS ONE 9.7 (2014): e101247, PMC, Web, April 10, 2016.

29. The adult brain makes new neurons, and effortful learning keeps them alive, Tracy J Shors, Current Directions in Psychological Science, October 2014, vol. 23, no. 5311-318.

338. Influence of dietary thermally oxidized soybean oil on the oxidative status of rats of different ages, Ann Nutr Metab, 1990, 34(4):221-31.

30. Biological studies on the protective role of artichoke and green pepper against potential toxic effect of thermally oxidized oil in mice, Arab J, Biotech, vol. 12, no. 1, January 2009, 27-40,http://www.acgssr.org/BioTechnology/Vol.12N1January2009_files/ abstract/003.pdf

31. 2015 Gallup Poll (the largest poll conducted to date): One in five Americans include gluten-free foods in diet, accessed online on April 6, 2016, at www.gallup.com/poll/184307/one-five-americans-include-gluten-free-foods-diet.aspx

33. The prevalence of celiac disease in average-risk and at-risk Western European populations: a systematic review, Dubé, C et al, Gastroenterology 128, suppl. 1, S57 – S67 (2005).

34. Nonceliac gluten sensitivity: the new frontier of gluten related disorders, Carlo Catassi, Nutrients, October 2013, 5(10): 3839 – 3853.

35. Food allergy among U.S. children: trends in prevalence and hospitalizations, NCHS Data Brief No. 10, October 2008.

36. Effects of dietary oxidized frying oil on immune responses of spleen cells in rats, Reaeawh, W, Nutrition, 17, no. 4.

37. www.fmri.ucsd.edu/Research/whatisfmri.html

38. Role of nitric oxide and acetylcholine in neocortical hyperemia elicited by basal 360. Migraine, headache, and the risk of stroke in women: a prospective study, Kurth T, Slomke MA, Kase CS, et al, Neurology, 2005, 64:1020-6.

39. Migraine and ischaemic heart disease and stroke: potential mechanisms and treatment implications, Tietjen GE, Cephalalgia, 2007, 27:981 – 7.

40. Migraine aura pathophysiology: the role of blood vessels and microembolisation, Turgay Dalkara, Lancet Neurol, March 2010, 9(3): 309 – 317.

41. Arginine-nitric oxide pathway and cerebrovascular regulation in cortical spreading depression, Am J Physiol, July 1995, 269(1 pt. 2):H23-9.

42. Migraine aura without headache pathogenesis and pathophysiology, MedMerits.com, article section 6 of 14, Shih-Pin Chen, http://www.medmerits.com/index.php/article/migraineaurawithout-headache/P5.

43. Arginine-nitric oxide pathway and cerebrovascular regulation in cortical spreading depression, Am J Physiol, July 1995, 269(1 pt. 2):H23-9.

44. Migraine aura without headache pathogenesis and pathophysiology, MedMerits.com, article section 6 of 14, Shih-Pin Chen, http://www.medmerits.com/index.php/article/migraineaurawithout-headache/P5.

45. Perfusion-weighted imaging defects during spontaneous migrainous aura, Ann Neurol, January 1998, 43(1):25-31.

46. Migraine aura without headache pathogenesis and pathophysiology, MedMerits.com, article section 6 of 14, Shih-Pin Chen, http://www.medmerits.com/index.php/article/migraineaurawithout-headache/P5.

47. Structural brain changes in migraine, JAMA, November 14, 2012; 308(18): 1889 – 1897, www.ncbi-

nlm-nih-gov.prx.hml.org/pmc/articles/PMC3633206/

48. Oxidative stress and the aging brain: from theory to prevention, Gemma C, Vila J, Bachstetter A, et al, Riddle DR (editor); Brain Aging: Models, Methods, and Mechanisms, Chapter 15, Boca Raton, FL, CRC Press/ Taylor and Francis, 2007, available from www.ncbi.nlm.nih.gov/books/NBK3869/

49. Peroxyl radicals: inductors of neurodegenerative and other inflammatory diseases, their origin and how they transform cholesterol, phospholipids, plasmalogens, polyunsaturated fatty acids, sugars, and proteins into deleterious products, Spiteller G, Free Radical Biology and Medicine, 41, 2006, pp. 362 – 387.

50. Linoleic acid peroxidation—the dominant lipid peroxidation process in low density lipoprotein— and its relationship to chronic diseases (review), Spiteller G, Chemistry and Physics of lipids, 95 (1998) pp. 105 – 162.

51. Concussions, and the NFL: how one doctor changed football forever, Laskas Jeanne Marie, Bennet Omalu, September 15, 2009, www.gq.com/story/nfl-players-brain-dementia-study-memory-concussions

52. Determination of lipid oxidation products in vegetable oils and marine omega-3 supplements, Food Nutr Res, 2011, 55: 10, www.ncbi-nlm-nih-gov.prx.hml.org/pmc/articles/PMC3118035/

53. Molecular aspects of medicine, vol. 24, issues 4 – 5, pp. 147-314, August – October 2003, 4 - Hydroxynonenal: a lipid degradation product provided with cell regulatory functions.

54. Involvement of microtubule integrity in memory impairment caused by colchicine, Pharmacology Bio-chemistry and Behavior, vol. 71, issues 1 – 2, January – February 2002, pp. 119 – 138.

55. 4-Hydroxy-2-nonenal, a reactive product of lipid peroxidation, and neurodegenerative diseases: a toxic combination illuminated by redox proteomics studies, Antioxid Redox Signal, December 1, 2012, 17(11): 1590 – 160.

56. Neuronal microtubules: when the MAP is the roadblock, Trends in Cell Biology, vol. 15, issue 4, April 2005, pp. 183 – 187.

57. 4-Hydroxy-2-nonenal, a reactive product of lipid peroxidation, and neurodegenerative diseases: a toxic combination illuminated by redox proteomics studies, Antioxid Redox Signal, December 1, 2012, 17(11): 1590 – 160.

58. MRI vs. clinical predictors of Alzheimer disease in mild cognitive impairment, Neurology, January 15, 2008, 70(3):191-9, vol. tric.

59. Neuron number and size in prefrontal cortex of children with autism, Courchesne E, Mouton PR, Calhoun ME, et al, JAMA, 2011, 306(18):2001-2010.

60. Local brain connectivity across development in autism spectrum disorder: a cross-sectional investigation, Autism Res, January 2016, 9(1):43-54, doi 10.1002/aur.1494, epub June 2015.

61. Dr. Anthony Bailey of the University of British Columbia presents Neurobiology of autism spectrum disorders, a care-ID web presentation, from Care ID YouTube Channel, accessed online on April 11, 2106, at www. youtube.com/watch?v=0IudE9OrIOE; minute 27:00 shows novel columns in the brainstem.

62. Using human pluripotent stem cells to model autism spectrum disorders, Carol Marchetto, YouTube video forebrain stimulation: evidence for an involvement of endothelial nitric oxide, 1995, Neuroscience 69, 1195 – 1204.

63. Endothelial nitric oxide: protector of a healthy mind, Zvonimir S. Katusic and Susan A. Austin, Eur Heart J, April 7, 2014, 35(14): 888 – 894, www-ncbi-nlm-nih-gov.prx.hml.org/pmc/articles/PMC3977136/

64. Essential role of endothelial nitric oxide synthase for mobilization of stem and progenitor cells, Aicher A,
Heeschen C, Mildner-Rihm C, Urbich C, Ihling C, Technau-Ihling K, Leiher AM, Dimmeler S, Nat Med, 2003, 9:1370 – 1376.

65. Neurovascular regulation in the normal brain and in Alzheimer's disease, Iadecola C, Nat Rev Neurosci, May 2004, 5(5):347-60.

66. Endothelial nitric oxide: protector of a healthy mind, Zvonimir S Katusic and Susan A Austin, Eur Heart J, April 7, 2014, 35(14): 888 – 894, www,ncbi-nlm-nih-gov.prx.hml.org/pmc/articles/PMC3977136/

67. Tonic and phasic nitric oxide signals in hippocampal long-term potentiation, Hopper RA, Garthwaite J, J Neurosci, 20;26:11513 – 11521.

68. Endothelial function and oxidative stress in cardiovascular diseases, Circ J 2009; 73: 411 – 418.

69. Associations between the antioxidant network and emotional intelligence: a preliminary study, PLoS One, 2014; 9(7): e101247, www.ncbi.nlm.nih.gov/pmc/articles/PMC4077755/.

70. Cognitive cost as dynamic allocation of energetic resources, Front Neurosci, 2015, 9: 289, www.ncbi.nlm. nih.gov/pmc/articles/PMC4547044/

71. Impaired endothelial function following a meal rich in used cooking fat, Michael JA Williams, Journal of the American College of Cardiology, vol. 33, issue 4, March 15, 1999, pp. 1050 – 1055.

72. Effects of repeated heating of cooking oils on antioxidant content and endothelial function (review), Austin Journal of Pharmacology and Therapeutics, April 07, 2015. presentation online from the Salk Institute YouTube Channel, accessed online on April 11, 2016 at www.youtube.com/watch?v=eB9JonYy1xo, minute 13:00.

73. Patches of disorganization in the neocortex of children with autism, Stoner R, Chow ML, Boyle MP, Sunkin SM, Mouton PR, Roy S, Wynshaw-Boris A, Colamarino SA, Lein ES, Courchesne E. NEJM, March 27, 2014.

74. Non-verbal girl with autism speaks through her computer, 20/20 ABC News Story reported by John Stossel, accessible via STAR Center (Sensory Therapies and Research Center) YouTube Channel, accessed on April 11, 216 at www.youtube.com/watch?v=xMBzJleeOno.

75. Schizophrenic reaction, childhood type, DSM I, 1952, entry 000-x28, accessed online on March 5, 2016, at www.unstrange.com/dsm1.html

76. Diagnostic criteria for infantile autism, DSM III, 1980, accessed online on March 5, 2016, at www.unstrange.com/dsm1.html

77. Accessed online on March 5, 2016, www.cdc.gov/ncbddd/autism/addm.html

78. Combined vaccines are like a sudden onslaught to the body's immune system': parental concerns about vaccine 'overload' and 'immune-vulnerability, Hilton S, Petticrew M, Hunt K, Vaccine. 2006;24(20):4321 – 7.

79. Maternal smoking and autism spectrum disorder: a meta-analysis, Rosen BN, Lee BK, Lee NL, Yang Y, Burstyn I.

80. In utero exposure to selective serotonin reuptake inhibitors and risk for autism spectrum disorder, Gidaya NB, Lee BK, Burstyn I, Yudell M, Mortensen EL, Newschaffer CJ J, Autism Dev Disord, October 2014, 44(10):2558-67.

81. Reduced prefrontal dopaminergic activity in valproic acid-treated mouse autism model, Hara Y, Takuma K, Takano E, Katashiba K, Taruta A, Higashino K, Hashimoto H, Ago Y, Matsuda T, Behav Brain Res, August 1, 2015, 289:39-47.

82. Current research on methamphetamine-induced neurotoxicity: animal models of monoamine disruption (review), Kita T, Wagner GC, Nakashima T, J Pharmacol Sci, July 2003, 92(3):178-95

83. Prenatal exposure to a common organophosphate insecticide delays motor development in a mouse model of idiopathic autism, De Felice A, Scattoni ML, Ricceri L, Calamandrei G, PLoS One, Mar 24, 2015, 10(3):e0121663.

84. Neurodevelopmental disorders and prenatal residential proximity to agricultural pesticides: the CHARGE study, Shelton JF, Geraghty EM, Tancredi DJ, Delwiche LD, Schmidt RJ, Ritz B, Hansen RL, Hertz-Picciotto I, Environ Health Perspect, October 2014, 122(10):1103-9.

85. Early exposure to bisphenol A alters neuron and glia number in the rat prefrontal cortex of adult males, but not females, Neuroscience, October 24, 2014, 279:122-31, doi 10.1016/J Neuroscience, 2014.08.038, epub 2014.

86. Childhood autism and associated comorbidities, Brain and Development, June 2007, vol. 29, issue 5, pp. 257 – 272.

87. Mercury exposure and child development outcomes, Davidson PW, Myers GJ, Weiss B, Pediatrics, 2004, 113(4 suppl):1023 – 9.

88. Sleep spindles, mobile phones, lucid dreaming and sleep in Parkinson's disease and autism spectrum disorders, Dijk DJ, J Sleep Res, December 2012, 21(6):601-2.

89. Risk of autism spectrum disorders in children born after assisted conception: a population-based follow-up study, Hvidtjørn D, Grove J, Schendel D, Schieve LA, Sværke C, Ernst E, Thorsen P, J Epidemiol Community Health, June 2011, 65(6):497-502.

90. Perinatal factors and the development of autism: a population study, Arch Gen Psychiatry, June 2004, 61(6):618-27.

91. Out of time: a possible link between mirror neurons, autism and electromagnetic radiation, Thornton IM, Med Hypotheses, 2006, 67(2):378-82.

92. Polybrominated diphenyl ether (PBDE) flame retardants as potential autism risk factors (review), Messer A, Physiol Behav, June 1,2010, 100(3):245-9, doi 10.1016/j.physbeh.2010.01.011, epub January 2010.

93. Antenatal ultrasound and risk of autism spectrum disorders. Grether JK, Li SX, Yoshida CK, Croen LA. J Autism Dev Discord. Feb 2010;40(2):238-45.

94. Autism and attention-deficit/hyperactivity disorder among individuals with a family history of alcohol use disorders, Sundquist J, Sundquist K, Ji J, Elife, August 2014.

95. Med Hypotheses, August 2013, 81(2):251-2, doi 10.1016/j.mehy.2013.04.037, epub May 2013, May 21.Iatrogenic autism.Hahr JY1.

96. Influence of candidate polymorphisms on the dipeptidyl peptidase IV and μ-opioid receptor genes expression in aspect of the β-casomorphin-7 modulation functions in autism, Cieślińska A, Sienkiewicz, Szłapka E, Wasilewska J, Fiedorowicz E, Chwała B, Moszyńska-Dumara M, Cieśliński T, Bukało M, Kostyra E, Peptides, March 2015, pp. 6—11.

97. Soy infant formula may be associated with autistic behaviors, Westmark CJ, Autism Open Access, November 2013, 18;3, pp: 20727.

98. The relationship of autism and gluten, Buie T, Clin Ther, May 2013, 35(5):578-83.

99. A review of dietary interventions in autism, Annals of Clinical Psychiatry, 2009; 21(4):237-247.

100. Methods to create thermally oxidized lipids and comparison of analytical procedures to characterize peroxidation, J Anim Sci, July 2014, 92(7):2950-9, doi 10.2527/jas.2012-5708, epub May 2014.

101. Costs of autism spectrum disorders in the United Kingdom and the United States, Buescher AS, Cidav Z, Knapp M, Mandell DS, JAMA Pediatr, 2014, 168(8):721-728, doi10.1001/jamapediatrics.2014.210.

102. Chemistry and biology of DNA containing 1, N2-deoxyguanosine adducts of the α,β-unsaturated aldehydes acrolein, crotonaldehyde, and 4-hydroxynonenal, Chem Res Toxicol, May 18, 2009, 22(5): 759 – 778.

103. Mutational specificity of γ-radiation-induced g-thymine and thymine-guanine intrastrand cross-links in mammalian cells and translesion synthesis past the guanine-thymine lesion by human DNA polymerase, Biochemistry, August 5, 2008; 47(31): 8070 – 8079.

104. Rates of spontaneous mutation, Drake JW, Charlesworth B, Charlesworth D, Crow JF, Genetics, April 1998, 148 (4): 1667 – 86.

105. Mutagenic/recombinogenic effects of four lipid peroxidation products in Drosophila. Food Chem Toxicol, March 2013, 53:ch221-7, doi 10.1016/j.fct.2012.11.0,3, epub December 2012.

106. Dietary oxidized n-3 PUFA induce oxidative stress and inflammation: role of intestinal absorption of 4-HHE and reactivity in intestinal cells, J Lipid Res, October 2012, 53(10):2069-80, doi 10.1194/jlr.M026179, epub August 2012.

107. Role of glutathione in the radiation response of mammalian cells in vitro and in vivo, Bump EA, Brown JM, Pharmacol Ther, 1990, 47(1):117-36.

108. Glutathione modifies the oxidation products of 2'-deoxyguanosine by singlet molecular oxygen, Peres PS, Valerio A, Cadena SM, Winnischofer SM, Scalfo AC, Di Mascio P, Martinez GR, Arch Biochem Biophys, November 15, 2015, 586:33-44, doi 10.1016/j.abb.2015.09.020, epub September 2015.

109. Unequivocal demonstration that malondialdehyde is a mutagen, Carcinogenesis, 1983, 4(3):331-3.

110. Oxy radicals, lipid peroxidation and DNA damage, Toxicology, December 27, 2002, 181-182:219-22.

111. Malondialdehyde, a major endogenous lipid peroxidation product, sensitizes human cells to UV- and BPDE-induced killing and mutagenesis through inhibition of nucleotide excision repair, Mutat Res, October 10, 2006, 601(1-2):125-36, epub July 2006.

112. Trans-4-hydroxy-2-nonenal inhibits nucleotide excision repair in human cells: a possible mechanism for lipid peroxidation-induced carcinogenesis, Proc Natl Acad Sci USA, June 2004, 8;101(23):8598-602.

113. Global increases in both common and rare copy number load associated with autism, Hum Mol Genet, July 15, 2013, 22(14): 2870 – 2880.

114. Global increases in both common and rare copy number load associated with autism, Hum Mol Genet, July 15, 2013, 22(14): 2870 – 2880. The article discusses primarily the category of mutation called copy number load, meaning long portions of DNA are present in either abnormally high amount or a copy of the gene is absent. This study found a 7.7-fold increase in duplications and a 2.3-fold increase in deletions.

115. Global increases in both common and rare copy number load associated with autism, Hum Mol Genet, July 15, 2013, 22(14): 2870 – 2880.413, MMWR CDC Surveill Summ, December 1990, 39(4):19-23, Temporal trends in the prevalence of congenital malformations at birth based on the birth defects monitoring program, Edmonds LD, United States, 1979 – 1987.

116. Global increases in both common and rare copy number load associated with autism, Hum Mol Genet, July 15, 2013, 22(14): 2870 – 2880.

117. Global increases in both common and rare copy number load associated with autism, Hum Mol Genet, July 15, 2013, 22(14): 2870 – 2880.
118. The association between congenital anomalies and autism spectrum disorders in a Finnish national birth cohort, Dev Med Child Neurol, January 2015, 57(1): 75 – 80.
119. Minor malformations and physical measurements in autism: data from Nova Scotia, Teratology, 55:319 – 325 (1997).
120. MMWR CDC Surveill Summ. 1990 Dec;39(4):19-23). Temporal trends in the prevalence of congenital malformations at birth based on the birthdefects monitoring program, United States, 1979-1987. Edmonds LD (Yes this is the most recent report, apparently the CDC didn't find these statistics disturbing enough to see if the trend was continuing.)
121. Prevalence of autism spectrum disorder among children aged eight years—autism and developmental disabilities monitoring network, eleven sites, United States, 2010, Surveillance Summaries, March 28, 2014/63(SS02);1-21.
122. Advancing paternal age and risk of autism: new evidence from a population-based study and a meta-analysis of epidemiological studies, Mol Psychiatry, December 2011, (12):1203-12.

Chapter7

1. Cane sugar: 160 pounds per capita per year; high fructose corn syrup: 44 pounds per capita per year.
2. Maternal obesity and risk for birth defects, Watkins ML, Pediatrics, vol. 111, no. 5, May 2003, pp. 1152-1158.
3. Fasting glucose in acute myocardial infarction, incremental value for long-term mortality and relationship with left ventricular systolic function, Aronson D, Diabetes Care, 30:960-966, 2007.
4. IGT and IFG, time for revision? K. Borch-Johnsen, Diabetic Medicine. vol. 19, issue 9, September 2002, pp. 707—707.
5. The modern nutritional diseases, Ottoboni F, 2002: "Epidemiologic studies among human populations showed that atherosclerotic cardiovascular diseases occurred at higher rates in affluent societies and among the higher socioeconomic classes. These studies associated the high disease rates with 'luxurious food' consumption, excessive caloric intake, sweets, sedentary lifestyle, and stress."
6. America's eating habits: changes and consequences, Frazao E (editor), Agriculture Information Bulletin No. (AIB750) 484, May 1999, Chapter 7: Trends in the US. food supply: 1970 – 97.
7. Insulin and glucagon modulate hepatic 3-hydroxy-3-methylglutaryl-coenzyme a reductase activity by affecting immunoreactive protein levels, G Ness, Journal of Biological Chemistry, 18 November 1994, 29168-72.
8. Restricted daily consumption of a highly palatable food (chocolate Ensure) alters striatal enkephalin gene expression, Kelley AE, European Journal of Neuroscience, 18 (9), pp. 2592 – 2598. The authors conclude that "repeated consumption of a highly rewarding, energy-dense food induces neuroadaptations in cognitive-motivational circuits." Numerous other similar studies exist to support the idea that animals addicted to sugar have the same chemical changes in their brains as if they were addicted to opiates.
9. Routine sucrose analgesia, during the first week of life in neonates younger than thirty-one weeks' postconceptional age, Johnston CC, Pediatrics, vol. 110, no. 3, September 2002, pp. 523-528.
10. Central insulin resistance as a trigger for sporadic Alzheimer-like pathology: an experimental

approachre-view, Salkovic-Petrisic M, Hoyer S, J Neural Transm Suppl, 2007, (72):217-33.

11. Aging of the brain (review), Mech Aging Dev, Anderton BH, April 2002, 123(7):811-7.

12. Taste preference for sweetness in urban and rural populations in Iraq, Jamel HA, J Dent Res, 75(11): 1879-1884, November 1996.

13. Pediasure brand nutritional supplement label information, accessed online on August 22, 2007 from www. pediasure.com/pedia_info.a.px

13. Observations on the economic adulteration of high value food products, Fairchild GF, Journal of Food Distribution Research, vol. 32, no. 2, July 2003, pp. 38 – 45.

14. From the ingredients listed on a box of Kellogg's Raisin Bran Crunch.

15. Fructose and non-fructose sugar intakes in the US population and their associations with indicators of metabolic syndrome, Sam Sun et al, Food and Chemical Toxicology, 49,11 (2011): 2874-2882.

16. Dietary fructose consumption among US children and adults: the third national health and nutrition examination survey, Miriam Vos et al, Medscape J Med, 10,7 (2008) 160.

17. The Cambridge World History of Food, Cambridge University Press, 2000, p. 1210.

Chapter 8

1. Dietary advanced glycation endproducts (AGEs) and their health effects—PRO, Sebeková K, Mol Nutr Food Res, September 2007, 51(9):1079-84.

2. Methylglyoxal in food and living organisms (review), Nemet I, Mol Nutr Food Res, December 2006, 50(12):1105-17.

3. Multidimensional scaling of ferrous sulfate and basic tastes, Stevens D, Physiology and Behavior, 2006, vol.87, no. 2, pp. 272 – 279.

4. Neural circuits for taste: excitation, inhibition, and synaptic plasticity in the rostral gustatory zone of the nucleus of the solitary tract, Bradley RM, Annals of the New York Academy of Sciences, 855 (1), 467 – 474.

5. Excitotoxins: the taste that kills, Russel Blaylock, Health Press, 1996.

6. Body composition of white tailed deer, Robbins C, J, Anim Sci, 1974, 38:871-876.

7. University of New Hampshire Cooperative Extension, accessed online on August 19, 2008, at: www. extension.unh.edu/news/feedeer.htm

8. The Journals of Samuel Hearne, S Hearne, 1768, "On the twenty-second of July, we met several strangers, whom we joined in pursuit of the caribou, which were at this time so plentiful that we got everyday a sufficient number for our support, and indeed too frequently killed several merely for the tongues, marrow and fat."

9. The Narrative of Cabeza De Vaca, Cabeza de Vaca, Álvar Núñez, translation of La Relacion by Rolena Adorno and Patrick Charles Pautz, University of Nebraska Press, 2003.

10. CD36 involvement in orosensory detection of dietary lipids, spontaneous fat preference, and digestive secretions, Laugusterette FJ, Clin Invest, 115:3177-3184, 2005.

11. Evidence for human orosensory (taste) sensitivity to free fatty acids, Chale-Rush A, Chem Senses, June 1, 2007, 32(5): 423--431.

12. Multiple routes of chemosensitivity to free fatty acids in humans, Chale-Rush A, Am J Physiol Gastrointest Liver Physiol, 292: G1206-G1212, 2007.

13. Seeds of deception, exposing industry and government lies about the safety of the genetically engineered foods you're eating, Smith J, Yes Books, 2003, pp. 77-105.

14. Nutraceuticals as therapeutic agents in osteoarthritis: the role of glucosamine, chondroitin sulfate, and collagen hydrolysate, Deal CL, Rheumatic Disease Clinics of North America, vol. 25, issue 2, May 1, 1999, pp. 379-395.

15. The heparin-binding (fibroblast) growth factor family of proteins, Burgess W, Annual Review of Biochemistry, vol. 58: 575-602, July 1989.

16. As posted on the Stone Foundation for Arthritis Help and Research website, accessed on October 10, 2007, at: www.stoneclinic.com/jJanuaryews.htm

17. Determinants and implications of bone grease rendering: a Pacific Northwest example, Prince P, North American Archaeologist, vol. 28, no.1, 2007.

18. A new approach to identifying bone marrow and grease exploitation: why the "indeterminate" fragments should not be ignored, Outram AK, Journal of Archaeological Science, 2001, 28, pp. 401 – 410.

19. The Ladies New Book Of Cookery: A Practical System for Private Families in Town and Country; With Directions for Carving and Arranging the Table for Parties, Etc., Also Preparations of Food for Invalids and for Children, Sara Hosepha Hale, New York, H Long and Brother, 1852, p. 93.

20. Freezing for two weeks at -4 degrees F. will kill parasites.

21. Let's Cook It Right, Adelle Davis, Signet, 1970, p. 87.

22. USDA Agricultural Resource Service Nutrient Data Library, accessed online on December 23, 2005, at www.nal.usda.gov/fnic/foodcomp/search/

23. Paraphrased by HE Jacob in Six Thousand Years of Bread: It's Holy and Unholy History, Skyhorse, 2007, p. 26.

24. The Cambridge World History of Food, Cambridge Unviersity Press, 2000, p. 1474.

25. Wind, Water, Work: Ancient and Medieval Milling Technology, Adam Lucas, Brill Academic Publishers, 2005.

26. The gut flora as a forgotten organ, Shanahan F, EMBO reports 7, 7, 688 – 693, 2006.

27. Nutrition and colonic health: the critical role of the microbiota, O'keefe SJ, Curr Opin Gastroenterol, January 2008, 24(1):51-58.

28. Serum or plasma cartilage oligomeric matrix protein concentration as a diagnostic marker in pseudoachondroplasia: differential diagnosis of a family, A Cevik Tufan et al, Eur J Hum Genet, 15: 1023-1028.

29. The Cambridge World History of Food, Cambridge Unviersity Press, 2000, p. 1473.

30. Effects of soy protein and soybean isoflavones on thyroid function in healthy adults and hypothyroid patients: a review of the relevant literature, Messina M, Thyroid, March 2006, 16(3):249-58.

31. Infant feeding with soy formula milk: effects on puberty progression, reproductive function and testicular cell numbers in marmoset monkeys in adulthood, Tan KA, Hum Reprod, April 2006, (4):896-904.

32. Food Values of Portions Commonly Used, Pennington J, Harper, 1989.

33. Quorum sensing: cell-to-cell communication in bacteria, Waters CM, Bassler BL, Annu Rev Cell Dev Biol, 21:319-346, 2005.

34. The gut flora as a forgotten organ, Shanahan F, EMBO reports 7, 7, 688 – 693, 2006.

35. Probiotics in human disease (review), Isolauri E, Am J Clin Nutr, June 2001, 73(6):1142S-1146S.

36. Commensal bacteria (normal microflora), mucosal immunity and chronic inflammatory and auto-immune diseases (review), Sokol D, Immunol Lett, May 15, 2004, 93(2-3):97-108.

37. Probiotics and their fermented food products are beneficial for health (review), Parvez S, J Appl

Microbiol, Jun 2006, 100(6):1171-85.

38. Nutritional comparison of fresh, frozen, and canned fruits and vegetables, Executive Summary of the Department of Food Science and Technology, University of California Davis, Davis, CA, Rickman J, accessed online at: www.mealtime.org/uploadedFiles/Mealtime/Content/ucdavisstudyexecutivesummary.pdf

39. Whole wheat and white wheat flour—the mycobiota and potential mycotoxins, Weidenbörner M, Food Microbiology, vol. 17, issue 1, February 2000, pp. 103 – 107.

40. The impact of processing on the nutritional quality of food proteins, Meade S, Journal of AOAC International, 2005, vol. 88, no. 3, pp. 904 – 922.

41. Let's Have Healthy Children, Adelle Davis, Signet, 1972, p. 95.

42. Bioavailability and bioconversion of carotenoids, Castenmiller JJM, Annual Review of Nutrition, vol. 18: 19-38, July 1998.

43. Mrs. Hill's Southern Practical Cookery and Receipt Book, AP Hill, Damon Lee Fowler, University of South Carolina Press, 1872.

44. The apparent incidence of hip fracture in Europe: a study of national register sources, Johnel O, Ostoporosis International, vol. 2, no. 6, November 1992.

45. The Last Hours of Ancient Sunlight: The Fate of the World and What We Can Do Before It's Too Late, revised and updated, Thom Hartman, Broadway, 2004.

46. The Milk Book: The Milk of Human Kindness Is Not Pasteurized, William Campbell Douglass II, Rhino Publishing, 2005.

47. Continuous thermal processing of foods: pasteurization and Uht, Heppell NJ, Springer 2000, p. 194.

48. Dr. North and the Kansas City Newspaper war: public health advocacy collides with main street respect ability, Kovarik B, paper presented at the Annual Meeting of the Association for Education in Journalism and Mass Communication (72nd, Washington, D.C., August 10-13, 1989, accessed online on December 27, 2007, at: www.radford.edu/wkovarik/papers/aej98.html

49. The Milk Book: The Milk of Human Kindness Is Not Pasteurized, William Campbell Douglass II, Rhino Publishing, 2005.

50. Modifications in milk proteins induced by heat treatment and homogenization and their influence on susceptibility to proteolysis, Garcia-Risco MR, International Dairy Journal, 12 (2002) pp. 679 – 688.

51. Soluble, dialyzable and ionic calcium in raw and processed skim milk, whole milk and spinach, Reykdal O, Journal of Food Science, 56 3, pp. 864 – 866, 1991.

52. Calcium bioavailability in human milk, cow milk and infant formulas—comparison between dialysis and solubility methods, Roig MJ, Food Chemistry, vol. 65, issue 3, pp. 353-357.

53. Carbonylation of milk powder proteins as a consequence of processing conditions, François Fenaille, Proteomics, vol. 5, issue 12, pp. 3097-3104.

54. Modifications in milk proteins induced by heat treatment and homogenization and their influence on susceptibility to proteolysis, Garcia-Risco MR, International Dairy Journal, 12 (2002) pp. 679 – 688.

55. Chemistry and Safety of Acrylamide in Food, Friedman M, p. 141, Springer, 2005.

56. Nutrition abstracts and reviews, Fischr RA and Bartlett S, October 1931, vol. 1, p. 224.

57. Dietary fat requirements in health and development, Thomas H Applewhite, American Oil Chemists Society, 1988, p. 30.

58. Gallup Poll 2012, accessible online at: www.gallup.com/poll/156116/Nearly-Half-Americans-

Drink-So-da-Daily.aspx?utm_source=google&utm_medium=rss&utm_campaign=syndication

59. Dietary and physical activity behaviors among adults successful at weight loss maintenance, Judy Kruger, International Journal of Behavioral Nutrition and Physical Activity, December 2006, 3:17.

60. Body mass index and neurocognitive functioning across the adult lifespan, Stanek KM, Neuropsychology, March 2013, (2):141-51.

61. Altered executive function in obesity; exploration of the role of affective states on cognitive abilities, Appetite, vol. 52, issue 2, April 2009, pp. 535 – 539.

62. Opinion of the panel on food additives, flavourings, processing aids and food contact materials (AFC), EFSA Journal, 2008, 754, 1-34 ⓒ European Food Safety Authority, 2007 Scientific (question nos. EFSA-Q-2006-168 and EFSA-Q-2008-254, adopted on May 22, 2008.

63. Opinion of the panel on food additives, flavourings, processing aids and food contact materials (AFC), EFSA Journal, 2008, 754, 1-34 ⓒ European Food Safety Authority, 2007 Scientific (question nos. EFSA-Q-2006-168 and EFSA-Q-2008-254, adopted on May 22, 2008.

64. www.webmd.com/parenting/baby/baby-food-nutrition-9/baby-food-answers

65. www.caringforkids.cps.ca/handouts/feeding_your_baby_in_the_first_year

Chapter 9

1. Jaenisch, R, Epigenetic regulation of gene expression: how the genome integrates intrinsic and environmental signals, Nature Genetics, 33, 245-254 (2003).

2. Orexins in the brain-gut axis, Kirchgessner AL, Endocrine Reviews, 23 (1): 1-15.

3. Adipose tissue as an endocrine organ, Prins JB, Best Practice and Research Clinical Endocrinology and Metabolism, 2002, vol. 16, no. 4, pp. 639-651.

4. Reduction in adiposity affects the extent of afferent projections to growth hormone-releasing hormone and somatostatin neurons and the degree of colocalization of neuropeptides in growth hormone-releasing hormone and somatostatin cells of the ovine hypothalamus, Javed Iqbal J, Endocrinology, vol. 146, no. 11, pp. 4776-4785.

5. Peroxisome proliferator-activated receptor {gamma} and adipose tissue—understanding obesity-related changes in regulation of lipid and glucose metabolism, Sharma AM, Journal of Clinical Endocrinology and Metabolism, vol. 92, no. 2, pp. 386-395.

6. Leptin-induced growth stimulation of breast cancer cells involves recruitment of histone acetyltransferases and mediator complex to CYCLEN D1 promoter via activation of stat 3, Saxena NK, J. Biol Chem, vol. 282, issue 18, pp. 13316-13325, May 4, 2007.

7. Effect of dietary trans fatty acids on the delta 5, delta 6 and delta 9 desaturases of rat liver microsomes in vivo, Mahfouz M, Acta Biol Med Ger, 1981, 40(12):1699-1705. "This study shows that the dietary trans fatty acids are differentially incorporated into the liver microsomal lipids and act as inhibitors for delta 9 and delta 6 desaturases. The delta 6 desaturase is considered as the key enzyme in the conversion of the essential fatty acids to arachidonic acid and prostaglandins. This indicates that the presence of trans fatty acids in the diet may induce some effects on the EFA metabolism through their action on the desaturases."

8. A defect in the activity of delta 6 and delta 5 desaturases may be a factor predisposing to the development of insulin resistance syndrome, Das UN, Prostaglandins, Leukotrienes and Essential Fatty Acids, vol. 72, issue 5, May 2005, pp. 343 – 350.

9. Regulation of stearoyl-CoA desaturase by polyunsaturated fatty acids and cholesterol, M Ntambi, September 1999, Journal of Lipid Research, 40, pp. 1549 – 1558.

10. Role of stearoyl-CoA desaturases in obesity and the metabolic syndrome, H E Popeijus, International Journal of Obesity, 32, 1076 – 1082, doi 10.1038/ijo.2008.55, published online April 22, 2008.

11. Interruption of triacylglycerol synthesis in the endoplasmic reticulum is the initiating event for saturated fatty acid-induced lipotoxicity in liver cells, Mantzaris, February 2011, 278(3):519-30, doi 10.1111/j.1742-4658.2010.07972.

12. The significance of differences in fatty acid metabolism between obese and non-obese patients with non-al- coholic fatty liver disease, Nakamuta M, Int J Mol Med, November 2008, 22(5):663-7.

13. Liver mitochondrial dysfunction and oxidative stress in the pathogenesis of experimental nonalcoholic fatty liver disease, Oliveira CP, Braz J Med Biol Res, February 2006, 39(2):189-94, epub February 2006.

14. Insulin resistance, inflammation, and non-alcoholic fatty liver disease, Tilg H, Trends Endocrinol Metab, October 15, 2008, epub prior to print.

15. Apoptosis in skeletal muscle myotubes is induced by ceramide and is positively related to insulin resistance,Turpin SM, Am J Physiol Endocrinol Metab, 291: E1341 – E1350, 2006.

16. Weapons of lean body mass destruction: the role of ectopic lipids in the metabolic syndrome (review), Unger RH, Endocrinology, December 2003, 144(12):5159-65.

17. Prostaglandins, Chuck S. Bronson, Nova Publishers, 2006. p. 51.

18. Dietary fat intake and risk of type 2 diabetes in women, Salmeron J, American Journal of Clinical Nutrition, vol. 73, no. 6, pp. 1019-1026, June 2001.

19. Sex differences in lipid and glucose kinetics after ingestion of an acute oral fructose load, Tran C, Jacot Descombes D, Lecoultre V, Fielding BA, Carrel G, Le KA, Schneiter P, Bortolotti M, Frayn KN, Tappy L, Br J Nutr, 2010, 104:1139 – 1147.

20. Regulation of adipose cell number in man, Prins JB, Clin Sci, London, 1997, 92: 3-11.

21. Neural Innervation of White Adipose Tissue and the Control of Lipolysis, Bartness, Timothy J. et al, Frontiers in Neuroendocrinology, 35.4 (2014): 473 – 493.PMC, web, April 15, 2016.

22. The cellular plasticity of human adipocytes, Tholpady SS, Annals of Plastic Surgery, vol. 54, no. 6, June 2005, pp. 651 – 6.

23. Transdifferentiation potential of human mesenchymal stem cells derived from bone marrow, Song L, FASEB Journal, vol. 18, June 2004, pp. 980 – 82.

24. Reversible transdifferentiation of secretory epithelial cells into adipocytes in the mammary gland, Morron M, PNAS, November 30, 2004, vol. 101, no. 48, pp. 16801 – 16806.

25. Identification of cartilage progenitor cells in the adult ear perichondrium: utilization for cartilage reconstruction, Togo T, Laboratory Investigation, 2006, 86, pp. 445 – 457.

26. The cellular plasticity of human adipocytes, Tholpady SS, Annals of Plastic Surgery, vol. 54, no. 6, June 2005, pp. 651 – 56.

27. The Health Report, ABC Radio International transcript, July 9, 2007, presented by Norman Swain.

28. Insulin-resistant subjects have normal angiogenic response to aerobic exercise training in skeletal muscle, but not in adipose tissue, Walton RG, Physiol Rep, June 2015, 3(6), pii, e12415, doi 10.14814/phy2.12415.

29. Transdifferentiation potential of human mesenchymal stem cells derived from bone marrow, Song L, FASEB, vol. 18, June 2004, pp. 980 – 82.

30. Adipose cell apoptosis: death in the energy depot, A Sorisky, International Journal of Obesity, 2000, 24, suppl. 4, S3±S7.

31. In vivo dedifferentiation of adult adipose cells, Liao, Yunjun et al, Guillermo López Lluch (editor), PLoS

ONE 10.4 (2015): e0125254, PMC, web, April 15, 2016. "Adipocytes can highly express embryonic stem cell markers, such as October 4, Sox2, c-Myc, and Nanog, after dedifferentiating [34]. Thus, they may represent a reservoir of pluripotent cells in dynamic equilibrium with organ-specific cellular components and be capable of phenotypic transformation."

32. Changes in nerve cells of the nucleus basalis of Meynert in Alzheimer's disease and their relationship to ageing and to the accumulation of lipofuscin pigment, Mann DM, Mech Ageing Dev, April-May 1984, 25(1-2):189-204.

33. Mechanisms of disease: is osteoporosis the obesity of bone? Rosen CJ, Nature Clinical Practice Rheumatology, 2006, 2, pp. 35-43.

34. Endocrinology of adipose tissue – an update, Fischer-Pozovsky P, Hormone Metabolism Research, May 2007, 36(5):314-21.

35. Exercise and the treatment of clinical depression in adults: recent findings and future directions, Brosse A, Sports Medicine, 32(12):741-760, 2002.

36. Beta-endorphin decreases fatigue and increases glucose uptake independently in normal and dystrophic mice, Kahn S, Muscle Nerve, April 2005, 31(4):481-6.

37. The differential contribution of tumour necrosis factor to thermal and mechanical hyperalgesia during chronic inflammation, Inglis JJ, Arthritis Res Ther, 2005, 7(4):R807-16, epub April 2005.

38. TNF-related weak inducer of apoptosis (TWEAK) is a potent skeletal muscle-wasting cytokine, Faseb J, June 2007, 21(8):1857-69.

39. Aerobic exercise training increases brain volume in aging humans, Colcombe J, Journals of Gerontology Series A: Biological Sciences and Medical Sciences, 2006, 61:1166-1170.

40. Running increases cell proliferation and neurogenesis in the adult mouse dentate gyrus, Gage FH, Nat Neurosci, Mar 1999, 2(3):266-70.

41. Six sessions of sprint interval training increases muscle oxidative potential and cycle endurance capacity in humans, Burgomaster KA, J Appl Physiol, 98: 1985-1990, 2005.

42. Plasma ghrelin is altered after maximal exercise in elite male rowers, Jürimäe J, Exp Biol Med, Maywood, July 2007, 232(7):904-9.

Chapter 10

1. Update on food allergy, Sampson, H, Journal of Allergy and Clinical Immunology, vol. 113, issue 5, pp. 805-819.

2. Food allergy among U.S. children: trends in prevalence and hospitalizations, NCHS Data Brief No. 10, October 2008, Amy M. Branum, M.S.P.H. Figure 4, accessible online at http://www.cdc.gov/nchs/products/databriefs/db10.htm

3. The relationship between lower extremity alighment charactheristics and anterior knee joint laxity, Shultz SJ, Sports Health 1, 1 (2009) 53-100.

4. Update on food allergy, Sampson H, Journal of Allergy and Clinical Immunology, vol. 113, issue 5, pp. 805-819.

5. Food allergy among U.S. children: trends in prevalence and hospitalizations, NCHS Data Brief No. 10, October 2008, Amy M. Branum, M.S.P.H. Figure 4, accessible online at http://www.cdc.gov/nchs/products/databriefs/db10.htm

6. Facial soft tissue reconstruction: Thomas procedures in facial plastic surgery Gregory H, Branham Pmph USA, November 30, 2011, p. 17.

7. Glycation stress and photo-aging in skin, Masamitsu Ichihashi, Anti-Aging Medicine, 2011, vol. 8,

no. 3, pp. 23-29.

8. Ageing and zonal variation in post-translational modification of collagen in normal human articular cartilage: the age-related increase in non-enzymatic glycation affects biomechanical properties of cartilage.

9. Ruud A. Bank, Biochemical Journal, February 15, 1998,330(1)345-351.

10. Diabetes, advanced glycation endproducts and vascular disease, Jean-Luc Wautier, Vasc Med, May 1998, vol. 3, no. 2, pp. 131-137.

11. Role of advanced glycation end products in aging collagen, Gerontology, 1998, 44(4):187-9.

12. See how AGEs cross-link collagen in Chapter 10, Beyond Calories.

13. Session 3: Joint Nutrition Society and Irish Nutrition and Dietetic Institute Symposium on 'Nutrition and auto-immune disease' PUFA, inflammatory processes and rheumatoid arthritis, Proc Nutr Soc, November 2008, 67(4):409-18.

14. Facial plastic surgery, scar management: prevention and treatment strategies, Chen, Margaret, Current Opinion in Otolaryngology and Head and Neck Surgery, August 2005, vol. 13, issue 4, pp. 242 – 247.

15. Metabolic fate of exogenous chondroitin sulfate in the experimental animal, Palmieri L, Arzneimit-telforschung, March 1990, 40(3):319 – 23.

16. Proteoglycans and glycosaminoglycans, Silbert JE, in Biochemistry and Physiology of the Skin, Goldsmith LA (editor), Oxford University Press, 1983, pp. 448 – 461.

17. Anti-inflammatory activity of chondroitin sulfate, Ronca F, Osteoarthritis Cartilage, May 6, 1998, suppl. A:14-21.

18. Nutraceuticals as therapeutic agents in osteoarthritis: the role of glucosamine, chondroitin sulfate, and collagen hydrolysate, Deal CL, Rheumatic Disease Clinics of North America, vol. 25, issue 2, May 1, 1999.

19. The effect of concentrated bone broth as a dietary supplementation on bone healing in rabbits, Mahmood A, Aljumaily Department of Surgery, College of Medicine, University of Mosul, Ann Coll Med Mosul, 2011; 37 [1 and 2]: 42-47).

20. Cell death in cartilage, K. Kühn, Osteoarthritis and Cartilage, vol. 12, issue 1, January 2004, pp. 1 – 16.

21. The effect of hyaluronic acid on IL-1β-induced chondrocyte apoptosis in a rat model of osteo-arthritis, Pang-Hu Zhou, Journal of Orthopaedic Research, December 2008, vol. 26, issue 12, pp. 1643 – 1648.

22. Cellulite and its treatment, Rawlings A, International Journal of Cosmetic Science, 2006, 28, pp. 175 – 190.

23. Mediators of Inflammation, vol. 2010 (2010), article ID 858176, 6 pages, Lipid mediators in acne, Monica Ottaviani.

24. Antioxidant activity, lipid peroxidation and skin diseases, what's new, S Briganti, Journal of the European Academy of Dermatology and Venereology, vol. 17, issue 6, pp. 663 – 669, November 2003.

25. Inflammatory lipid mediators in common skin diseases, Kutlubay Z, Skinmed, February 1, 2016, 1;14(1):23-7, eCollection 2016.

26. Inflammation in acne vulgaris, Guy F Webster, Journal of the American Academy of Dermatology, vol. 33, issue 2, part 1, August 1995, pp. 247 – 253.

27. Antioxidant activity, lipid peroxidation and skin diseases, what's new, S Briganti, Journal of the

European Academy of Dermatology and Venereology, vol. 17, issue 6, pp. 663 – 669, November 2003.

28. Inflammatory lipid mediators in common skin diseases, Kutlubay Z, Skinmed, February 1, 2016, 1;14(1):23- 7, eCollection 2016.

29. Dietary glycemic factors, insulin resistance, and adiponectin levels in acne vulgaris, Çerman AA, J Am Acad Dermatol, Apr 6, 2016, pii: S0190-9622(16)01485-7.

30. Glycemic index, glycemic load: new evidence for a link with acne, Berra B J, Am Coll Nutr, August 2009, 28 suppl., 450S-454S.

31. Modern acne treatment, Zouboilis C, Aktuelle Dermatologie, 2003, vol. 29, no. 1-2, pp. 4957.

32. Diet and acne redux, Valori Treloar, CNS Arch Dermatol, 2003, 139(7):941.

33. Flesh eating bacteria: a legacy of war and call for peace, Shanahan C, Pacific Journal, vol. 1, issue 1, 2007.

34. Kinetics of UV light – induced cyclobutane pyrimidine dimers in human skin in vivo: an immuno- histo- chemical analysis of both epidermis and dermis, Katiyar S, Photochemistry and Photobiolo- gy, vol. 72, issue 6, pp. 788 – 793.

35. Ultraviolet irradiation increases matrix metalloproteinase-8 protein in human skin in vivo, GJ Fisher, Journal of Investigative Dermatology, vol. 117, issue 2, August 2001, pp. 219 – 226.

36. Vitamin D deficiency: a worldwide problem with health consequences, Michael F Holick, Am J Clin Nutr, April 2008, vol. 87, no. 4, 1080S-1086S.

37. The vitamin D content of fortified milk and infant formula, Holick MF, NEJM, vol. 326:1178-1181, April 30, 1992.

38. Vitamin D intoxication associated with an over-the-counter supplement, Koutikia P, N Engl J Med, July 5, 2001, 345(1):66-7.

39. Vitamin D: the underappreciated D-lightful hormone that is important for skeletal and cellular health, Holick M, Current Opinion in Endocrinology and Diabetes, February 2002, 9(1):87-98.

40. The evolution of human skin coloration, Jablonski, Nina G, and George Chaplin, Journal of Human Evolution, 39: 57-106, 2000. With the exception of Northern American Native peoples. The exception may be due to the fact that they only migrated far north recently, or that they ate so much vitamin D rich animal tissue their skin never needed to lose the melanin to enable UV to penetrate enough to make their own.

41. The protective role of melanin against UV damage in human skin, Michaela Brenner, Photochem Photobiol, 2008, 84(3): 539 – 549.

42. Ultraviolet radiation accelerates BRAF-driven melanomagenesis by targeting TP53, Viros, A, et al, Nature, 2014, 511(7510): pp. 478-82.

43. Skin aging induced by ultraviolet exposure and tobacco smoking: evidence from epidemiological and molecular studies, Lei Y, Photodermatol Photoimmunol Photomed, 2001, 17: 178 – 183.

44. Molecular basis of sun-induced premature skin ageing and retinoid antagonism, Fisher GJ, Nature, vol. 379(6563), January 25, 1996, pp. 335-339.

45. Eicosapentaenoic acid inhibits UV-induced MMP-1expression in human dermal fibroblasts, Hyeon HK, Journal of Lipid Research, vol. 46, 2005, pp. 1712-20.

46. Influence of glucosamine on matrix metalloproteinase expression and activity in lipopolysaccha- ride-stimulated equine chondrocytes, Byron CR, American Journal of Veterinary Research, June 2003, vol. 64, no. 6, pp. 666-671.

47. The structures of elastins and their function, Debelle L and Alix AJ, Biochimie 81, 1999, pp. 981-

994.

48. The Lung: Development, Aging and the Environment, Plopper C (editor), Elsevier Publishing, 2003, p. 259.
49. Anti-oxidation and anti-wrinkling effects of jeju horse leg bone hydrolysates, Dongwook Kim, Korean J Food Sci Anim Resour, 2014, 34(6): 844 – 851.
50. Collagen hydrolysate intake increases skin collagen expression and suppresses matrix metalloproteinase 2 activity, Zague V, J Med Food, June 2011, 14(6):618-24, doi 10.1089/jmf.2010.0085, pub April 2011.

Chapter 11

1. The risk of lead contamination in bone broth diets, Medical Hypotheses, vol. 80, issue 4, April 2013, pp. 389 – 390.
2. Evaluation of lead content of kale (brassica oleraceae) commercially available in Buncombe County, North Carolina, Journal of the North Carolina Academy of Science, 124(1), 2008, pp. 23 – 25.
3. Mercury, arsenic, lead and cadmium in fish and shellfish from the Adriatic Sea, Food Addit Contam, March 2003, 20(3):241-6.
4. WebMD Report: Protein drinks have unhealthy metals, Kathleen Doheny, reviewed by Laura J. Martin on June 3, 2010. Consumer Reports study finds worrisome levels of lead, cadmium, and other metals, accessed online on March 8, 2015 at: http://www.webmd.com/food-recipes/20100603/report-protein-drinks-have-un- healthy-metals
5. Lead in New York City community garden chicken eggs: influential factors and health implications, Environ Geochem Health, August 2014, 36(4):633-49, doi 10.1007/s10653-013-9586-z, epub November 2013.
6. Cadmium and lead levels in milk, milk-cereal and cereal formulas for infants and children up to three years of age, Rocz Panstw Zakl Hig, 1991, 42(2):131-8.
7. Arsenic, cadmium, lead and mercury in canned sardines commercially available in eastern Kentucky, USA, Mar Pollut Bull, January 2011, 62(1).
8. Mercury, arsenic, lead and cadmium in fish and shellfish from the Adriatic Sea, Food Addit Contam, March 2003, 20(3):241-6.
9. Biochemical characterization of cyanobacterial extracellular polymers (EPS) from modern marine stromatolites (Bahamas), Alan Decho, Prep Biochem and Biotechnol, 30(4), 321-330 (2000).
10. Antioxidant and antiinflammatory activities of ventol, a phlorotannin-rich natural agent derived from Ecklonia cava, and its effect on proteoglycan degradation in cartilage explant culture, Kang K, Res Commun Mol Pathol Pharmacol, 2004, 115-116:77-95.
11. www.ionsource.com/Card/protein/beta_casein.htm
12. Comparative effects of A1 versus A2 beta-casein on gastrointestinal measures: a blinded randomised cross-over pilot study, European Journal of Clinical Nutrition, 2014, 68, 994 – 1000.
13. CDC tool available at cdc.gov/foodbornoutbreaks/. Accessed March 9 2016, data collection period 1998-2014 (all available) states: all 50.
14. www.westonaprice.org/press/government-data-proves-raw-milk-safe/. This is based on data available in the 2010 census.
15. Estimated based on reports that 60 percent of U.S. adults do not drink milk and from data on children from this website: www.agriview.com/news/dairy/americans-drinking-less-milk-can-the-tide-be-turned/article_14ed2c88-d9bd-11e2-a7b9-0019bb2963f4.html

16. www.realmilk.com/press/wisconsin-campylobacter-outbreak-falsely-blamed-on-raw-milk/640. Eating in restaurants: a risk factor for foodborne disease? Oxford Journals Medicine and Health Clinical Infectious Diseases, vol. 43, issue 10, pp. 1324-1328.

17. The ten riskiest foods regulated by the US food and drug administration, accessed online on March 9, 2016, at www.cspinet.org/new/pdf/cspi_top_10_fda.pdf626. High intakes of milk, but not meat, increase s-insulin and insulin resistance in eight-year-old boys, C Hoppe, European Journal of Clinical Nutrition, 2005, 59, 393 – 398.

18. European Journal of Clinical Nutrition (2005) 59, 393-398. High intakes of milk, but not meat, increase s-insulin and insulin resistance in 8-year-old boys. C Hoppe.

19. High intake of milk, but not meat decreasses bone turnover in prepubertal boys after seven days, Eur J Clin Nutr, August 2007, 61(8):957-62, epub January 2007.

20. Animal protein intake, serum insulin-like growth factor I, and growth in healthy 2.5-year-old Danish children, Am J Clin Nutr, August 2004, 80(2):447-52. "An increase in milk intake from 200 to 600 mL/d corresponded to a 30 percent increase in circulating IGF-I. This suggests that milk compounds have a stimulating effect on sIGF-I concentrations and, thereby, on growth."

21. Role of the enteric microbiota in intestinal homeostasis and inflammation, Free Radic Biol Med, Mar 2014, 0: 122 – 133.

22. Mechanisms of disease: the role of intestinal barrier function in the pathogenesis of gastrointes-tinal auto-immune diseases, Alessio Fasano and Terez Shea Donohue, Nature Clinical Practice Gastroenterology and Hepatology, September 2005, vol. 2, no. 9, pp. 416 – 422.

23. Surprises from celiac disease, Scientific American, August 2009, pp. 32-39.

24. Gliadin, zonulin, and gut permeability: effects on celiac and non-celiac intestinal mucosa and intestinal cell lines, Alessio Fasano, Scandinavian Journal of Gastroenterology, 2006; 41: 408-419.

25. Zonulin and its regulation of intestinal barrier function: the biological door to inflammation, autoim-munity, and cancer, Physiological Reviews, January 1, 2011, vol. 91, no. 1, pp. 151-175.

26. Non-celiac gluten sensitivity: the new frontier of gluten related disorders, Nutrients, October 2013, 5(10): 3839 – 3853.

27. Epidemiology of food allergy, Scott H. Sicherer, March 2011, vol. 127, issue 3, pp. 594 – 602.

28. Toxic metal distribution in rural and urban soil samples affected by industry and traffic, Polish J of Environ Stud, vol. 18, no. 6 (2009), 1141-1150.

29. The elephant in the playground: confronting lead-contaminated soils as an important source of lead burdens to urban populations, Filippelli GM and Laidlaw MAS, 2010, Perspectives in Biology and Medicine 53, 31-45.

30. The role of immune dysfunction in the pathophysiology of autism, Brain Behav Immun, author manuscript available in PMC, March 1, 2013, Brain Behav Immun, March 2012, 26(3) pp. 383 – 392.

31. Is a subtype of autism an allergy of the brain? Clin Ther, May 2013, 35(5):584-91, doi 10.1016/j.clinthera.2013.04.009.

32. Focal brain inflammation and autism, J Neuroinflammation, 2013, 10: 46.

33. Sugar-sweetened carbonated beverage consumption and coronary artery calcification in asymptomatic men and women, Chun S, Choi Y, Chang Y, et al, Am Heart J, 2016; doi 10.1016/j.ahj.2016.03.018.

34. Added sugar intake and cardiovascular diseases mortality among US adults, Yang Q, Zhang Z, Gregg EW, et al, JAMA Intern Med, 2014, doi 10.1001/jamainternmed.2013.13563.

유전자를 바꾸는 식단 인류 본래의 음식은 무엇인가

초 판 2쇄 발행 2024년 11월 4일

지은이	캐서린 섀너핸, 루크 섀너핸
옮긴이	박중환
편집	박중환
디자인	서윤정
표지	박재강
교정	박중환
인쇄	더블비
유통	협진 출판 물류
펴낸곳	세이버스 출판사
펴낸이	서윤정
출판등록	2021년 9월 16일 제2021-000124호
주소	경기도 용인시 기흥구 평촌1로 12-1
전화	02-3453-5692
팩스	0504-222-9835
이메일	bigrockone@naver.com
등록번호	ISBN 979-11-980962-0-3